許倬雲

美國六十年滄桑

一個華人的見聞

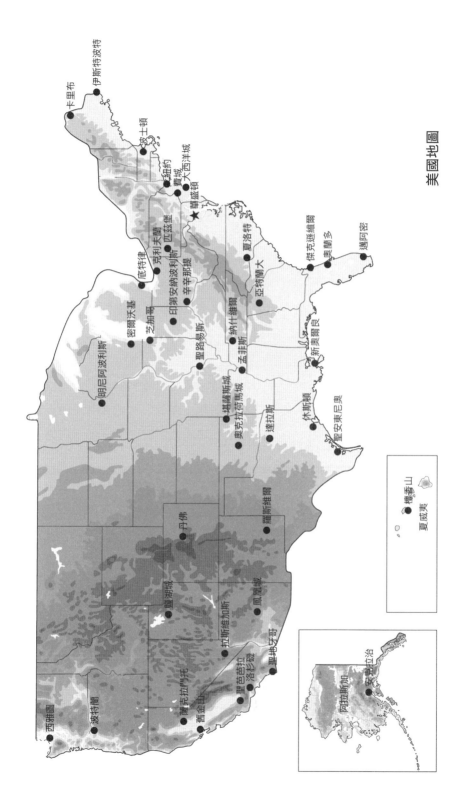

美國地圖

序

一位美國過客的惆悵回憶

朱雲漢

　　過去二十年我都在蔣經國國際學術交流基金會服務，因為這段難得的人生際遇，我得以近距離接觸多位仰慕已久的當代博學鴻儒，並有幸得到他們身教言教的教誨與啟迪，終身受用。

　　許倬雲先生就是過去二十年來給我授業解惑最多的長者之一。他經常讓我有與君一席談勝讀十年書的驚喜與感嘆，他對世界史的宏大敘事讓我視野開拓，他對四千年中國歷史的通透解析讓我茅塞頓開。

　　許先生坐臥匹茲堡河谷，胸懷人類心繫神州，觀天察地日夜匪懈。家事、國事、天下事事事關心；憂世、憂國、憂民民胞物與。可能他也察覺到我這後生晚輩的身上也流露出些許先天下之憂而憂的習性，所以三不五時總可以接到他的視訊垂詢，並與我分享他對時局世事的觀察與感觸。

　　二十載的耳濡目染，也讓我這位後學門生能夠在他面前信心滿滿的論斷天下大勢，臧否梟雄豪傑。由於台北與美國東岸有十二小時的時差，我們隔洋日夜顛倒的交談經常是在互道晚安早安聲中依依不捨的結束。

　　去年10月間許倬雲先生賜寄《美國六十年滄桑：一個華人

的見聞》初稿電子檔，並囑咐我提筆為他新書作序，這是莫大的殊榮。許先生在美旅居六十載，早已他鄉做故鄉。美國既是他安身立命之所在，也是他觀察現代西方文明的窗口，更是他剖析一個帝國由盛而衰的根源之最大社會實驗室。這本書既是一部客居生涯的回憶錄，也是一本剖析美國社會病理的診斷報告，更是一篇充滿惆悵與悲憫之情的動人史詩，生動的述說著美國社會與政治體制為何一步步走向衰敗。

　　他不僅僅與我們分享了他在美國一甲子的重要親身經歷，將他在美國客居生涯中印象最深刻也最值得回味的人、事、地、物神龍活現的呈現在我們眼前，而且透過他獨到的歷史學與社會學敏銳視角，他幫讀者把這些偶然相逢的鮮活人、事、地、物案例還原了它們的時代背景與歷史源流，並擺回它們所屬的文化、制度與社會脈絡之中。他再把這些人、事、地、物在不同時期的面貌與本質變化放入一個全方位的歷史分析框架中，從地理、文化、宗教、族群、產業、城鄉、階級、政治、軍事到帝國事業各種角度，來試圖回答一個所有與他有類似經歷的幾代華人留美菁英心頭的共同疑惑。

　　正如他開宗明義即興嘆道：「六十年前，我滿懷興奮，進入新大陸，盼望理解這個人類第一次以崇高理想作為立國原則的新國家，究竟是否能夠落實人類的夢想。六十年後，卻目擊史學家、社會學家，正在宣告這個新的政體，卻是病入膏肓。」在結語時他又反覆自問：「回顧初來美國，曾經佩服這一國家立國理想如此崇高。在這裡客居六十年，經歷許多變化，常常感慨，如此好河山，如此多元人民，何以境況如此日

漸敗壞？」

在許先生的字裡行間，我能充分感受與體會他的沉重心情，因為我們這幾代留美的知識分子都曾被美國的開放制度與自由風氣所吸引，都曾被美國的物質繁榮、經濟活力與國際領導威信所折服。與許先生一樣，當我在為美國社會與政治衰敗走勢把脈時，都是抱持一種哀矜勿喜的心情。美國的衰敗不僅意味著整個西方中心世界秩序將失去最重要的支柱，也可能觸動整個全球政治經濟秩序的動盪。正如同美國決策者總是懷疑中國是否能和平崛起，我們也需要擔心美國是否能和平衰落。

我在1981年夏初次踏上美國，要比許先生晚了將近四分一個世紀。我不曾親身經經歷1950年代末到1960年代初美國國力達於巔峰的盛況，也不曾目睹美國因為越戰與黑人民權運動而爆發的嚴重社會動盪與分裂。當我開始有機會第一手觀察美國時，水門事件對政治體制合法性造成的傷痕已經逐漸消退，但兩次石油危機對美國經濟的重創仍待修復，雷根正以扭轉停滯性通貨膨脹為職志，開始在美國社會推行一場新自由主義革命。

這場高舉市場萬能而妖魔化政府干預角色的思維變革，在接下來的三十多年裡成為席捲全球的主流經濟政策主張。新自由主義革命的浪潮不但將講求股東權益極大化的美式資本主義推廣到所有西方國家，也掃除了所有妨礙資本在全球追求最大投資回報的人為障礙。一場由跨國企業與國際金融機構驅動的超級全球化乃以空前的速度推進到地球的所有角落，全球生產分工模式與產業供應鏈也快速全面重組；在此同時，跨國企業

菁英與超級富豪階層也順勢取得了無以倫比的政治權力，他們可以凌駕政府、支配社會遊戲規則，並一步步的支解立意在保護弱勢群體、勞工與中產階級權益的經濟管制措施與社會保障體系。他們排斥任何限制其行動自由與資本回報的全球治理或監管機制，他們可以影響美國法律與國際規則，也可以左右國際貨幣基金與美國聯邦儲備理事會的觀點與政策。

新自由主義指導下的金融自由化，更驅使金融資本全面流向投機性的虛擬經濟，不但給所有國家帶來難以承受的系統性金融風險，也對實體經濟造成巨大的扭曲與干擾。在華爾街推波助瀾之下，從 1980 年代末期開始美國帶頭進行大幅金融鬆綁，拆除金融防火牆，全面開放衍生性金融產品，並壓迫各國家全面解除跨國資本流動管制與放棄政府對匯率市場干預，其結果是大量資金湧入外匯與商品期貨交易套利，投機交易凌駕真實避險需求，熱錢在世界各地興風作浪，製造了一波波的金錢遊戲、資產泡沫與金融危機。最後由不動產次貸危機引發的一場全球金融海嘯，給美國與歐洲帶來一場空前的經濟重創，直到今日也未痊癒。在目睹美國政府政策被華爾街徹底綁架後，諾貝爾經濟學得主史迪葛利茲（Joseph Stigliz）不禁感嘆今日美國民主已經沉淪為：「百分之一所有，百分之一所治，百分之一所享」。

新自由主義革命既造就了美國經濟的空前繁榮，也為美國的社會分裂與政治敗壞種下惡果。新自由主義革命讓國家機構逐漸喪失扭轉資本主義下所得分配趨向兩極化的能力，也逐漸失去維護弱勢團體享有社會晉升公平機會與保障勞動市場參與

者基本權益的能力，更失去節制巨型跨國企業濫用市場壟斷權力的能力。因此民主作為「國家層次」的政治體制日漸成為一個空殼子，既無法維護公民的福祉，也無力滿足公民的政策需求，使其合法性基礎受到嚴重侵蝕。

美國政治最大的難題是政黨與政治菁英都被少數利益集團綁架。軍工企業集團、網路科技集團、華爾街投資機構與大銀行、跨國能源企業、大型媒體集團、製藥與醫療集團等主要利益集團的代理人盤據了國會兩院的各個常設委員會。這些利益集團的還可以驅動大律師事務所、大會計公司、信用評等機構，與倚靠企業主捐贈的東西兩岸大小智庫幫他們出謀獻計並引導輿論。這導致過去三十年美國的產業結構愈來愈集中化，強者恆強，大者恆大，壟斷與獨占資本橫行。這也必然導致嚴重的腐敗與尋租。這些占據寡頭與獨占地位的巨型企業可以靠壓制競爭者而攫取超額利潤，他們的高獲利模式主要並非源於創新與效率，而是靠其市場壟斷地位以及左右法律與政府政策的政治影響力，讓其可以併購同行、濫用智慧財產權保護與法律訴訟，或享受合法避稅與超額租稅補貼。

試舉美國的醫療健康產業為例。美國的醫療健康相關支持占GDP的比重高達18%，遠遠超過OECD國家的平均比例。可是美國的人均預期壽命卻在OECD國家中敬排末座。而且近年來美國是所有發達國家中唯一出現人均預期壽命倒退的國家（主要由於吸毒、槍枝氾濫與自殺率上升）。在2017年美國的人均預期壽命為78.6，與中國大陸的差距已經縮小到2歲左右，可是中國大陸的人均醫療健康支出僅僅為美國的十二分之

一。這意味著美國的醫療體系內存在嚴重的費用超收、資源浪費與無效醫療，而且醫療資源的分配嚴重不均。

　　自由主義革命帶來的政策變革也必然導致全球化的紅利與風險之分配嚴重不均，如今眾多西方國家正面臨全球化受損者的猛烈政治反撲。美國在新自由主義革命道路上走得最遠，長期由共和黨多數把持的最高法院更不斷為富裕階層打開金權政治洪流的閘門，因此美國社會所累積的貧富兩極分化問題也最嚴重，向上社會流動管道趨近停滯的問題也最為突出，擁護全球化與反全球化的衝突也最為尖銳。日積月累的社會矛盾最終以選出川普這樣的民粹政治人物而得到暫時的宣洩，但也為今後美國社會更嚴重撕裂埋下伏筆。

　　川普可以擄獲白人藍領階層的支持，因為這批選民迫切需要知道未來足以維持中等收入的工作機會在哪裡？政府何時才能大幅更新殘破不堪的基礎設施？他們的下一代是否能享有相對公平的教育與社會晉升機會？嬰兒潮世代大批退休後美國的社會保障系統能否支撐？如何扭轉過去三十年富者愈富而中產階級趨貧的兩極化趨勢？美國兩黨的主流政治人物紛紛失去這批選民的信任，因為這些熟面孔不是已經被利益集團徹底綁架，就是面對經濟與社會難題束手無策，選民寧可寄希望於毫無從政經驗的新手。

　　但是川普並沒有紓解美國經濟困局與社會矛盾的良方。相反的，他的漫無章法的內政與外交舉措，更讓觀察家擔心他可能是一個加速家道中落的敗家子，不但不懂得珍惜前人累積的資產，反而輕率的將家底典當變賣。他幫富人與企業大幅減

稅，必然導致美國財政結構的急遽惡化，2019年的聯邦赤字將首度破一兆美元大關。他把移民視為導致美國工作機會流失的代罪羔羊，極可能讓這個長期以來讓美國經濟得到必要的人力資本補充的關鍵渠道開始萎縮。他推行的「美國優先」單邊主義既粗暴又魯莽，正如布魯金斯學會資深研究員羅柏卡根（Robert Kagan），這位在共和黨陣營頗受敬重的新保守主義大將所指出的，川普國家安全團隊的諸多行徑讓美國愈來愈像一個「超級流氓大國」（rogue superpower），因為他打破了所有的道德、意識形態與戰略考量的底線。

川普的外交團隊在任何時候與任何談判場合，一律把自己享有的不對稱雙邊權力關係優勢赤裸裸的用到極點，試圖威逼對手做出最大讓步，不論親疏也不講情誼，也不瞻前顧後。這讓所有與美國打交道的傳統盟邦、貿易夥伴與競爭對手都不得不把川普所代表的美國，視為一個毫無誠信、不擇手段，隨時變卦，危害世界，顛倒是非的「流氓國家」。現在美國的主流外交菁英都在擔憂，川普這四年將對美國國際領導威信造成無法彌補的嚴重折損。

我的上述觀察也僅僅是幫許先生的社會病理診斷提供一點註腳。新自由主義思維頌揚個人自由，但也同時獎勵自私、自利與貪婪，並鼓勵對物質欲望無止境的追求。美國富裕階層的所得稅率在發達國家中是最低的，而且跨國企業都盡可能將利潤隱藏在國外租稅天堂，他們自私自利到連最基本的社會義務都設法擺脫。這正好可以印證許先生所指出的：「美國的起源是清教徒尋找自由土地，其個人主義的『個人』，有信仰約

束，自有分寸。現在，信仰淡薄，個人主義淪於自私。」

　　最近幾年，許先生連續推出多篇膾炙人口的曠世之作，讓華人世界的廣大讀者群可以透過他行雲流水的筆觸，源源不斷的汲取他的智慧結晶與知識精華。從《萬古江河：中國歷史文化的轉折與開展》、《華夏論述：一個複雜共同體的變化》、《我者與他者：中國歷史上的內外分際》、《中國人的精神生活》，到《世界、華夏、臺灣：平行、交纏和分合的過程》，部部都是厚積薄發之作，初讀引人入勝，再讀字字珠璣。這近百萬字都是從他一生積累的廣博的閱歷、爐火純青的智慧，與融會貫通的知識中提煉而得。

　　這幾部大作涉及的知識面向之廣絕非我淺薄的學術功底所能置喙，連寫讀後感言都會心虛，更不用說撰文推介。唯有《美國六十年滄桑：一個華人的見聞》的門檻較低，尚可加油添醋一番。不敢辜負許倬雲先生因材施教的美意，乃於2019年元旦勉強提筆，忝以狗尾來續貂。

後學　朱雲漢　伏案於北投大成堂

戊戌年冬

朱雲漢，中央研究院院士、世界科學院院士、中央研究院政治學研究所特聘研究員、臺灣大學政治系合聘教授、蔣經國國際學術交流基金會執行長。朱教授是國際知名的政治學者，其領導的研究團隊評估各國治理品質、政體合法性，與社會可持續性發展的方法學，獲得各國「智庫」學者們高度讚譽。

目　次

第一章

我對美國的印象

　　1957年秋天，我從台灣跨過大洋，到了美國，進入芝加哥大學，攻讀進修。從那時開始，六十年了。1962-1970年間，我在台灣工作。1970年，我來匹城定居；在台灣的八年，由於工作單位分配的職務，我還是往返於台、美之間。初次離台時，一位美國的訪問教授吳克（Richard Dixxy Walker）提醒我：此行不是只在按照課程修讀學位，更需把握機會，研讀一本大書，真正在生活中，理解現代文明最新一個章節：「美國人和美國社會」。他的建議，引導我數十年，至今我還在繼續研讀這一部大書，轉眼間，竟已一甲子，也見證了許多變化。

　　整體說來，從1957年到今天，我有機會近距離觀察美國的動靜。宇宙間沒有不變的事理，只是變動快、慢之分而已。回顧前塵，這六十年來的演變，不僅見之於美國一地，而且因為美國是現代世界的重要部分，一切在此地發生的變化，都影響到全世界的人類。今天我已經八十幾歲，來日不多，在這個時期，趁我還沒有昏聵糊塗，將自己的觀感，貢獻給大家參考。

　　我來美的旅程，與一般的旅客不同；大多數的留學生，是搭乘包機，或者是快輪，直達美國。我卻是搭乘了廉價貨船的附帶乘客，經過五十七天航程，穿過太平洋，又穿過巴拿馬運河，從大西洋的那邊，登陸美國。這艘貨輪，裝載的是菲律賓的鐵砂，運來美國，加工製造鋼鐵。

　　離開基隆碼頭，黃昏時，航向菲律賓。沿著台灣東海岸，眼看台灣，從綠色山陵，逐漸退向西邊水平線，漸行漸遠，襯托西天雲彩，宛如浮置於太平洋淡灰色海波上，一盤墨綠色的

盆景。第二天，進入菲律賓附近的海域。遠島崇矗，近嶼平坦，又有珊瑚礁湖，一圈白沙，中間一泓碧水，種種地形，錯落布局，船行其間，目不暇接。

第一站，在菲律賓的港口靠泊，裝運鐵砂。菲律賓勞工貧窮又辛苦，美國貨運單位，白人職員和菲律賓助手，彼此主奴的明顯關係，港口一般居民簡陋的居住環境，對照著白人代理商倨傲的態度和鮮明的衣著，對我而言不在意外，因為我在中國過去租界，這些對比，是日常生活的一部分。只是，在當時是美國屬地的菲律賓，兩種文化、兩種民族的強烈對比，很難理解，號稱尊奉上帝的國家，對待已經獨立的舊日屬地人民，依舊不平等。

第二站，是在夏威夷檀香山。夏威夷原本是獨立的王國，美國租借珍珠港，還經由兩國之間，合法的條約。可是，居然不知不覺，獨立王國不見了。那時夏威夷還不是美國的一州，其地位是介於殖民地和領土之間，一個不清不楚的「代管地」。我們到達檀香山，已是半夜，不能進港，只能拋錨海上。檀香山市區燈火並不燦爛；只是市區背景，一線山丘，幾條弧形燈光，應是住宅街道，彷彿串串明珠項鍊。靠泊的地點，離珍珠港很遠，當時的檀香山雖然是觀光的港口，還並不繁華，船隻不多。從碼頭區進入市區，也就不過數百呎的距離，就是一片草地。當地土女，呼拉舞迎客，觀眾寥寥無幾。

我們靠泊的時間有兩天，主要是維修和補充飲水，藉這機會，我也參加了一個小小的觀光團體，搭乘吉普車，在城外轉轉。印象最深刻的則是，無邊無際的鳳梨田，我才第一次了

解，大田廣種的意義。另一處則是大片的甘蔗田旁邊，有一個酒廠，出產藍姆甜酒。這個門進去是甘蔗，那個門出來是甜酒。參觀人都感受：農業和工業，如此緊密的結合！這一印象，對比中國傳統小農多角經營的農業，我才理解，「農工業」（Agri-industry），資本主義經營，大量生產的規模和性質。

　　第三站乃是通過巴拿馬運河，從太平洋進入大西洋。跨過運河的時間，幾乎是一整天的航程，其中最重要的部分，是從西岸進閘門，閘門接水，將數萬艘的貨輪，升高到山頂湖邊，開閘進入巴拿馬湖；然後又進入另外一道閘門，降水落到大西洋的水平；開閘，船隻離去。這一個經驗，令人難忘：人力確實能夠巧奪天工，將四、五萬噸的船隻，連帶貨物，抬舉數百呎高，當船隻剛剛進入閘門，閘門關閉，從船邊仰首望天，我的感覺，自己是井底之蛙！這也是第一次親身體會，現代的技術，使用多大的能量！

　　運河兩端，都是閘門和引道，中間山地，匯入狹長的湖泊。湖中鱷魚懶懶躺著，幾乎難以分辨：哪是鱷魚？還是枯木？夾著運河，一定距離的寬度，都是鐵絲網，綿延不斷，則是美國管轄的運河特區。一條運河，將號稱主權國家的巴拿馬，割成兩半。這一條運河，乃是美國的生命線，也象徵美國凌駕整個美洲的霸權。

　　最後一站，則是在巴爾的摩登岸。從進入恰撒比克灣起，航行了幾乎一整天，才到達港口。這一條內灣，如此深而寬，兩岸如此平坦；我真要感嘆：上帝對美國不薄，天造地設，開了這一條航道，世界其他地方，沒有如此的條件。以百計算的

船隻，熙來攘往，經由如此長的內港，運送人貨，維持美國東岸的種種市場需求。後來，看到紐約的兩條大河，沿岸碼頭躉船，連接排列，使人不能不感慨：美國的富足，除了人力以外，也有無可比擬的天然條件。

這一趟航程，海上五十餘日，是我第一次「放單」獨自長行。先父海軍出身，侍座之時，聽他講說海上經驗：海洋風濤浪潮，猶如人生，一切變化，均有朕兆。這次所見，的確如此。平常天氣，海水顏色灰藍，海面處處白色浪花，此起彼伏。如果海波如同呼吸，大片起伏，即是遠處大浪，正在接近。海上忽見飛鳥，必是近處有陸地。晚間海上，出現片片螢光，即是從陸地飄來污物。船行忽然船首下落，乃是滑入洄流，忽然船首上揚，乃是跨越海溝。如果進入較大洋流，順水、逆水，都會影響航速。

最驚險的一次，則是離開菲律賓不久，遭遇「長浪」。當時值班的水手長發現遠處海平線，有一線深黑，立刻高叫「長浪」，拉響警鈴。全體船員，迅速各就各位，也將我以布條綁於椅上，再以繩束將座椅綁在柱上，再以救生圈套在頸部。俄頃之間，大浪湧來，如墨黑山陵，迎頭壓下，四、五萬噸滿載貨輪，拋上落下，船頭入水，尾部高聳，推動器的翼片，離水空轉，喀喀不絕。兩起兩落，大浪過了，船漸穩定。所謂「長浪」，其實即是海嘯。船長富有經驗，將船以直角衝入巨浪，方能脫險。——這次經驗，誠如先父教訓：面對難關，唯有正面應對，或可過關！

我在8月中旬，到達美國的終點站，進入芝加哥大學。就

在那前後，又有兩椿大事，值得一提。第一椿，9月底，在穿越巴拿馬時，從當地的報紙知悉：阿肯薩的小岩城，正在為了黑人兒童入學事，造成極大的辯論，引起的緊張，幾乎到了爆炸的臨界點。進入芝大不久，在10月，果然阿肯薩發生第一次大規模的族群衝突，也是內戰以後，第一次州政府運用武力，以平亂為由，阻擋黑人群眾的抗議。這是第一次，聯邦政府將州政府管轄的州衛隊（state troopers），收為聯邦所有，等於解除了州政府的武裝。這一事件，在美國的民權歷史上，乃是一個里程碑。聯邦權與地方權之間、州的自主權與人民的公民權之間：兩重的衝突，震驚了世界。也開啟了美國社會內部的嚴重分裂，至今還沒有停止的跡象。

另一椿大事，則是1957年10月，當時蘇聯發射了Sputnik，人類第一次發射衛星，進入太空。這是震古鑠今的大事！我們可以想像，假如人類是大海中的魚類，居然有一條魚，跳出海面，停留在離海面幾丈的空間，可以瞭望陸地，也可以回顧海水。這是自從有人類以後，第一次人類居然嘗試，而且成功了，短暫地躍離大氣層。

對於美國而言，這個震驚的刺激，使他們忽然警覺，美國並不是全世界最強大、最前進的國家。美國第一個反應，是要迎頭趕上，不僅在科學上要重新爭回領導權，而且在國防上，他們開始發展太空戰爭的機制。從此以後，列強之間的軍備競爭，不再是武器而已，整個的科技發展，幾乎都圍繞在科技可能引發的另一層次的戰備。從那時以來，美國的高等教育和科學研究，逐漸失去了為知識而知識，卻轉變為：為了安全、或

是為了利潤，實際的需求，帶動了科學的探討。這一轉變，以英文的俗語來說，是：「原來的因果關係，卻顛倒了」的形勢了。

在芝加哥我住了五年，感謝導師顧立雅先生（Herlee Creel），放任我自由學習，我得以涉獵漢學之外的學科。他自己是古史名家，一對一的討論課上，他卻經常告訴我，他對於美國社會的意見。我從他的談話，學到英國費邊社的自由社會主義，才認識他在專業學科之外，對於社會的關懷。他自己，身體力行，於專業研究外，頗致力於撰著通識性質的著作：凡此提示，我終身受益。在此，我向他致謝。

校方考慮我的殘疾，讓我住在芝加哥神學院，上課大半在對街的東方研究所，那是兩河埃及考古的研究所。然而，其他文化的古代史研究人員，也在這個地方，利用許多有關古代研究歷史的圖書館。我們的飯廳，則是神學院的餐廳，就在宿舍的左邊對街。這三個地點，是我日常生活所在：三個地點我能接觸到的對象，卻是很不相同。神學院是一批神學院的學生和教師，各種不同教派的神職人員在此進修；不僅基督教派的神職人員，許多其他宗教的神學生，也在這學比較神學。由於這個餐廳價廉物美，芝大許多的教職員和研究生，也在這用餐。芝大的特殊風氣，端了盤子找空位，也不管桌子另一邊或鄰座是否認識——而且常常挑不認識人的鄰座坐下。坐下之後，第一句話：「你現在研究什麼題目？」在這種環境之下，人和人之間的接觸面和交談的題目，就非常廣泛。

神學院中一大批的神學生，尤其年輕的牧師，來自四面八

方，屬於不同的基督教會教派。在美國基督教歷史上，芝加哥
一地，有相當特殊的傳統：許多新生教派，對於有勢力、有資
源的老教派，往往不滿其官僚老大作風。於是，年輕神學家，
往往在此地另闢門戶，自立教派。這些新教派的年輕牧師，崇
尚自由，甚至非常激烈。然而，激烈的革命者，等到自立教派
成了氣候，自己卻也變成老大的當權者，又有新的教派革他們
的命。因此，在芝加哥神學院中的年輕神學生和年輕牧師，共
同之處，就是激烈和自由。

　　戰後，1950年代到1960年代，美國的年輕人從歐洲和東
亞的戰場回家，他們見識了另外一個世界，和美國完全不一
樣。歐洲和東亞，都是有古老文化作為背景，但是大戰結束
後，都有最激烈的共產主義運動正在興起。因此，在1950年
代、1960年代之間，美國年輕人也開始發動思想上的解放運
動，到1960年代大概到了巔峰，其中一部分走向虛無，另有
一部分則走向社會主義的革命。芝加哥的年輕牧師們，就在這
種空氣之下，常常是社區改革和社會革命的先鋒隊。我與這些
人天天接觸。同桌用餐，大家討論，吵翻了也無所謂。白天，
宿舍中的學生各自上課，客廳之中空空盪盪。黃昏以後，大家
從四面八方回到宿舍，客廳就是大家辯論的場合。由於各人來
自不同教派，甚至不同的宗教，這種辯論，就不限於嚴格的神
學範圍了。許多不同文化的價值觀念，也變成大家討論的題
目。到了深夜，每個樓層的浴室，在那個休沐的時間，往往從
一個題目，引起抬槓，僵持不下，其他人也各自加入戰團。
「浴室討論會」，多種多樣，比正式的學術討論會的氣氛還要熱

烈。難得看見，他們在十二點以前，各自回房間。

　　這種氣氛下，我耳濡目染蒐集來的資訊，其複雜和古怪，實在是難有其他地方可與比擬。在神學院宿舍，我有幸結識了一位賴威廉（William Lyell），他幫助我了解不少自由主義者的理念，使我認識美國，開啟一個重要的視角。

　　和這批神學生混成一團，也就躲不開參與他們的政治活動。芝大的校區，跨過一條寬廣的草地，就是六十三街，當時芝加哥著名的複雜地區。六十三街火車站，是從南方進入芝加哥的站口；附近另一地方灰狗巴士的「石島」站口，也在芝大附近。經過公路和鐵路，從南方來的非裔勞工，成批地進入芝加哥，尋找職業。新來勞工到達大城市，職業的介紹行、工會的人員，和當地的幫會，三方面都搶奪新到的勞力。芝大神學院的年輕神學生，看不下工會和幫會，以及那些「豬仔佬（職業介紹行）」，爭奪這些無知無識的新到勞力，於是也介入戰團，幫助這些新到者，擺脫各方魔掌。

　　再者，在芝大四周圍許多弱勢族群居住地方，年輕牧師們參與民權活動，也主動組織民眾，抵抗各種惡勢力的利用。我和這些小牧師們，既然是同一宿舍的朋友，我又駕駛一部小的高爾夫電車，後面有足夠的空間，可以放許多宣傳資料和其他的用具。於是，他們常常借用我的電車，出動參加各種活動。有時候，我自己也駕車，幫助他們運送必須的用品。如此這般，我不知不覺也捲入這種活動，見到了不少以前不知道的現象，也學到了不少書本上讀不到的知識。尤其在民權活動時候，這群神學生們發動各處的年輕教友，抵制地方政客把持市

政府的所作所為，揭穿他們偷竊選票的伎倆，從旁爭奪選民，使選民不受政客控制。這些活動，其實相當危險，可是當時自己年紀還輕，初生之犢不畏虎，根本就不覺得危險就在身邊，時時可能發生。──這一段的經驗，環顧四周中國留學生，大概不多這樣的機會，見到社會剖面的深處。

我在芝加哥讀書五年，每年有兩個月到四個月，都在醫院免費開刀，矯治我先天的殘疾。我住院之處，是一家以幫助貧窮病人，矯治小兒麻痺症的基金會的醫院。在病房之中，走廊上、飯廳內，經常會接觸許多殘疾兒童的家長，從聊天中，也了解了這些來自各方，家庭背景不同的病童，和他們的家庭情形。這一段的經歷，也是一般正常留學生未必遭遇。我在這種場合結識的朋友，在出院以後，如果他們的住所不甚遙遠，他們的家長，常常會邀請我訪問。我也因此結識了一些勞工階層，遠鄉近郊的朋友們。從他們那裡，我所獲得的見聞，是非常直接的，可能無法從書本上體會。

1962年回到台灣，1970年又到美國。第二次來美長住，落腳匹茲堡，居然一住將近半世紀。十年不走并州路，卻將他鄉做故鄉。我對美國真正的深入觀察，是這五十年之間的所見所聞。我任教的匹茲堡大學歷史系，當年是由Sam Hays擔任系主任。這位老同事是桂格兄弟會教徒，堅信自由主義的學者；在他手上，重組了整個歷史系，將教研重點放在社會史的學術單位。我們二十八位同事，大概一半是研究農業和農村，另外一半是研究工業和勞工，都有強烈的社會主義趨向。他自己又是環保運動的自然主義者：這幾種理念的趨向，使別人把

匹大歷史系看做激烈派。其實，我們是持守自由理念，實踐容忍的一群人。

我們系裡的人員分配，二十八個人，專業相當均勻地分配在美國、西歐、東歐、南美、遠東，再有一小部分是非洲和非裔研究。這種分配方式，又和一般美國大學以美國本國史為主，甚至全部集中在美國本國史的情況，完全不同。我們同事之中，固然有非常激烈的老共產黨員，其激烈的程度，比當時的俄國和中國的共產黨員還要激烈，是第一代最原始的共產黨。其中一位最老的同事，曾經參加西班牙自願軍，介入西班牙反佛郎哥的內戰。可是，另外一位同事，卻是極端的天主教。我加入匹大以後，第二年開始，同事們曾經有連續三年，組織兩個專題平行的討論會，分別以工運和農村為主題。各人分別加入兩組之一，也有人跨兩組都參加者。我是屬於農村這一組，但是只要有空，我也會去參加工運那一組旁聽。這一個機會，也是難得的機緣，從專業的學者討論之中，學到了許多對美國社會的理解。

在匹茲堡，我曾經遷徙過五次，每次的鄰居都是不同的人物；這五次的遷徙，我深深體會到，將近五十年中，鄰居的關係如何逐漸趨於淡薄。最後這一段居住在共有的公寓，即使鄰居關係淡薄，由於共同參與管理大廈的會議，在公寓事務討論會上，會前、會後，也就在近距離可以觀察到，不同職業、不同族群、不同階層人的想法和作風。至於前面幾次遷徙，卻是鄰居關係基本相當良好，也相當密切。

在住家之外，當然和匹茲堡本地的華人社區有相當密切的

交往。我也親眼目睹大型鋼鐵業，在上個世紀黃金時代興起的基礎工業，如何經過他們的輝煌歲月，又如何逐漸蛻變。以至於到最近的新科技，包括醫療和資訊，又在匹城生根、發芽，以至於茁壯。許多華人朋友，在這些企業單位服務。他們在不同年次，一批批進來，又一批批離開，如何從原本穩定的生活，忽然面臨隨著工作搬家，或者因為工廠減縮甚至倒閉，而失去職業。這些經歷，非常切身。將近四十年來，在近距離中，觀察到人生的喜怒哀樂，命運的變化無常。更重要的是，如何在個人的命運之中，看到了美國大環境。

在這第一篇，我只是將自己初到美國的印象，作為楔子，此後諸篇，則按照不同的項目，陳述美國六十年的變化。那些變化，不僅影響了你我之間的生活，更影響到人類文明發展的方向，甚至人類文明未來的前景，是福？是禍？卻誰能預知？

這半個世紀，在美國的生活，都是曼麗與我共同度過，同甘共苦，事親育兒。她辛勞持家，照顧殘廢身軀，撫慰疲倦勞累，二人一體，無怨無悔，白首相依。謹以這本可能是我最後著作，呈獻我妻曼麗，願世界和平，讓我們餘年安寧。謝謝妳，曼麗！

第二章

美國的開疆闢土

　　我們一般人對美國的印象，總以為，1620年，五月花號載來一船乘客，是歐洲白人進入北美的第一次移民。其實，在那次以前，西班牙人和葡萄牙人，已經在中南美和北美的南端，有相當的發展。英國在北美的移民，也早於五月花號，就在今日喬治亞的海邊，有過一批移民，建設Jamestown基地。這一次努力，並不很成功，基地維持不久，人員死亡，只剩下一個遺址，供後人憑弔。五月花號到達美洲，確實是西歐白人長久留在北美第一次的成功。每年慶祝感恩節，大家都知道，當時在普利茅斯附近的原居民，如何慷慨熱情地幫助這些新來的白人，度過最困難的一個冬天。然而，很少人還記得，從此以後，鵲巢鳩居，反客為主，白人終於將原居民排擠於邊緣。感恩節，說穿了，是個忘恩的節日。

　　從五月花號以後，英國的移民，逐漸開發了大西洋沿岸，十三個殖民的基地，也就是後來稱為「十三州」的美國領土。這時美國已經成形，至今已有三百多年了。當時歐洲的另一個強國——法國，也一樣投入占據美洲的事業。他們開始是從大西洋的北岸，今日加拿大的領土，沿著聖勞倫斯航道與五大湖，進入內陸。英人後裔十三州，據有大西洋岸的領土；法國也有稱為新法蘭西的大片土地，從今天的加拿大的東部，穿越大湖區，向南開展，據有密西西比河流域的大半。另一方向，法國進入密西西比河的河口，占領了密西西比河域南面大片領土，與今天德州附近南方內陸。新法蘭西的疆域，從地圖上估計，幾乎有今日美國三分之一，還加上加拿大一大片。只是法國人的移民並不眾多，他們的開發者，貿易商和武裝部隊，在

這一大片領土上，只能維持若干據點，總人數不會多於五萬
人。相對而說，十三州的英國殖民地，卻有幾乎三十萬的居
民。法國人在新大陸，頗和印第安人合作，自己並沒有開發土
地，主要的目的在取得新大陸的資源，尤其皮毛，運回歐洲獲
利。荷蘭的殖民者，也在今日紐約，藉其河港地形，開闢歐、
美海路的重要據點，新阿姆斯特丹。不久，英國從荷蘭手上，
取得這一良港，改名紐約。

　　若論農業部分，英屬十三州的白人，確實是有自己的農
莊，基本上是仿照歐洲既有的農業模式，是耕、牧、採集三合
一的農業。農莊的規模，並不很大。法國人並沒有致力於自己
開發農業。美國農業具有自己特色，必須要在美國建國前後，
其第一次發展模式，應當是在十三州的內陸，而最重要的一次
嘗試，就在我居住的西賓州和俄亥俄河谷。

　　在美國建國前，至少十五、六年到二十年之久，英、法兩
國的開拓者，從北到南，沿著阿拉帕契山和密西西比河，競爭
開拓領土。新大陸的英、法戰爭，不只一次戰役。當時，在俄
亥俄河的三角地帶，法國人建立了一個堡壘，稱為杜肯堡，就
在今日匹城的城區尖端。這個堡壘，控制新法蘭西的南北交通
中點。英、法雙方，都拉攏原居的印第安部落；印第安人已經
學會騎馬，也學會使用白人提供他們裝備。白人，鼓動印第安
部落，不斷彼此攻擊。美國開國元勳華盛頓，從青年測量員，
以至方面指揮官，都在這一帶活動。長話短說，英國借用游擊
戰術，據有南岸高地的優勢，終於占領了杜肯堡。法國人撤退
前，毀壞杜肯堡；英國人改建為今天的匹茲堡。憑藉匹茲堡起

點，英國十三州殖民地，以及其繼承者美利堅合眾國，開始向西開發，進行了歷史罕見的大規模開拓運動。也就在這開拓運動之中，逐漸形成美國農業的規模和特性。

英國據有匹茲堡以後，切斷了新法蘭西的南北交通，十三州逐漸打開西向門戶，最後終於把法國逐出今日美國，北美大陸的主要部分。那時，新獲得的「西域保留地」，疆域廣闊，原居民（被白人誤稱為印第安人）的易洛魁部落聯盟，居住在大湖區的沿邊：森林一望無際，湖泊、河流連結不斷，氣候溫和，地土肥沃：即以漁獵、採集和牧養，他們可以輕易滿足生活需求。種植的植物，也不過是小片土地上的玉米田而已。偌大的聯盟，人數其實不過以萬計，分布在如此廣大地域：他們不需要爭奪，武器不過石刀，長弓、石英箭鏃，很難致命。聯盟的組織，有五個部落，部落選舉代表，出席聯盟會議，每個部落又派出兩位長老，構成聯盟的長老會。美國立國後，政府體制，每州有兩位參議員代表，又有按人口比例選出來的眾議員代表，其實就是模仿易洛魁聯盟的模式。

在美國開國前，兩三個世代，英國殖民地的擴張，如上所說，主要是在北線，更具體地說，是沿著大湖區的南方，由賓州向西，擴展到俄亥俄河流域。他們迅速的發展，不久就超越了這個地區；從此更往西延展，乃是今天稱為「中西部」的廣大平原。在今天，中西部，及其周邊丘陵地，居住的人口，約有全美人口的三分之一。美國發展為大國後，這一地帶曾經是美國工業的主要基地，也是麥類和乳類產品的重要出產地帶。

白人還沒有進入時候，這塊大片土地，以森林覆蓋面積而

論，有一比喻：一隻松鼠，從匹茲堡開始，在樹枝上跳躍，可以一路跳到芝加哥，不用落地。如果以芝加哥為中心，劃出中西部，新的開拓地區，卻不再是以森林為主。那一大片平原，從湖區往北美腹地延伸，可能是世間罕有地富庶大平原。這裡的氣候，比歐亞草原溫暖濕潤，也比黃河流域平原肥沃。這片大平原，植被良好：林中麋鹿成群，溪流漁產豐富，平原野牛奔馳，尤其無數土撥鼠挖洞，土質鬆弛，易於耕作。

在美國紐約北部經過賓州，西至中西部，這廣大的土地上，居住的易洛魁聯盟族群，總人數大概以萬計，估計數字，由一萬餘人至五、六萬人，不等。這些族群，以游耕、漁獵、採集維生，食物包括玉米、瓜、豆、漿果、火雞、鹿類；他們的村落，規模不大，居住在三角帳棚（Teepee）。他們活動於田野，隨時追逐獵物。這種的社會經濟方式，被白人誤稱為印第安人的原居民，並沒有明確的土地產權觀念。廣大的山林、田野，都是屬於大家的，大家都有使用的權利，沒有毋需「占有」的觀念。天賜條件，如此優良，原居民生計，頗可溫飽，也就安居樂業，不求改進。

他們最初與白人開拓者接觸時，並沒有防衛之心，認為你、我一樣，都有使用這塊土地的權利。但是，白人的觀念卻不如此，白人到達後，圈劃土地，據為己有。而且還不斷擴張。於是，衝突就不免了。白人憑藉槍械、火藥，驅趕只有弓箭、標槍的原居民。反客為主，掠奪了原居民生活的空間。

在不對等的競爭之下，原居民處於絕對的劣勢。在不到兩代時間，新來的開拓者人口，就超過了原居民。當然，原居民

的死亡，並不完全由於武力的衝突和白人的壓迫。最大的損失，是在於原居民身體沒有舊大陸疾病的抗體。天花、瘧疾、肺炎，甚至今天所謂的感冒，更不論霍亂、傷寒這一類的傳染病：完全沒有抵抗力的原居民，一旦感染，即成批地死亡。一般估計，只要有這些疾病出現，整個部落可能死亡逾半。

　　白人的壓迫，當然也造成原居民很大的傷亡；他們逃亡途中，道路勞頓，飲食不濟，必然奪去許多生命。白人開拓者，有的是以「民兵」，有的是英國殖民地的軍隊；他們憑藉火器襲擊原居民的村落，押送他們踏上「死亡征途」，驅趕到窮山惡水的「保留地」。從一處保留地，又遷移到另一處保留地：如此不斷移徙，從西北海岸，延伸到中西部的大規模移民，原居民折損人口，估計超過半數。美國建國之後一個世代，19世紀初，印第安人各部落人口只有數十餘萬人；經過百餘年增殖，他們人口逐漸增加，可是依舊被圈在「保留地」之內，號稱自治的nations，領取美國政府提供的生活費，苟且生存。一位台大的老同學，偶然申請到一處保留地部落經管單位的工作，處理美國政府津貼部落的款項。數十年來，他幾乎全權經手分發家戶津貼，安排健康保險：一切收支出納事務。由此一例，也可覷見這些原居民之無依無助。

　　自從白人侵入，開拓土地，北美中西部廣大的原始林，就逐漸消失了。今日西賓州以西，所見的樹林，都是新生的林地。代替大片林地和草原的，則是白人開闢的農場。當時，理論上，英國王室，擁有全部新開拓的領土，也就是從原居民掠奪來的土地。英王的名義，將大片未開墾土地，低價開放招領

（大概是每畝一英鎊）。這些擁有土地的統治階層，又可以轉包給開發商。例如，倫敦的商人，在倫敦成立公司，申請開發。公司在歐洲，招領墾丁，由公司簽約，運送到美洲的新領土。墾丁可以領有一定數目的土地權，在最初若干年，墾丁必須無償工作，償付旅費、開發工具，以及耕種權的代價。償清這些債務，墾丁才擁有他們領取的土地，升科納稅。

1776年，十三州獨立，成為美利堅合眾國，不再有英國的開拓公司；然而，整個的運作方式，還是相當類似。美國政府希望號召更多的白人，開闢新大陸、建立新國家。在歐洲許多國家，都有開拓公司、或是移民公司的組織，吸收和運送新移民進入美國。當時，歐洲正是法國大革命以後，緊接著是拿破崙的時代，歐洲經歷翻天覆地的大改變。羅馬教廷的教權萎縮，原來依附在所謂神聖羅馬帝國結構上的封建制度，也迅速地瓦解。

民族國家有待興起，歐洲許多地方秩序混亂，生產萎縮。大批的失業農民，正是美國可以吸收的勞力。紐約港口的自由女神像，手舉火炬，歡迎新來的移民，號稱「迎接一切尋求自由、無處可去的人，進入這個國家」。因此他們進入美國，並不需要簽證、也不需要護照。──如此慷慨大方的姿態，與今日川普政權的排外相比，怎不令人感慨。

移民來美的典型狀態，新到的歐洲人，帶來一些基本的工具。或者到了紐約口岸，從當地購買一些必要的工具。這些新來者，隨著移民公司指導，送到可以開拓的地區。當地的大戶，帶領他們往西開展。他們從新的聯邦政府取得許可證，也

可組織民兵，或者武裝這些移民，作為開拓的先鋒。前面所說，中西部的開拓，在開國以後，開展地非常迅速，主要就是經過如此的機制。因此，這批新移民的來源，不再限於英倫三島，而來自歐洲各個不同的地區。新到移民，來自不同地區，他們新開拓的殖民地，會重現原鄉的習俗風味。

這種放領土地的方式，最適於集體的開墾。於是，歐洲白人中的窮困者、負債者，都會參加墾丁的隊伍，由公司中的包商，作為墾首，第二級的領主，率領墾丁，開拓農莊。1840年開始，愛爾蘭連年災荒，洋芋歉收，驅迫南部愛爾蘭百萬飢民，來美求生。乃是窮困百姓離家移民的著例。美國愛爾蘭人，人數眾多，嫻熟英語，進入美國政壇，儼然一股勢力；至今，美國許多族群中，他們是相當突出的一族；另有一些人，是歐洲新興教派（在宗教革命以後，從天主教脫出來的若干信仰團體），各有自己的神學理論，也各有自己的民族背景。在歐洲，他們發展的餘地有限；於是，他們也組織隊伍，進入美國的新墾地，領取墾照，建立自己的家園。今天在匹城附近，還有荷蘭的教派Amish的社區，就是這一教派在美國開拓的基地。賓州費城的「桂格會」，亦即賓州威廉Penn，領導的新教派，也在西賓州建立了若干社區；從他們的地名「協和」、「友誼」……，還充分顯示這個教派的特色。又譬如，匹城不遠處Altoona附近，有一位俄國的格利金親王，放棄了貴族身分，出家為天主教神父，帶領了一批天主教移民，到西賓州來開拓一片天地。今天有一個很大的灌溉湖，就稱為格利金湖。

以上種種集體型的開拓，農莊規模必定不小，在他們領地

上，一般的方式，是有一片市廣場，他們居住點的中心，教堂、學校、商店、貨棧，都集中於此，周邊則是住宅區。農業的耕作，是大田廣種，其耕種方式，與中國小田畛的精耕細作完全不同。也只有如此大規模的開墾，他們才能把不見邊際的原始林，短期內，就轉化為農田。也只有如此規模，每個地區的開墾，必然會配合水利的發展，將湖泊、溪流，闡為水庫，再以渠道，導水灌溉農田。這些渠道，往往也就同時發揮「內建設施」功能，成為運輸物資的運河網絡。

　　以上這種墾拓的方式，在美國的地形、地貌上，留下了顯著的痕跡。從西賓州往西，直到落磯山下，公路網是方格布局，州郡界線常是直線。社區市鎮，也是棋盤格的街道。走遍這一大片美國，一個街段（bloc）的長度，因為初期開拓者的來源不同，採取的度量衡制度並不一致；基本上，每一街段的長度，大概是八十呎到一百呎之間。人工的刻痕，在廣大的平原上，完全代替了自然的景觀。在人類歷史上，如此大規模而長時期的繼續開墾，留下了如此深遠的影響，也是前所罕見。

　　美國建國以後，大規模的向西開拓，以如上述。除了原來開拓的中西部以外，新的移民也在別的方向，進行開展墾拓運動。在密西西比河流域的西邊，從俄亥俄河流域向南，有一條阿帕拉契大山脈，其主峰就在今天大煙山（Great Smoky Mt.），我曾經有機緣，在不同時期，穿越和跨過這條山脈。這些地區的自然景觀和中西部迥然不同，山谷窄小、山地高聳，台地也是狹窄地分散各處。如此的自然環境，不同於上面所說大田廣種，而是以小塊農田，農耕和畜養牲口（尤其豬、羊）

的混合方式為主。

　　有兩條途徑可以進入這個地區：一條是經過匹茲堡，向南進入今天的西維吉尼亞州往南。另外一條則是從密西西比河的中游，聖路易斯城往西開發。到今天，聖路易斯市的路標，是一個大拱門，號稱是進入西方的門戶。代替了當年，匹茲堡作為西路門戶的地位。

　　最初在阿帕拉契山北麓落戶的歐洲移民，頗多來自英倫三島的蘇格蘭和愛爾蘭。他們的原鄉，就是比較貧瘠的地區。在工業還沒發展時，他們的生活方式也是相當艱難。蘇、愛人的職業，也就是牧羊、畜豬，和種植田圃作物，尤其馬鈴薯和瓜類。他們的宗族組織，是社會的基本單位。在阿帕拉契山區的移民，也就呈現相當強烈的宗族影響。今天我們如果在西維州旅行，路面上常常看見蘇、愛人族稱的標誌，以Mac為字頭姓氏。（按：在這裡移民社會的早期，曾經為了爭奪土地，有族與族之間的械鬥。到今天，英文俗語中"Real McCkoy"，就是在械鬥時期留下來的字眼，表示這個人是McCkoy家族真正的成員。）

　　西部電影片中，常出現那位頭戴皮帽，手持長槍的David Crocket，即是此地民間傳說的英雄人物。今天的「鄉村音樂」，以簡單弦琴伴奏，曲調相當單調重複，也是山區文化留下來的紀念。進入19世紀中葉以後，這個地區大量煤礦，為美國的工業發展，提供重要資源。於是，阿帕拉契山居民的生活，幾乎多多少少都和礦業有關。到今天，西維州煤礦業，已經夕陽西下，石化能源取代了其主導的地位。阿帕拉契山區又

陷入貧窮的困境。

　　第三個重要的開拓地區，則是美國的南部，也就是密西西比河下游的兩岸。這一個地區，原本是法國人開拓，所謂「新法蘭西」的一部分。在英、法爭奪新大陸的殖民地中，法國失敗了，西賓州被英國的殖民地占有，這廣大的新法蘭西切成兩截，南部這一片和加拿大的那一片，遠遠分隔，無法聯繫。在歐洲紛亂時，尤其拿破崙在歐洲稱霸時期，法國人顧不著新大陸的殖民地，將這一大片南方的土地，以 1,500 萬英鎊的代價，賣給美國。這裡就是美國新的一片疆土，成為 Deep South。這裡的移民，已經有相當多的法國後裔和西班牙後裔，後者是從南美洲和加勒比海的西班牙殖民地，轉移到大陸。

　　在路易斯安那購地前，這裡因為氣候適宜種棉花和菸草，南方發展了經濟作物的農業。白人移民人數不夠，這些經濟作物的農田上的勞動者，已經有相當數量的黑奴，從非洲運來，投入生產。英倫三島的移民，在購地交易成功後，逐漸取得了主導的地位，南方的大地主和大莊園，也因此很多是英、法後裔共存的現象。這個地區兩個港口，一個是南卡州的查爾斯敦，另外一個是密西西比河口的紐奧良。這兩個港口都是歐洲和美國南方之間交通的主要港口。在紐奧良，十足法國情調，包括飲食、舞蹈和音樂，到今天還是觀光的主要吸引處。

　　奴役黑人，是南方經濟的特色。自從西班牙人、葡萄牙人發現新大陸開始，因為歐洲與美國之間的航行中點站是西非洲，於是，葡萄牙人很早就掠奪黑人，運送新大陸，出售為

奴。我在匹大老同事，有兩位專注於研究黑奴貿易。據他們的研究，從16世紀開始，到19世紀，大約有三千多萬非洲人，被掠奪為奴。海運的辛苦，和運送期間的虐待，剝奪了至少一半黑人囚虜的生命。運到美國的比例，最多是登船人數的半數。

這些黑奴貿易的出資者是猶太人，執行者是葡萄牙人，購買者是英國和法國殖民地的白人農莊。黑奴無處不有，但絕大多數集中在南方的農場上。我們讀過美國名著小說《飄》（*Gone with the Wind*），其中描述的南北戰爭前後，南方的農莊生活，相當真實。這些非裔黑奴，其生活和命運，還不如印第安人；因為他們只是當作會說話的牲口，不是人。信仰上帝的白人，公然可以把同樣人類，當作不是人，是牲口，在我們看來是匪夷所思！

如此業債，到今天，輪到美國白人付出賠償了。非裔種族問題，即使有了民權運動，前仆後繼，從南北戰爭前，到今天，一百五十年，其實沒有解決。今天，15%左右的美國人口，是黑奴的後裔。美國有識之士，希望能夠經過種種立法，提高非裔族群的社會地位。但是，積重難返，黑人的知識程度、工作的動機等等，始終不能有真正改變。這個種族之間的不平和衝突，終於是白人罪孽，他們必須承擔沉重的債業。

第四個移民大地區，乃是美國的西南方和西部。這些地方，本是西班牙人建立的墨西哥移民帝國的疆域。印第安人在美洲大陸的分布，最主要的集中地，是中南美地區，也就是圍繞著墨西哥灣的南方土地。最近十來年的考古研究，逐漸證

實，來自亞洲的古代移民，的確是經過亞、美兩洲北部，「冰橋」通道，進入美洲。這些人就是後世印第安人的祖先。他們之中，有一部分留在美洲西北地區，不過那裡氣候太冷，不能有太多的發展。其餘的人，可能逐漸沿著太平洋岸，向南移動，向東跨過寒冷的山地，人數可能不多。最大的部分，則是沿太平洋西岸的山邊，繼續南移。這一條沿海洋的通道，逼近山地，開拓的空間有限。他們進入氣候比較溫暖，土地較平坦的墨西哥灣周邊，才逐漸發展，終於建立幾個較大的國家：馬雅、阿斯得克和印加。在這些地方，印第安人得以繁殖，逐漸開展高度文化和社會組織。

據估計，在白人進入新大陸時，美洲的人口可能是兩千五百萬到三千萬之間，其中卻有三分之二左右，是在墨西哥灣周邊。西班牙人進入這個廣大地區：他們基於單一真神的信仰，將原居民異教徒當作摧毀對象。白人的愚昧，毀滅了這三個新大陸土著文化的遺存，也完全毀滅了他們的文字。剩下來真正的原居民，為數非常的稀少，大多數與西班牙語系統的後裔混合，成為一種新的混血人種。

在美國的部分，則是墨西哥灣西邊的一塊，和太平洋沿岸若干伸展出去的據點。墨西哥大帝國，曾經擁有比宗主國，更多的人口、更大的疆域，但是，西班牙人統治，並不是十分有效率。在美國的部分，大致不外是貿易站和天主教的傳教據點，今天加州和西南各州的地名，帶「聖」（St.）字的名稱很多，都是這些傳教據點留下來的遺跡。

在西南各州，包括南加州、新墨西哥州、亞歷桑納州、德

州等處，原居民的村落和據點，據點眾多。他們的總人口，至少有中西部和湖區三倍左右。由考古遺存可以推斷，這些地方的人類遺跡，前後有將近兩萬年的演化時期。今天，印第安人的保留地，還是以這一帶為數最多。最大的族群，稱為普艾波羅（Pueblo），其原意是「住家的大房子」，也就是許多居屋結合的聚落。這些古老的據點，也往往就是美國西南地區城市的所在。

西班牙人的控制非常鬆弛，印第安人更沒有自己管理的能力，於是，從歐洲進入美國南部的新移民，很自然就跨過密西西比河，向西開拓。既然西班牙人沒有能力抵抗，美國輕易控制了這一地區。於是，在1810年，前面所說「路易斯安那購地」之後不久，美國也以金錢取得了這廣大的領土。

在美國政權沒有到達這裡之前，移民已經在當地，自己建立了殖民地德克薩斯州，從墨西哥帝國割出來一塊土地，自稱為獨立國。其實這個「國家」，是和美國有密切的聯繫。他們的獨立運動，實質上是美國開拓者竊據人家的領土。到今天，德州的州旗是一個星，號稱「孤星之州」：十三州之外的一個星。德州人今天，還是在美國的人口之中，作風最大剌剌，桀驁不馴的一群。

美國取得加州到華盛頓州的西部海岸，也是從墨西哥帝國奪取，原來西班牙控制的地區。這一狹長的海岸地帶，平原很小，大多是崎嶇的山地，因此，並沒有很多印第安人的聚落。西班牙人在這一地區的開拓，有一部分原因，是尋找太平洋沿岸的港口，希望經由太平洋岸，西班牙人也可以逐漸向內陸擴

張。然而，他們的立足點分布稀疏，西班牙的教士，人數也不多。在美洲西岸發現金礦後，從東岸跨越落磯山進入加州的移民，如潮湧入，他們都希望在滿地黃金的夢中，得到天降的財富。

至於沿著大平洋海岸一串，從加州以北的西岸各州，歐洲移民則是經由兩條途徑進入，一條是上述跨越廣大的西部，翻過落磯山，進入西岸。另一條則是，沿著太平洋的南岸路線，往北進展。最主要的吸引力，則是19世紀加州發現了金礦，金礦的誘惑，吸收了全世界各處野心家和勞動者，進入這塊嶄新的夢想之地。西北各州還有一些印第安人，然而加州的印第安人聚落不多。

白人占有了加州，取得了主權。這裡的勞動者，大多是從墨西哥北來的混血人種，西語系族群。另外一部分，則是包括中國人在內的亞洲人。中國的勞工，大多來自廣東，成批由招募者運來美國。我以為美國黃金潮的時代，正是中國太平天國戰爭的時期，華南地區混亂，尤其在太平天國失敗後，許多太平天國的軍人，無處可去，紛紛渡海，進入東南亞，最後進入美國，尋找新的天地。

華人在西岸的遭遇，與美國其他移民群相比，是前所未有的殘酷和不公。後來除了挖掘金礦和掏洗金沙的工作以外，更多的勞苦任務是在開拓山後谷地，包括開拓水源，清理叢莽等等。山後地區的開發，一直到今天，還是加州成為水果和葡萄園的重要產地，因為這些地區幾乎是天造的暖房：在谷地之間，沒有風暴，氣候相當穩定。灌溉水源，可以經過導水，將

洛杉磯山頂的積雪，導入谷地，灌溉果園。淘金的夢想，終於破滅，白人的勞工才發現，這些農業地區的開展，有更大的吸引力。同時在新興的城市之中，華人開設各種小店，最大的一支是洗衣店和手工業，他們群居在所謂「華埠」的地區。中國人勤勞節儉，不是白人勞工可以比擬的。

美國內戰以後，西部也相當開發了。這時候，美國鐵路業將東岸和中西部連接為一，接通跨越北美洲的鐵路系統。在西岸的華人勞工，大批地投入築路工作，其巔峰時期，大約有華工萬人，投入築路的工作。最艱難的一段，是跨越落磯山脈，地勢最險的西埃拉懸岩。華工在峭壁陡坡上，用炸藥炸出可以鋪設路基的地基；執行任務的華工，傷亡累累。1869年，東岸經過中西部的鐵路，和西岸往東延伸的鐵路，在猶他州接軌。美國東西鐵路網終於完成，在接軌典禮時，如此勞累的華工，卻並沒有被邀請。最後兩截鐵軌相接，金釘釘軌時，白人的政商權貴和白人工人，才發現沒有人知道該如何進行接軌。這時候，一班華工抬進四截鐵軌，十六根大釘，將接軌的工作順利完成。白人的鐵道主人和貴賓們，不得不承認：東西兩岸鐵道的貫通，是華工的貢獻。一百五十年以後到今天，猶他州的接軌紀念處，才有華工接軌的紀念碑，慶祝這一個美國建國史上重要的節目。

華人聚集在「唐人街」華埠，生活習慣，與四周白人不同。一般華人，依舊留辮，婦女裹腳：華人語言，白人聽來，聲音奇怪。當時，華人幫會勢力極大，華人之間幫派衝突，中國的武術，拳腳、刀、劍：白人不能理解。大多華人不懂英

語，華洋之間，無法溝通。於是，白人對於這些語言不通、服裝怪異的外來族群，不僅格格不入，而且常存戒心。那時，白人有如此諺語：「怪異莫測的華人」（Inscrutable Chinese）。公共媒體呈現的華人形象，通常是漫畫人物，斜眼、齙牙、留辮、抽鴉片的「傅滿洲」，或行蹤莫測、靈巧精明的「陳查理」。華人遭遇集體迫害，則是勞工界的排華運動。華人工資低，工作勤快，白人勞工感到競爭壓力。於是，勞工團體開始抵制華人。許多小衝突，累積、升高為大案件。終於，在舊金山的「沙岸」，待雇工人聚集等候雇主挑選的地方，白人集體攻擊華人。另有一次，白人流氓和華人衝突，有白人在鬥毆中死亡。白人群起報復，聚集五百多暴民，衝進華埠，引發大屠殺。還有一次，是在山後的谷地，懷俄明州的石溪，開拓殖公司雇用華工白人開拓農地，工程結束，卻由武裝職業打手，夜半襲擊華工居住宿舍，驅趕、強制押送華工登船離美。這批華工，被送往墨西哥，不再能回美。

　　1842年開始，美國工人常有排華動作，加州地方性的排華條款，也已出現。1882年聯邦政府完成排華條款的立法程序。規定華人離開後，就不能再入美國；分配給華人的移民名額極少，不論原來居住何處，每年華人移民的總配額，只有大約一百人而已。華人進入美國的時間，並不晚於許多歐洲來的移民，但是，長期以來，華人在美國一直是居於微小的少數，就是因為排華律的限制。1942年，二戰期間，中國得到列強的同意，取消了不平等條約，美國的排華律，也在同時終於取消。然而，直到我從台灣到美的時期，華人進入美國的移民配額，

相對於歐洲國家，還是遠遠不如。

百餘年來，華人在美國的遭遇，還是居於移民群中最無保障，也最沒有上升機會。上述從加州被驅趕出境的華工，大多數進入墨西哥。墨西哥人，本來就是印第安人、白人和黑人的混雜，而印第安人原本就是亞洲人種。因此，華人在墨西哥逐漸融入當地人口。今天在墨西哥的姓氏之中，中間姓是父姓，長久「張」、「王」這類的名字出現。而且，在19世紀末和20世紀，中南美爭取獨立的革命運動，許多華人的後裔投入軍旅，祕魯和古巴的獨立運動，就有不少華裔組成的戰鬥單位。他們的軍人之中，到今天也頗有華裔人士。

修築鐵路的華工，在接通東西兩岸的大系統以後，也有人被雇用，修築各處的連接道路。於是，在南方，沿著密西西比河的下游，那些小鎮上，常常有華人的小商店。我曾經在阿肯色的小城，約翰玻羅，偶爾進入一家小店，發現店主是華裔。他們在黑白分明的南方，既不黑、又不白，經營小本買賣，兩邊主顧都會照顧。小店的主人告訴我；沿著密西西比上下游，華人親友，每逢佳節，搭乘當時還在行駛的運貨駁船，在預約地點集合，借用農家穀倉聚會。他們的子女婚嫁，也常在這種穀倉的舞會上，彼此認識，結為婚姻。五十年來，我沒有再深入南方訪問，既然河上的駁船已經不見了，我也在納悶，這沿河上下的華人同胞，以什麼方式聚會？

還有兩片美國的領土，是最後正式併入美國的，一片是阿拉斯加，另一片是夏威夷。阿拉斯加，本是帝俄占領的一塊無人地帶。俄國的哥薩克武裝開拓部隊，沿著西伯利亞往東，占

領當地部落原有的居住地，最後跨過了堪察加，渡過冰橋，就是阿拉斯加了。那裡的居民，是最後一批亞洲人群進入美洲，一半人稱他為愛斯基摩，但他們自稱為依諾伊，人數不多，生活艱難，在冰天雪地之中，住在圓形冰屋（Igloo），獵取漁類和小動物度日。

在19世紀末期，英國和俄國爭奪霸權、互相敵對。俄國政府以為，阿拉斯加離俄國本部非常遙遠，鞭長莫及，與其讓占領加拿大的英國，占領這一塊兩洲交接處，不如賣給美國，作為緩衝。這一交易，以美元七百五十萬成交。這塊阿拉斯加冰原，其面積是美國五十州最大的一塊。計算單價，大概和美元兩分錢一畝。成交時，有人諷刺美國政府，「買了一個大冰箱」。20世紀初期，此地發現黃金，而到20世紀中葉，又發現石油。將來地球暖化，北冰洋可以通航時，阿拉斯加的地位，將有另有一番重要性。1958年，阿拉斯加成為美國的第四十九州，疆域最大，人口極少。

夏威夷群島是大洋洲南方島嶼群中，最靠北的一片陸地，緯度很低，在過去帆船航行的時代，很少有船隻經過此地。在白人尋找海道的時代，庫克船長到達夏威夷，他也死於當地土著的標槍。這一片群島，包括一個大島，和五、六個較小的島嶼，彼此之間的距離，也有百里之遙。當地土著的長船，像划龍船一般的划行。因此島與島之間的交通並不方便；群島的居民，不過是許多小小的部落群，在每個島上自求生活。19世紀晚期，他們學到比較進步的航行技術，各島之間有了接觸，終於統一為一個夏威夷王國。

　　那時，夏威夷群島，被白人的開拓者，用來種植鳳梨、甘蔗、芒果等等；也有一些白人，在當地放牧牛隻，形成赤道地帶的牧場。夏威夷王國，其實是在白人的控制之下，徒然號稱「獨立王國」而已。在20世紀初期，白人墾拓，以杜爾為首，鼓動美國政府，將夏威夷併入疆土。當時美國的克里夫蘭總統卻認為，這是不公不義之事，堅持當地保持名義上的自主；而實際上，夏威夷只是美國的領地。1959年，成為美國的第五十州。

　　到這個時候，美國將擁有的領土，整合為五十個州。美國還曾經占有波多黎各、薩摩亞、中途島，以及巴拿馬運河兩側的地區等等領地，只是還沒有完全整合於美國體系的領土。（按：現在，運河地區終於歸還巴拿馬。）整體言之，美國是一個由移民造成的國家，他的領土也是一片一片，由白人移民開拓，也由白人移民占領。回顧16世紀，哥倫布「發現」新大陸，以及白人的航海家各處尋找新領土以來，白人在北美大陸和中南美成立了許多國家：凡此，都是竊據當地原住民的居地，反客為主，反而將原居民壓在底層。

　　在美國境內的印第安人，原來人口數字有多少？並無確實數目。估計整個北美洲在白人到達前，印第安的總人口，可能以千萬計，其中，大概20、30%是在今天美國境內。經過美國一波一波從沿海向內陸開拓，印第安人被驅趕到最貧瘠的中部地區。有的部落，曾經經過四、五次的搬遷，人數愈來愈少。19世紀下半，據估計，全美保留地的印第安人口，大概也不過三十萬上下。今天，經過一百多年的自然生殖，總人口大概回

升到五十萬左右。1950年以後，原居民人口回升，據估計是由
於嬰兒存活率提高。後者又由於美國一般醫藥衛生條件進步。

　　表面上，美國政府對這印第安族群，稱為nation（國族），
而且美國政府與他們訂有相當於「國」與「國」之間的條約；
因此，在理論上，印第安人保留地是自治的單位。實際上，他
們完全聽任美國的擺布。保留地內，如果發現新的資源，例如
石油，或是煤礦，他們還得搬家。最近的個例：科羅拉多州的
熊耳山，印第安人的聖山，山區又一處「保留地」，其居住族
群，乃是百年前，被數度輾轉押送到此落腳。現在因為開採頁
岩油，又逼得遷移他處。

　　今天大多數的保留地，是在猶他、懷俄明等處，和西南部
的一些山區。在紐約州的北面，也還有零零碎碎的若干小面積
保留地。美國政府支付給印第安部落，定額的補助費，然而並
沒有給他們提供教育、醫護和提高生活水平的設施。我曾經在
美國西南部，亞歷桑那和新墨西哥州，發現當地印第安人的居
民，他們甚至不能管理自己應得的補助費，還得委託外面人替
他們經管。目睹那些印第安人的後裔，懶懶散散地睡在屋簷底
下，酗酒、吸毒，無所事事，不覺替他們悲傷。

　　在最近一、二十年來，一方面在鄰近人口眾多地區的保留
地（例如，紐約州），白人在保留地內開設賭場，因為這是在
美國法律以外的地區。同時，又有另一法令，鼓勵印第安人離
開保留地，參加外面的主流社會。這些印第安後裔，既沒有足
夠的訓練和教育，如何能在主流社會，與人競爭？白人在保留
區內設立觀光和娛樂設施，又改變了生活環境，原居民將來又

如何自存？

　　言念至此，不能不感慨：美國建國理念，何等高尚！在我初到時，對於這個國家，保持何許理性。經過半世紀的體驗，方才明白，建立這一國家，有多少弱勢人群，遭受不公不義的待遇？難道，人類的歷史，就不能逃離如此殘酷的矛盾？抓首問天；天也無言。

附錄：美國原居民人口分布，1970至1990年：

TABLE 2-7 Regional Distribution of the American Indian and Alaska Native Population, 1970-1990（percentage of totals in parentheses）

Region and Division	1970		1980		1990		Percent Change 1970-1980	Percent Change 1980-1990
Northeast Region	45,720	(5.8)	79,038	(5.6)	125,148	(6.4)	72.9	58.3
New England	10,362	(1.3)	21,597	(1.5)	32,794	(1.7)	108.4	51.9
Mid-Atlantic	35,358	(4.5)	57,441	(4.0)	92,354	(4.7)	62.5	60.8
Midwest Region	144,254	(18.2)	248,413	(17.5)	337,899	(17.3)	72.2	36.0
East North Central	54,578	(6.9)	105,927	(7.4)	149,939	(7.7)	94.1	41.6
West North Central	89,676	(11.3)	142,486	(10.0)	187,960	(9.6)	58.9	31.9
South Region	194,406	(24.5)	372,825	(26.2)	562,731	(28.7)	91.8	50.9
South Atlantic	65,367	(8.2)	118,938	(8.4)	172,281	(8.8)	82.0	44.9
East South Central	8,708	(1.1)	22,472	(1.6)	40,839	(2.1)	158.1	81.7
West South Central	120,331	(15.2)	231,410	(16.3)	349,611	(17.8)	92.3	51.1
West Region	408,350	(51.5)	722,769	(50.8)	933,456	(47.6)	77.0	29.2
Mountain	229,669	(29.0)	366,291	(25.7)	480,516	(24.5)	59.5	31.2
Pacific	179,681	(22.5)	356,478	(25.1)	452,940	(23.1)	99.5	27.1
U.S. Total	792,730		1,423,045		1,959,234		79.5	37.7

SOURCES: U.S. Bureau of the Census（1992）; Snipp（1989）

第三章

美國農業形態的變遷

　　從五月花號到達美國開始：那些新到的移民，在新的土地上生存，最初的生活形態，是在歐洲的傳統小農生活。一個家庭，一小塊土地，多角的經營：養育乳牛、供給牛奶、乳製品；種植一些穀類，足夠家用；養育火雞、豬、羊；宅邊也種一些瓜、果、蔬菜，同時在附近林地和田野，採集漿果或是其他的果實。這種生活，自給自足，並不需要市場。（與歐洲傳統的農業相比，中國農業很早就精耕細作，產品市場化，市場經濟已經將中國的農民，納入一個巨大的系統，不能離開社會群體。）美國早期農家的獨立性，也是這個新興國家人民強調自主、自由的背景。他們社會紐帶，也因此必須借重農業生產以外的組織。在美國早期，以新英倫的清教徒為例，教會組織是最重要的群體基礎，生老病死，都和教會有關。經濟形態卻是始終保持著個體的獨立性。

　　更多移民從歐洲進入美洲，向新大陸內陸推進。在那些本來是空曠的原野，山林中麞鹿成群，草原上野牛奔馳，河流中有各種的魚類和水生動植物，例如，水獺。在這個完全開放的環境中，已如前章陳述：當地的原居民，並不需要經營定居的農業，依靠漁獵、採集，他們的生活需求，就能完全得到滿足。中國東北地區移民，在18世紀時，曾經有句口號，「棒打獐子、瓢打魚，野雞飛到鍋子裡」，也正是美洲原居民生活的寫照。他們不需要定居在一處，也並不需要季節性的游牧，只要有一塊安全的地方，安頓婦女兒童；男子們出去謀生，睡一個小帳棚就夠了。他們的社會組織，即是為了打漁獵而結合的群居：一群男子，結合為獵幫，才能得到最大的效果。

　　英國和法國對抗結束，密西西比河以西，新到的歐洲移民，大群湧入廣大內地。他們的生活形態，並不只以謀生為主要目的了。向內地開發之處，最大的生活資源，是獵取獸類的皮毛，運回歐洲，取得歐洲的物資，包括各種手工業製品和家庭需求的種種物品，提供移民社會使用。白人依仗火槍和其他更有功效的狩獵方式，例如，將獸群包圍趕到懸崖，迫使他們跳崖死亡，獵人割取皮毛。印第安人簡單古老的狩獵方式，完全不能與歐洲人帶來的大規模圍獵競爭。有人計算，在歐洲人沒有開始大規模狩獵以前，美洲的野牛數目，以百萬計（這個估計，不知從何而來，也因此無法核實），到19世紀末，美洲的野牛只剩下兩千頭。將近兩百年來，居然殺戮了一千多萬頭野牛，野牛從此在美國絕種。今天剩下的一些野牛，則是經由近代保育工作，重新養育的品種。

　　除了野牛以外，麋鹿、水獺的皮毛，也是移民獵取的對象，不僅自用，也是運往歐洲的商品。我們在電影中看到向西開發，篷車旁邊騎馬的好漢，常常戴著貂皮帽，住在野牛皮帳篷。這種以市場取向的狩獵活動，就不是過去新英倫單幹小戶的農家生活了。他們要倚賴採購商，收購皮毛；採購商，也帶來他們的生活用具。採購商的運輸隊，倉庫，都是有組織的活動。他們狩獵的配備，也必須靠外來的供給。於是，西向活動的移民們，不能僅是電影中的篷車，而是更為複雜的群體生活。獵群之中，人的地位並不平等：有組織獵群的頭領，也有後勤、補給、種種分工；然後，還有分配獵物，換取貨幣，諸項任務，各有職事。篷車英雄們，並非僅是開拓地盤，謀求生

活。其實，江湖粗獷之外，還有高下、強弱之間，他們必須通過複雜的流程，分配經濟利益。

當然，最吃虧的是，美洲大陸上的原居民，被誤稱為「印第安人」的族群。他們在組織與武器方面，都不能與白人抗衡，以至於被迫東遷西移，更多的人則是在抵抗過程中，喪失了生命。前面有一章，我們曾經提過，白人沒到達美洲以前，今日美國境內的原居民人口，大概是二、三百萬到五、六百萬之間；到19世紀末，剩下的只是不足百萬而已。開拓內部的活動，表面上是向自然爭取生存的天地，實際上，其中不但是有原居民的血和淚，也有成千上萬的生物（例如，野牛），死於白人開拓者的槍管之下。

在匹茲堡附近，可以看見的遺留，還有多角經營的生態的小農莊；其分布地區，大多是在美國東北各州，包括賓州在內。美國東北部更逐漸進行城鎮化：小農莊生產的出品，正可以供給城鎮居民的需求：正是城鄉結合的經濟形態。這種小農經營，在美國的山區，和人口比較密集的小區，還可見與今日，只是逐漸商業化，失去了原來的農家風味。

在英法戰爭以後，英國奪取了整個密西西比河以西的控制權。取得殖民政權發出墾照，一些墾拓公司招來了歐洲的失業移民或是窮戶，進入中西部的平原，大規模地開發土地，形成了大農經營的形態。如前章所說，這種大規模農場，是內陸土地規劃的背景，道路是四方形的，街道每一段的長度，或者公路之間的距離，都是根據各地不同移民，自己帶來的規格，形成制度。美國中西部和南方內陸的城市，城界、州界、都是方

方正正的布局。這種大農莊的經營，往往是單一化的農產品，有的是牧場，是種麥、玉米的大農場。農場的工人、常常雇用長工或零工，並不全是農家自己的子弟。大田廣種的農場經營方式，不盡是市場化，更具備了資本主義經營的組織化。

在美國建國前，英、法兩國的開拓者，從北到南，沿著阿拉帕契山和密西西比河，競爭開拓領土。新大陸的英、法戰爭，不只一次戰役。當時，在俄亥俄河的三角地帶，法國人建立了杜肯堡，就在今日匹城的城區尖端；英國人改建為今天的匹茲堡。從匹茲堡起點，十三州以及其繼承者美利堅合眾國，開始向西開發，進行了歷史上罕見的大規模開拓運動。也就在這開拓運動之中，逐漸形成美國農業的規模和特性。

這塊大片土地，今日在西賓州以西，原是蔽野樹林，陸續不斷。經過白人開發，原野景觀一變。一馬平川，田疇不斷；所見的樹林，都是新生的樹林。代替大片林地和草原的，則是白人開闢的農場。當時，理論上，英國王室，擁有全部新開拓的領土，也就是從原居民掠奪來的土地。英國殖民當局，以英土的名義，將大片土地，開放招領，廉價放墾。這些擁有土地的統治階層，又可以轉包給開發商。例如，倫敦的商人，在倫敦成立公司，申請開發，在歐洲招領墾丁，與公司簽約，運送他們到美洲的新領土。墾丁可以領有一定數目的土地權，在最初若干年，墾丁必須無償工作，償付旅費、工具，以及耕種權的代價。償清這些債務，墾丁才擁有他們領取的土地，升科納稅。這種放領土地的方式，最適於集體的開墾。於是，歐洲白人中的窮困者、負債者，都會參加墾丁的隊伍，由公司中的包

商，作為墾首，亦即第二級的領主，率領墾丁，開拓農莊。

以上這種墾拓的方式，在美國的地形、地貌上，留下了顯著的痕跡。從西賓州往西，直到落磯山下，公路網是方格布局，郡界和州界常是直線。社區市鎮，也是棋盤格的街道。人工的刻痕，在廣大的平原上，完全代替了自然的景觀。在人類歷史上，如此大規模而長時期的繼續開墾，留下了如此深遠的影響，也是前所未見。

從匹茲堡以西，美國的「西域」，有如此廣大的天地，吸引了許多新移民，開拓了大農莊。這些肥沃土地的出產，已經遠遠超過新移民自己的需要。如何將這些地區的產品，供給美國東岸新英倫地區的需求，甚至於供給歐洲糧食之不足，就必須要有新的交通網絡。我們今日稱為「內連系統或基礎建設（infrastructure）」，作為交流的管道。

18世紀晚期，到19世紀初期，美國中西部和東岸的交通，只是四馬大車（stage-coach），運人運貨。今日貨運卡車的母型，也是四馬或者六馬拉動的六輪貨車。一輛大車的行駛速度，至多日行六十英里，相當於汽車的常規時速。這種運輸工具的效應，其實並不經濟。於是，1817年開始，美國有了第一條長程運河，稱為伊利運河，從紐約河港的赫貞河，經過三十六道閘口和渠道，進入伊利湖，聯繫五大湖。這條運河的渠道，水多時，可以順水航行，卻還必須仰仗岸上的馬隊，牽曳船隻。跨過山林的淺水渠道，更需在河底鋪設木軌道，方便船隻在淺水上滑行。這種渠道稱為portage，匹城不遠處，還保存其遺跡，供遊人參觀。水運的成本，大概只是上述馬拉貨車成

本的十分之一。舊日美國東部的大港口是費城；自從伊利運河開航，紐約一躍為美國東岸的主要港口。

運河的運量，究竟還是有限。當時，歐洲的火車運輸，已經相當發達。美國也就在1827年，架設第一條鐵路，聯繫東岸的港口諾福克，經過匹茲堡，進入俄亥俄。鐵路運輸的運量和運費成本，又比運河運輸省了90%。從此以後，美國公、民營合作，快速度地發展鐵路網。1869年，從東到西的太平洋鐵路公司大鐵路，在猶他州接軌，東岸和西岸之間，終於完成了直接的連接線。在19世紀，將近結束時，美國的鐵路網，已經大致成形。內陸的交通中樞是芝加哥，由此輻射為三條西向幹道，分別連接西雅圖、舊金山和洛杉磯。向東，則是兩條幹道：第一條是聯繫波士頓，另一條是聯繫紐約。在南北方向，也有三條幹道，作為中間的連接線。在南方，則是以今天達拉斯為中點，有一條幹道，聯繫美國的東南部和西南部。這幾條大幹道的網絡上，則有若干區間的次要路線。到19世紀終結時，不包含許多專業的運輸路線，例如，礦產之間的鐵路，單以成為主、次路線網絡里程，大概有五十萬英里左右，如此大網，堪稱世界上最具規模的鐵路運輸網了。

有了如此巨大網絡，美國才具體地聯繫為一片。「向西進發」四個字，才真正落實了。百餘年之久，美國內陸移民，一代又一代，西向殖民。一個典型的故事：內陸小村落的火車「招呼站」，一位十八歲的青年，高中剛畢業，提著簡單的行李，等候來車，在火車鳴笛接近時，站內紅旗招搖，火車減速，讓這位青年，攀登火車。

　　從此西去，這位青年在西部另一個新開發區，找到職業，成家立業，落戶生根。再過二十年，他的孩子，也出現在火車招呼站，等候西向列車，帶他前往更在西方的開拓地。同樣的鏡頭，一代又一代，不斷重複出現：美國的內陸空間，也就漸漸填滿充實。因此，美國著名的史學家特納（Turner）指出，美國歷史就是一部向西開發的歷史。（Frederick Jackson Turner, *The Significance of the Frontier in American History*, 1893.）

　　西向移民一波又一波，將人口移到新開拓的地方。正如上面所說，那十八歲的青年，西向殖民，開拓了新的天地，也離開了自己的家庭。英國童話中，有三隻小豬的故事，他們長大了，各自離家外出，建立自己的新家。我們且將餓狼吹屋的部分放在一邊，這個故事本身，說明了在英國時代，青年自立的時候，就應離家創業。這種風俗，說明了英、美西方人，家族觀念薄弱，成年的孩子必須離家自謀生路。這就是英美式的個人主義。沒有親戚朋友、鄉黨鄰里的援助，每個人必須掙扎奮鬥，尋找自己的前途。

　　誠如上述特納指出，美國歷史就是一部向西開發的歷史：向西不斷開展，就一次又一次，將已經稀薄的群體觀念，繼續不斷地更加沖淡。所以美國到今天，個人是主體，從個人到大社會之間，沒有人情倫理，天然的集合體，只有自願加入的社會團體。一旦社會的流動性，更加強烈，例如，城市化的現象更為顯著時，自然形成的集合體，也愈來愈顯示其短期的暫時特色。這是美式文明的重要因素：個人為自己負責，個人也不負擔其他人的責任。向西開發的運動，乃是一次又一次加強這

種文化特色的過程。在中國文化的理念，這種態度，乃是人情淡薄；從美國文化的發展背景看：這是啟動活力的必要之舉。

美國社會經濟的轉變，就是以鐵路網代表的發展累積。從19世紀開始，美國內陸，那一片廣闊的土地，其巨大的生產力，提供了重要的糧食來源。新大陸的產品，不僅供給美國自己的市場，已經充足有餘；西向開拓，還可以吸收更多的新移民，從歐洲、從東方，進入這個新的大陸。快速增加的美國的產品，也運銷全世界各處。尤其歐洲的市場，如果沒有美國的產品，很難以歐洲本地的農產品，維持歐洲都市化和工業化以後，人口增加的需求。從那時起，坐落在芝加哥的商品期貨交易中心（Chicago Trading Center），每天掛出來各種商品的牌價，就決定了全世界其他各地商品市場的價格。這一交易中心的掛牌指數，至今和紐約華爾街證券交換市場的牌價一樣，具有世界經濟發展的指標作用。從這個變化，我們可以理解，美國的農業是從內部開發，其意義就不再是傳統農業的生產，而是商品市場結構的一環。

大田廣種，就決定了是集體分工，而且要採用人類體力之外的能源，驅動機器，作為耕具。美國建國前後，那時候的耕種勞力，乃是高頭大馬（Draft Horse），拉動深耕大犁；收穫的農具，則是滾動的絞輪。與這些大型農具相配，必定要壯漢才能驅動這些大馬和笨重的農具。在歐洲工業革命普及以後，歐洲用來拉動礦產品的蒸汽機，也逐漸改裝成為大型的機械農具。當內燃機用於汽車後，美國的農具，也改為汽油發動的耕耘機。農村生活，不能只有農夫耕種，也還必須有配套的工

作，例如機械修理，能源供應的煤站、加油站等等。大規模生產，最值得的方法，是同一作物，例如麥類、玉米、大豆、牧草……，作為當地的特產。作業的單元化，排除了過去小農耕作：輪種、休耕等等的經營方式。大量農作品的銷售，也要有農產品批發商收購產品，有大型的倉儲儲存作物。如此經營的方式，超越了「農耕」的定義，乃是農產的工業化。這一經營形態，當然與現代資本主義的發展，息息相關。農業從此，不再是農民自己求生的方式，而是巨大經濟網絡中的一環。

美國南方各州，主要在「路易斯安那購地案」獲得的土地，則出現另一大農形態。那些地方，適於種植棉花和菸草：高價位的經濟作物。在法國和西班牙統治的時代，白人的農場主人，就已經從非洲進口大量的黑奴，在農場工作。這些勞動力，是在西非洲的海岸邊，掠奪來的人口。從17世紀到19世紀美國內戰，兩百多年的期間內，猶太人出資本，葡萄牙船運送，將非洲西岸土人部落，從非洲內地掠奪的人口，運來美洲。據我的老同事，Seymour Drescher估計，兩個世紀內，被擄掠的非洲人口，人數不下於兩千五百萬到三千萬。在船上，他們是成排躺臥，以頸鏈、手鐐、腳銬，人挨著人，成排鎖在底艙。船小浪大，飲食又不好，又不能翻動，疾病傳染、飢餓等等的情況，上船時的人數，能夠活著下船的，大約不到三分之一。

這些掠奪來的黑人，在市場上標賣，就如賣牲口一樣。等主人買去，有一部分人成為家事僕役的奴隸，絕大多數人，則是到農場上的勞動力。南方的大農莊，動輒二、三百人到四、五百人的農奴，在田野勞作。他們種棉花、摘棉花，培植菸

草，烘焙菸草：種種勞役。他們沒有人身自由，也沒有自己的家庭。奴隸就是財富，主人可以任意出售。在美國內戰以前，甚至於一個大學計算自己的財產，也會包括有黑奴幾百人等等。最近一些著名大學的檔案曝光，大家才知道：哈佛、喬治城，等等所有的老大學，無不曾經擁有千、百計數的奴隸，作為他們的產業項目。

　　一個大農莊，實際上是一個生活共同體。在這個農莊的土地上，不僅生產經濟作物，例如，棉花，為莊園的主人，牟取市場利益；莊園本身，也生產幾乎所有的生活資源，包括食物、衣服等等。今天參觀南方遺留下來的舊莊園，訪客還能看到，舊日的菜圃、果園、磨坊、煙燻食物的火房等等。莊園中的白人主人，管家，僕役，黑奴領班與一般黑奴的農民，都可以關上大門過日子。在農莊上的黑人，已經是黑奴貿易熬過來的倖存者。那些強悍的、不肯屈服的黑人，都在路途上犧牲了，或者在學習工作的過程中淘汰了。只有願意接受命運的人，幾代下來，學習了以順服換取生存的特性。另一方面，他們習慣於被人支配，接受命令，工作是分配的任務，他們不太有自我激勵的動機，也並不習慣於，從工作中，學習和加強主動性。以旁觀者的立場看來，這是一種悲劇。也許，美國南方的奴隸制度，本身乃是一種生物社會學的計畫，將本來自由的人類一分子，硬生生培育為被動、順服的勞動工具：奴隸。

　　描述美國南部生活的電影《飄》，就是美國內戰前後，美國大農莊的具體情形。美國開國總統華盛頓，開國元勛傑佛生，都是大農莊的主人。他們的莊園，今天還保留為古蹟。其

中，黑奴們居住的小屋，和莊園主人的豪華邸宅，形成強烈的對比。這些農莊的經營方式，又和中西部的大農經營不一樣，莊園主人等於一個公司的主人和管理階層，他們根據成本和利潤原則決定，經營的方式和生產的種類。他們生產品的下游，則是新英倫地區和歐洲的紡織工廠，和各地的菸廠和酒廠。

整體言之，南方的黑奴勞力，完全被納入資本主義市場分工的一環，他們不過是會說話的牲口，沒有機器以前的機器。弔詭的現象，經濟史家 Robert William Fogell 和 Stanley L. Engelmann，頗引起爭議的名著，*Time on the Cross: The Economics of American Negro Slavery*（1974），從大量的數據研究得到的結果，居然顯示黑奴農莊上的人均勞動力生產量，並不像想像之中那麼低下：黑奴的工作效率其實相當有效。其中原因，一部分是：莊園主人對於黑奴，看做有價值的物件，並不虐待和糟蹋自己的產業。因此這些黑奴勞工，生活的條件和健康情形，基本上不是很差。相對於歐洲資本主義初期，18、19世紀的勞工，美國農場上的黑奴勞工的工作條件，比歐洲工廠中童工、女工和一般工人的生活情形，還可能略微好些。

可是另一方面，學者們只注意到數目字，沒有注意到一個人喪失了自由權以後，如何還是「人」？例如，上面所說，主人出賣自己的多餘勞力時，可以母子分開、母親賣給一家、幼小的童工賣給另外一家：母子分隔，配偶離散，不知賣向何方？這些不是經濟學上，數目字可以計算的情形：這才是奴隸制度最可恥之處。

南方農場上的產品，是棉花和菸葉為主，乃是經濟作物，

提供工業生產的需求。棉花是紡織品的原料，菸葉當然是雪茄和香菸的原料，他們都不再是農業生產的食物，其經營的方式，也是配合市場經濟的結構。當時，南方的產品，一部分運到歐洲，另外一部分運到北方，提供北方工業的需求。北方的工業和南方的農業之間，因為勞力的需求方式不同，彼此對勞力使用的方式，有頗大的差異。南北戰爭就是兩種經濟制度，無法協調之下，產生的矛盾。南北戰爭結束，如此矛盾基本上還存在，一直到今日，南方和北方，基於經濟形態而發展的人生價值觀念，都還有相當的差距。

　　新開闢的美國西南部的農業經營方式，又別具特色。美國的西南部和加州，沒有大型的河流，同時，這裡是美國落磯山脈的南部兩麓，山坡陡峭，谷地卻是良好的土壤，選擇作為農田的谷地，更是避風、向陽，氣候良好。加州山區的後山谷底，不再需要種植內陸大平原上，生產的麥類、大豆等作物。南方氣候比較溫暖，季節又非常清楚，冬季不結冰，整個谷地，儼然是一個龐大的溫室，可以維持較長的生產期，於是南方農業的發展，走向果、菜等類，例如葡萄、蘋果、柑橘、酪果、橄欖、甜菊，或者各種莓類：有的是單價較高的食物，有的是值錢的經濟作物。

　　上述那種高價值的農產品，都需要大量的水分灌溉，沒有大河、也沒有湖泊，灌溉的水源，主要是落磯山脈的融雪。我曾經參加過兩次有關保護生態的研討會，討論生態對於生活的影響。有一次一位在美國林業部工作的研究人員，特別報導這些地區集水的方法；山坡陡峭，無法建立大型的水庫，目前已

沒有可以建立水庫的地點，建廠發電。那些地區限於地形，乃是狹窄的谷地，下游很難再有廣大的農地。能夠耕種的地方，則是比較平坦的山谷平原。唯一取得高山融雪的方法，則是在山坡上、樹林中，闢開一條條的集水道，將各處散漫的雪水，逐漸集中，然後流入谷地。這種方法，高山水源集中流向谷底，中途沒有機制，攔截高山融雪水分，逐漸在樹林之中滲透，儲蓄於林地土壤。這種生態的效應，則是樹林之中，日久之後，缺少足夠的水分，維持林地根部的蓄水。他特別指出，美國西南部和加州，年年山火漫天，動輒毀壞上千頃的林地，一次又一次，更加毀傷了山地土壤的結構，到最後就會不斷發生山崩、甚至於地震的現象。如此開發的山中農地，範圍愈大、造成的災害也愈為嚴重。不幸，美國式的農耕制，始終是大田廣種，造成了先天性的生態禍源。今年，2018年，整個春夏，山火不斷延燒，地震頻率加多，這位生態學家的擔憂，果然出現了。

　　在南方生產的形態，也是大農制。每一行果樹，都是數百呎、上千呎的長度，一行一行排列。其耕種和灌溉設施，也是倚仗機械。可是採集這些價格較高的果菜，不能依靠機械，卻必須仰仗人力的細緻，採摘、清洗、保鮮、包裝，一件一件，個別處理。那些經濟作物，例如釀酒的葡萄、榨油的橄欖、製糖的甜菊，更是必須仔細挑選、分類，如此才能進入加工的程序。凡此「細活」，需要季節性的投入大量勞力。

　　美國西南部和中南美距離比較近，經過墨西哥、或者加勒比海進入美國南方，拉丁語系族群，就成為農場季節工的主力。他們最初是以季節工的形式，進入美國農場，忙季過後，

又回到自己的老家。由於美國工資比他們故鄉的一般收入高，逐漸演變，這些拉丁語系的勞力，不再回家，留在美國，充當賤價勞工。今日，他們毋寧是另一形態的奴工，他們並沒有喪失人身的自由，但是他們也沒有獲得應有的公平待遇。工資低薄，工作不穩定，生活沒保障：他們的苦處，其實比非洲後裔的美國勞工，更為無助。

這些拉丁語系的季節工，即使工作的季節已過，大部分還是選擇留在美國，盼望獲得較高工資，儲蓄家產。於是，美國的人口之中，就累積了不少拉丁語系的新移民。在大城市中，許多體力活動、或者低收入的工作，就是這些拉丁系移民的集中點。季節性的勞工，可以安排合法的入境，工作結束後，他們可以合法離境。但是，如上所說，大多數的季節性工人，選擇留在美國，則成為黑戶。

大都市地區的工作者，有不少是經由非法移民的管道，進入美國。在美國今天拉丁系的人口，大約占了總人口的20%左右，而且迅速地繁殖。他們在少數民族族群中，已經超過了黑人的人口。這些人不是奴工，也並沒經歷過奴隸的階段。他們的心態不同於黑人，而且他們有共同的信仰——天主教。他們來自中南美各地，不僅限於墨西哥，卻都是拉丁語民族。共同的信仰，共同的語言，將他們集合為一個共同體。在美國社會中，他們擔任最勞累的低收入工作。也因此凸顯了美國社會的不公。去年選出的川普總統，特別主張攔阻這些拉丁語民族進入美國，就可以反映這個族群的存在，已經成為美國社會問題的一部分。

　　從內陸的大農場，到南方的棉花田，以至於到西南部的果菜農場，由於都是市場結構下的一部分，他們的生產方式，往往是單一產品的大量生產。論經濟效益，這種生產方式，還是最合算的。然而，這種經營方式，有許多內在的缺點：一方面，同一塊農田經常種植同一種作業，也就是消耗同一種肥力，對於農田肥力的更新，有極大的困難。另一方面，大農耕作往往依賴機械，後來又依賴化肥和除蟲藥，為了經濟效益，而發展的技術，對於農田來說，則是無情的蹂躪。

　　再說一點我自己的經驗，我到了芝加哥大學，第一個學期，在埃及古代史的班上，認識了一位內布拉斯加州的一位教授。他在林肯市附近的文理學院教書。每隔三年到五年，到芝加哥大學進修一學期。感恩節假期，他邀請我訪問他的家鄉，那是一個農業地區，一部分是牧業，一部分產麥。他的學校，設在當年開發的一個社區中心。我在那裡住了三天，由他陪伴，參觀大農莊的作業程序。我因此領略：農工業與傳統農業之間的巨大差別。

　　當時正是冬小麥播種前。大型的耕作機，和一輛二十輪的大卡車，規模相近。耕地時，前面的大犁，一排有四個犁同時推動，翻開土壤，二呎餘深。後面跟上來的碎土機，則將翻開的土塊，裂成碎塊；耕耘妥當以後，播種機也是一排四個樓斗，沿線播種。一片農地，大約二十五英畝，大型機械從中心往外一圈圈耕種，耕完農地，回到道路，再轉入另一塊農地。

　　作為旁觀者，我的感覺，這不是耕地，而是農地捲入機器了。我沒有看見收割，但從他告訴我的方式，收割也是如此，

只是犁頭換成捲絞器。我問他：收割以後，根和莖如何處理？他說，麥稈作為牛的飼料，餘下無用的部分，一概作為燃料。我再問：全部耕完以後，大雪覆蓋以前，如何處理？他說，聽其自然。我再問：秋、冬之際，大風起時，這些耕散的土地怎麼處理？他抓著頭回答：這是大問題。我們每年要喪失一片表土，每年都必須耕得更深一層。他因此提醒我：美國西北角上，愛達荷州的馬鈴薯田，土壤是千萬年來累積的火山灰。據他的理解：兩百年不到的時間，愛達荷的火山灰土壤，已經飄失了不亞於五呎到八呎；再過一百年，就沒有火山灰可用了。內布拉斯加州，有最好的土壤，也因為只種麥子，沒有輪耕，而且休耕時期不短，土壤飛揚。他預料，一百年以後，這裡將可能是沙漠。

　　當然，這種大田廣種，為了改善土壤的肥力、提高產量，必定有「綠色革命」以來的新措施。「綠色革命」最早開始於英國，利用人工化肥、選種培養、殺蟲、灌溉等等的方法，提高了單位面積的農產量，「綠色革命」的成績斐然可見。在美國，「綠色革命」的開始，是在20世紀初期，約略算來，是第一次世界大戰前後。美國人口劇增，工業化也開始大幅邁進。內陸的各州，都有新設的州立大學，由州政府畫出一些土地，作為校區。這些新大學的任務，即是開發農工技術；另有一些大學，則是陪養中小學的師資。有了新設大學在各州投入發展農業、工業的研究，各地都有為了提升產量、改進技術，大力推廣與實踐其獲得的知識。

　　確實，從20世紀的初期以後，美國農產品之質量，超越

歐洲國家的水平。但是，「綠色革命」的代價，也是無可補償的。由於殺蟲劑廣泛使用，世界上幫助植物成長的昆蟲，已經大量地消失，依賴昆蟲維生的鳥類，也隨著大減。到了四十年前，「寂靜的春天」就說明，人工殺蟲劑累積下來的孽債。選種、培種的後果，農作物的品種逐漸減少，到今天，自然成長的農作品種，已經所餘無幾。幾乎全世界的主要農作物品種，都集中在蒙山都這一類大型農化公司。人工肥料的使用，種種生化刺激劑，其後果則是直接影響到人類的體質和疾病。人類自己創造了非凡的新農業，人類也引發了無可挽回的災害。

總結言之，美國的向西發展，形成了美國歷史的獨特性，這個殖民過程本身，也是美國經濟發展的過程。這三百多年來，直到20世紀開始，美國的工業化現象，逐漸取代美國向西發展的大工程，成為美國經濟、社會與文化的發展動力。然而，上述西進歷史，的確在美國的經濟制度上，將天賜的處女地，轉變成一個新國家的國力基礎。所謂發現「新大陸」，其實是白人掠奪這塊印第安原居民家園的資源。美國利用非裔黑人和拉丁系勞工，作為勞力，則是人類歷史上，大規模剝削低價勞力的惡劣紀錄。

人類歷史上，處處都充滿了人剝削人、人掠奪人的醜惡現象。美國的開展，是人類值得驕傲的成績，可是也是充滿了「人吃人」現象的罪惡。這大片處女地的開發，也留下生態的損失，族群的衝突。獨立精神也顯示了個人主義代表的自由觀念，及其過度發揮後，因而出現的人情冷漠，與趨利忘義的嚴重弊端。利弊之間，如何加減乘除？實在令人困惑難解。

第四章

美國的工業化過程

　　在上一章，我們討論過美國農業的發展。自從中西部開發以後，美國的大部分土地都已開發；美國生產大量的農產品，國力也充沛了。美國國內自己的工業規模，卻還不能供應自己的消費需求。許多日用品，到18世紀末期，仍舊需要從歐洲進口。美國依靠足夠的糧食生產和皮毛，直接換取歐洲的產品，也間接地經過歐洲的商販，取得亞洲，尤其是中國的商品，滿足市場需求。

　　舉例言之，美國人口增加了，然而日常的衣著，依舊主要是毛織品和皮革類。固然美國的牧地廣大，野生動物也不少，然而，僅僅依賴動物皮毛，作為衣著的主要原料，卻仍舊不敷日常需求。於是，中國出產的棉布，「南京布」，從中國長江下游，經過歐洲的商販，轉運到美國；其數量，由18世紀初的年銷十餘萬匹，逐漸增長。到了18世紀的末期，中國運銷美國的布料，數量三百萬匹之多，超過運到歐洲的數量。「南京布」三個字，成為歐洲和美國通稱，代表中國出產的布料。這一市場的擴大，似乎是與美國向內陸開發的過程同步進行，也就是說，美國的人口增加了，衣著原料的來源，則以中國為主要產地。（郭衛東，〈絲綢之路續篇：「南京布」的外銷〉，《浙江大學學報》（人文社會科學）47卷3期。）

　　1820年左右，中國布料在美國的銷路，逐漸減少；在美國北部，波士頓、麻州和其他地區，出現了美國第一批的工廠，主要的生產品就是布料。這一現象，和南方大型莊園種植棉花，也是相關的。新興的工業經濟，植根於新英倫地區；南方的棉花田，則成為南方經濟主幹。南、北工農的差別，終於成

為美國內戰的原因。回顧美國以紡織業，作為工業化的第一步。歷史上，歐洲的工業革命，也是從毛紡業開始。只是，歐洲毛紡業的工業化，主要在梳理羊毛和運送原料與產品。而美國的第一步工業化，卻是在棉紡織起端。近代歷史，第三世界各國逐步工業化的過程，也往往是從服裝業為主的輕工業起步。這些類似的現象，似乎說明了工業經濟的開始，必須要等待市場上，有足夠的資金，才能擺脫農業生產的週期性，而構成一個整年需求資金的和原料的生產制度。

美國工業化的第一步，正是因為內部的開發，已經到了相當的程度。美國的經濟有了足夠的資金，可以支持工業化的需求。另外一方面，大量土地開發，吸引了許多歐洲的移民。他們在開放過程之中，逐漸站定腳步，從一無所有，進入美國的勞動者，成為擁有資產的農場主人，或具有特殊技能的獨立技師。這些人，構成了工業化的骨幹，也提供了工業產品的市場。

如前一章所說，美國內陸的開發，與鋪設鐵路網，是同步進行的建設項目。建設鐵道，鐵軌、橋梁、路基等等，都需要鋼鐵。鐵路上行駛的列車，車頭引擎本身也是鋼鐵鑄件；運送物資的「車皮（車廂）」，雖然有相當部分是木構的，然而整體的結構，也是鋼鐵製品。單以鐵路建設為主，美國就需要大量的鋼鐵，這就是美國重工業發展的第一步，即是鑄鐵煉鋼的原因。

美國的鐵礦儲藏，主要在五大湖地區，從威斯康辛，延伸賓州：這一大片濱湖地區的山地，地下都有鐵礦。從紐約州經

過賓州西部，進入阿帕拉契山區，則是美國煤礦的重要部分。世界上很少有如此良好的配合，鐵礦區和煤礦區，一部分重疊，大部分比鄰，而中間又有大片的水道，可以作為交通道路。於是，從匹茲堡到芝加哥，這一條線上，就成為美國煉鋼業的重心。我在匹茲堡住了四十幾年，眼看著這個鋼鐵之都，經過百年的歷史，由盛而衰。匹茲堡居民都知道：幾乎每一棟房子的地下，可能還有煤礦可挖，或者已經挖成空洞。匹茲堡旁邊的三條河流，在我剛到匹城時，不斷有大型的駁船，拉動十三節駁船，運送煤渣，鐵砂的船隻。鋼鐵業整天需要幾萬噸的原料，鋼鐵生產數量，可想而知。

　　住在匹茲堡的人也都經驗到空氣污染的痛苦。我們剛到匹城時，學校的「學術之塔」（Cathedral of Learning），學校的總辦公室，遍體黑色。鋼鐵業衰敗以後，經過風吹雨打，現在這個塔，居然為雨雪洗白了。當年，鋼鐵業最盛時候，每一家冶鋼廠附近，都有幾家華人的「洗衣作」，洗滌晚上休工，已經污黑的白襯衫。在1970年代，匹茲堡是不夜城，固然白天霧濛瀰漫，卻是徹夜半天紅雲。這個「鋼都」出產的鋼鐵量，當時是全國總產量的一半。從匹茲堡到芝加哥附近的印第安那州蓋瑞，一個接一個，都是鋼鐵工廠。美國總生產的鋼鐵，主要是供應國內市場，也只有如此強大的鋼鐵業，才能撐持美國一百多年重工業，不斷更新和繼長增高。

　　鋼鐵的發展，恰巧配合了美國市場全盤的提升，城市的建設需要大量的鋼材，作為建築的材料；道路網一處一處開拓，許多橋梁也是鋼鐵製成的，這些需求，配合上面已經說過的鐵

路網需求的鐵軌、車皮，以及運量上需求的駁船等等，使得美國的經濟活潑地進入新的階段。鋼鐵業配合需求的焦煤，成為最基本的一種工業。卡內基（Andrew Carnegie, 1835-1919）的「鋼鐵集團」，大刀闊斧，兼併同時並起的許多鋼廠，成為最大的一個煉鑄鋼鐵單位。到了 19 世紀末期，美國的鋼鐵產量據全世界總產量的 40% 以上，其中美鋼本身，又是占了美國產量的一半。卡內基集團的財富，在 19 世紀的晚期，舉世數一數二。美國鋼鐵業的霸主地位，繼續維持一直到 20 世紀的 60 年代，才開始下降。1980 年以後，美國的鋼鐵業，在世界史上失去了競爭的優勢。其中緣故，將在另一章討論勞資關係時，再加陳述。

我住在美鋼的中心匹茲堡四十年，親眼目睹鋼鐵業在這城市的影響。匹茲堡地區多河多山，跨河跨谷的大小橋梁，為數以百計。觀察各種橋梁，都可以看見不同的設計。自從有了鋼材以後，人類造橋的方法，就遠超過過去木橋和石橋的可能性。木橋通常只能平架，石橋可以做拱門；鋼鐵的橋梁，這些功能之外，還可以利用張力，形成各種重力的平衡和分攤，建構為許多不同的形式，例如，梁橋、桁橋、拱橋、吊橋、斜張橋、懸臂橋、組合橋等等。中國近來建築不少懸臂橋，匹城橋梁，也有如此設計。茅以昇先生，中國建橋工程鼻祖，就曾經在匹城卡內基理工學院進修，並是該校早期的博士。

鋼骨建築的高樓大廈，也比木造、石造和磚造，又多了很多的可能性。舉例言之，過去歐洲的大教堂，石材累積的可德式，以巧妙的方法，石塊鑲嵌，做成拱形，許多拱形可以承擔

重量。這種建築，巧妙地利用了力學的原則。中國建築的斗栱，也是用榫接，勻攤重量。鋼鐵用於建材，有石塊的堅固，有木材的方便切割，又加上鋼材本身的可塑性，於是，鋼骨的建築，就能在高度和面積上，都有無限發展的可能性。

我執教的匹大，行政大樓是「學術之塔」，外表看來是高聳矗立高塔、三十六層樓，中間看似有許多拱門，似乎是一棟哥德式教堂的變型。實際上，這座大樓是從鋼梁骨架開始，先有中心的大鋼架構，一層、一層從上往下建築。鋼架上面再用混凝土和木材，作每一間的隔間和地面。從上到下，一層層擴大，都是懸掛在中心架構。匹城美國鋼鐵公司（U.S. Steel Co.），最後建造的美鋼大廈，全樓都是鋼結構和玻璃，樓層的單元，均是懸掛於外露的鋼鐵結構。這種方式的摩天大樓，改變了大城市的景觀，也改變了人類的生活方式。

19世紀下半期，是美國工業化的重要轉捩點。這時候，天降英才，在市場經濟的制度下，出現了許多影響美國整個經濟形態的重要人物，龍騰虎躍，各擅勝場。在傳統的國家，重要的領導者是帝王將相。在美國，則是一群大企業家。上述的卡內基，是其中之一，在其他的行業，也各有重要的領導人物。緊接著鋼鐵與煤礦業發展，第二階段的美國經濟，就有電業、汽車業和石油業，這幾個主要的項目。在鋼鐵和煤礦發展將近成熟的時候，這幾個主要產業，陸續開花結果，在每個行業也都有具有代表性的領頭人物。

先說電業，天然的雷電，早就引起人類的注意。歐洲啟蒙時代，也認識了電是一種力量。在美國開國以前，富蘭克林就

嘗試過，以放風箏將電力拉到地面。電的使用，在歐洲開始發展，而且已經知道，用熱力推動渦輪發電機發電。因此，電業的發展不在美國開始。電業在美國跨出的第一步是電報。摩斯（Samuel Finley Breese Morse）在1837年發明字母電碼發明了「摩斯電碼」，將二十六個字母，分別以點和線代表，以此方式，只須兩個動作，就可以打出文字。在美國開發之時，交通並不方便，然而，內部的產業，和外面的市場之間，必須有良好的訊息傳播。摩斯成立的西聯電報公司（West Union），在當時，是內陸與東岸大城市之間，主要的聯絡渠道。不僅商品市場上的價格，可以經過電報彼此溝通，西聯的匯款服務深入民間。任何人都可以到西聯的分站，交款，指定匯款匯給某處的何人。收款的地方，得到電報，就可以在西聯的站頭，領取匯款。

　　貝爾（Alexander Graham Bell, 1847-1922）是北美第一位開發電話的人物，又將電報的功能，擴大為直接的通話，他的貝爾電話公司（後來的 ATT 美國電話電報公司），鋪設電路網，配合鐵路線分布各處，ATT 將西聯的電報部分功能，奪取了一部分，但是 ATT 從來沒有進入匯款的服務。貝爾的雄才大略，將電信工業推廣為全國普及的企業，他也就是上面所說，群星輝煌之中的一顆明星。到今天，貝爾實驗室還是電業和電子業的主要研究基地，這一個實驗室，並不單純研究實用的科技，ATT 的研究工作，有很大的部分，是理論性和基礎性的科學研究。（附註：義大利人穆齊〔Antonio Meucci〕在1850年就發明了電話，卻沒有申請專利。貝爾申請專利，是在1872

年，那時有三人同日提出申請，包括愛迪生在內。貝爾的設計，略高一籌，經過比較，獲得發明電話的榮銜。這一公案，有關人士涉訟百年，2002年，美國眾議會269號決議案，才陳述始末，表揚諸人的功勞。）

愛迪生（Thomas Alva Edison, 1847-1931）是發明奇才，一生曾經發明過二千餘種專利權，雖然他的發明很多是根據別人已有的事物，加上一些修改和增添；但是他的增添，往往是關鍵性的。在他發明的事物之中，最普及的一個項目，則是電燈。到今天，電燈泡的基本設計，雖然有改變，但萬變不離其宗，沒有脫離他立下的基礎。愛迪生留下的大企業是GE（奇異電業，或稱為美國通用電業），到今天還是電器業的最大基地。從電燈泡開始，這個公司和他的前身Mello Park Laboratory推出許多日用家電，包括電唱機、電影，等等。走入今天美國家庭，大大小小的家電數十種，其中不少是「奇異」開發的產品。「奇異」，到今天還是響噹噹的品牌。愛迪生組建紐約交流電的輸電網，更是電業發展的重要關口。

以上所說的三個項目，彼此相關，也因為有了這些和日常生活相關的電器，才引發了以熱力發電的需求，然後又轉變方向，加上利用水力的衝擊，推動渦輪，成為水力發電。水力發電節省熱能的能源，又不會如同燒煤造成空氣污染，終於成為美國主要的電源，直到核能發電，才出現另外一個新的發電能源。這一系列，從「摩斯電碼」應用電能，也就是在19世紀的中葉，直到今天，電能還是日常生活和能源工業的重要科目。美國的水力發電，是在一戰以後、二戰以前，由政府發

動，在各處河床狹窄、水流湍急的地方，築壩蓄水，水力衝擊渦機發電。尤其是在美國20世紀經濟大恐慌時期，政府進行一些大型的水力開發，也是創造就業機會。這些大型的水利工程之中，最著名的是西部大山中的「大庫力水壩」，那是美國的高壩發電站。另一個著名的水利工程則是，「田納西流域的綜合計畫」，結合發電、灌溉、防洪為一體。

　　進入20世紀，汽車業和石油業，成為重要的產業項目。美國的鐵路網已經四通八達，但是鐵路未及之處，還需要公路系統作為轉輸。於是，汽車應運而生。發展汽車的構想，在歐洲早已有過很多嘗試。最常見的方式，是以蒸汽機放在不需要軌道的車輛上，作為運輸的工具。直到內燃機出現，使用其他的熱源，才列入汽車動力的考慮。在美國開始尋找適當的車輛設計時，歐洲已經做了很多前驅的工作，除了上述內燃機的發明以外，法國發明的橡膠輪胎，也是關鍵性的突破；有了輕而堅韌的橡膠輪胎，車輪的彈性和耐久性的問題，才得到較好的解決。

　　在歐洲尋找最好汽車設計的努力中，美國後來居上，也有許多家汽車廠出現，他們的設計也彼此模仿，殊途同歸，逐漸走向相同的方向。現在著名的道奇公司，在當時已是比較出色的一家。1890年時，美國已有三十家工廠，生產二千五百輛各色「自動車」（automobile）。當時，大約有八千輛車：二輪、三輪、四輪，不一而足，行駛於道路。這些機動車輛，有使用蒸氣，有使用電池，而以汽油為燃料者，卻居少數。

　　汽車業界，最成功的是福特（Henry Ford, 1863-1947）。這

一位學徒出身的人物，於1896年在底特律的愛迪生公司擔任工程師，設計了他的第一輛汽車，號稱「四輪車」（quadricycle），1900年，他在眾多不同的汽車設計比賽中脫穎而出，贏得第一名。在這基礎上，福特終於推出了設計合理的福特汽車，而且他開始規劃「生產線」的工序，一輛汽車並不是由一組工人個別打造，而是將生產程序切割為段落，每一個段落，生產一些部分，然後併合為一，成為完整的產品。

1906年，福特的T型車，整合了許多過去設計的優點，構成一輛具備現代汽車基本結構的款式。過去每一個廠的每一批汽車，都可能與另一批不同。經過生產線的設計後，同一工廠的產品，可以完全一致，而且零件可以互換：這才進入大量生產的階段。福特也考慮到工人的待遇，主動提供工作的良好條件：工資提高，每週工作四十八小時，年終得到獎金等等項目，以激勵工人的工作意願。他提供公司員工可以優惠購買本公司產品的福利。於是，每一個工人，既是生產者，也成為福特車的購買者。這些經營的觀念，與眾不同。在勞資矛盾非常嚴重，而且常常發生衝突的時代，福特的員工和公司之間，卻是賓東關係和諧，能夠發揮高昂的生產能力。因此，福特成為汽車業無可否認的巨頭。雖然其他公司也有不錯的出品，但是論到汽車工業，「福特」幾乎成為同義字。

1913年，聯邦政府鋪設了一條「林肯公路」，將東西兩岸，連結為一。於是，美國兩岸之間，除了鐵路以外，也有第一條聯邦建造的州際道路。這一措施，對於汽車的銷產有極大的幫助，也由於州際公路的出現，發揮了重大的經濟效應。在

經濟大恐慌的時代，聯邦政府發動了大規模的公路建設：這一措施，本來的構想是，以工代賑，使失業的勞工，能有工作。如此建設，在物質流通方面，發揮構建網絡的作用。從此以後，各地方也紛紛築路，形成了一個覆蓋全美的公路網，其具體的效應，也不僅是在經濟大恐慌時代的臨時措施，而是將美國的許多產業，「貨暢其流」，得以充分開展。到1956年，二戰以後，艾森豪總統任內，推動了建設全美州際公路網的大計畫。今天美國的主要公路幹線，和他附屬的許多州路和地方路，編織成極為綿密的公路網。這一公路系統的完成，其影響不亞於當初鐵路網的出現。關於這一措施的具體影響，我將在其他章節中予以討論。

　　汽車的內燃機使用汽油。美國發現石油，是在賓州的Oil City，匹茲堡北面，大約一個小時車程。油礦的出現，在美國歷史上，稱為「黑金」，幾乎和西岸的黃金潮出現一樣，引起許多人尋找油礦的熱潮。當時石油產品最主要是用於點燃煤油燈：家家戶戶都需要夜間照明，這個市場的需求，本身構成一項產業。許多尋找石油的人物之中，只有洛克斐勒（John Davison Rockefeller, 1839-1937）認識石油的未來：不僅照明而已，而是作為燃料。提煉石油，成為輕油和柴油，才是更有前途的經營。洛克斐勒在這方面，發揮雄才大略，不斷兼併許多小油公司，合併為壟斷全國油源的大公司；由此，他找到最有利經營方式，致力從原油提煉各種等級的燃料。

　　汽車的引擎，限於汽車本身的體積，必須選擇熱能功效最高的燃料，才能於有限空間，攜帶足夠長途供應內燃機的能

源。從此，汽車業和石油業成為不可分離的孿生弟兄。洛克斐勒的Standard Oil（標準石油），儼然獨斷這一行業的經營。在羅斯福總統時代，自由主義的經濟學家，認為妨害合理的市場競爭。於是，政府制定了「反托拉斯法」，將「標準石油」分割為若干規模較小的公司，也將採油、煉油、石油的銷售，分割為石油工業不同階段的產業。

20世紀的初期，航空工業出現了，萊特兄弟（Wright Brothers, Wilbur〔August 19, 1871-January 30, 1948〕and Orville〔April 16, 1867-May 30, 1912〕），經過許多次的嘗試，終於在1903年12月17日駕駛自行研製的固定翼飛機，完成人類飛行的夢想。在使用飛機以前，巨型的氫氣球吊掛汽艇，「齊柏林號」，已經載客跨洋，飛行於歐、美之間。但是，這種飛行器，載量不大，速度又慢，而且有焚燒的危險。固定翼飛機出現，淘汰了汽艇。如果沒有汽油和內燃機，飛機的設計不可能成功。飛機出現以後，整體的航空工業，包括飛機本身的製造，和機場的設計、管理、和服務，又開拓了另一個龐大的產業領域。美國的航空業，從開始就居於領導地位，直到二戰時期，英國人發明了噴射機，才代替了渦輪發動機，成為飛機設計的主流。

也許有人會問，在19世紀末期到20世紀的初期，有許多產業界的明星，為什麼在航空實驗這方面，卻沒有出現這種大人物？我想主要的原因，美國的科學研究與技術發展之間，經過幾度合作，形成了良好的分工體系。學校的學術研究，開啟科技新領域，提供機會，讓有心人創業，轉移為生產企業。在

20世紀以後，就很難真正找到誰是發明人，一切的發現，都是集體的成就。

19世紀末期，到20世紀初期，有三十年一個世代，美國的經濟起飛，從此不再是歐洲的附庸。北美富足，已經超越了歐洲。然而，盛極必衰，長期的榮景，終於碰到了1929年開始的大恐慌。在1914-1918年之間，歐洲列強為了爭奪資源和市場，展開號稱「第一次世界戰爭（一戰）」的歐洲戰爭。歐洲因為戰爭而浪費了許多的發展機緣，更不說因為戰爭帶來的破壞和消耗。美國最後參戰，決定了英、法一邊的勝利，當時美國的實力，以全勝的新銳，壓倒了戰後衰敗的歐洲。這時候，美國在全世界，儼然躍登為最大的經濟體。可以與之抗衡的是大英帝國，其經濟實力，依仗剝削殖民地市場、勞力，和資源。美國卻是以自己的資源，自己已有的市場作為根本。當時，史無前例的富有，使得20世紀初的美國，充滿了樂觀的氣氛。胡佛總統甚至於說，美國不再有「貧窮」兩個字。

美國極度的擴張，每一個產業都是高速度的增產，但是，市場的吸納力，並不能與此配合。另外一方面，美國的華爾街證券市場，還沒有經驗過失敗的滋味。貨幣的融資，快速投入一片榮景的證券市場，更刺激了工業經濟的極度膨脹。膨脹到達一個臨界點，已有的市場，無法吸納過多的產品；產品沒有銷路，產業迅速地緊縮，帶來了倒閉。投資證券的一般百姓，忽然發現，自己多少年的儲蓄，因為公司紛紛倒閉，化為泡影。連鎖反應的後果，證券市場一日之內，在1929年10月24日，「黑色星期二」，證券狂跌到底，整個市場崩盤。這就是

大恐慌的開始；其對美國的產業經濟，乃是致命的打擊。而且連鎖反應，使得歐洲和東亞的經濟，也都蒙受巨大的衝擊。

這一次經濟蕭條，無數勞工因為工廠倒閉，而失去職業；技術人員和專業人士，本來是中產階級的主要成分，也因為收入減少、甚至失業，淪入貧窮的邊緣。原來富裕的工廠主和商店老闆，轉眼之間，驚見自己一身是債。人類歷史上，從來沒有如此巨大的人造災害，其效應之強烈，過於天災和戰爭。關於這次經濟大恐慌在美國社會結構與文化面貌的影響，將在別的章節陳述。此處不贅。

將美國從大恐慌中拔出災難，是羅斯福總統（Franklin D. Roosevelt, 1882-1945）的新政。許多經濟學家對於經濟恐慌，提出診斷；英國經濟學家凱因斯（John Maynard Keynes, 1883-1946）的理論則是有效治療的依據。凱因斯不再從生產的供給面，考慮經濟發展，而是從需求面，討論市場的穩定。於是，羅斯福的新政，在短期方面，是由國家擴大支出，例如，修橋、補路，種種公共建設，以創造就業機會，使得失業的勞工，因為獲得工資，恢復一些購買力。另外一方面，國家貸款幫助企業取得資金，又對企業界減稅，以減輕企業界的負擔。如此雙管齊下，經由公權力的干預，利用貨幣政策，擴大了社會的購買力。凱因斯理論，即使政府因此負債，等到經濟復甦以後，活潑的企業發展，又可以恢復企業界本身的利潤，和整個社會勞工收入的增加。從這些增加的收入，以稅收的方式，回收過去的公共負債：整體言之，還是值得的。凱因斯理論對美國經濟影響極為深遠，直到今天，我們還發現這一個理論，

仍舊站在美國公共政策的指導地位。

　　羅斯福總統的新政，另一個重要的部分，則是創始規劃社會福利制度（social security），由政府給予失業勞工生活的補助，使得老、病、失業者，可以有維生的機會。這一措施，是美國踏向社會福利國家的第一步。從那個時候開始到今天，社會福利制幾經變化，也不斷擴大，雖然還沒有到達北歐三國實施的全面，也已經成為美國公民生活之中，不可缺少的環節。在美國式的福利制度之下，公權力與公民的自由之間，如何取得平衡，還有許多討論的空間，此處不贅。

　　20世紀，全世界曾經經歷兩次世界大戰。一戰的影響，將全世界拉入大恐慌，二戰出現，實際上是一戰未了的許多問題，留到二戰尋求解決。這兩次戰爭中，美國都是先以局外人的身分，旁觀一個時期，然後在關鍵性的時刻，投身參戰。兩次戰爭，對美國的經濟，尤其工業的發展，有極大的正面影響。一戰的正面影響，被大恐慌沖消了。二戰的影響，卻是引導了美國開展另一輪的產業，那一強大的動力，只今延續未歇。

　　二戰的前半段，歐洲戰場上，作戰雙方都已經筋疲力竭。東方的戰場上，中日之間的戰爭，幾乎將中國完全拖垮。日本侵略的野心，愈來愈走向冒險；中國戰場的事情未了，日本又發動了征服東南亞的太平洋戰爭。日本偷襲珍珠港：戰術上成功的一次冒險，戰略上致命的錯誤。美國投身於歐洲和東亞兩個戰爭之前，大半的世界，被戰火消耗殆盡；世界上，唯獨美國還有足夠的力量，供應全世界的消費。美國投入戰場，以其

龐大的生產能力，發揮史無前例的能量。舉例言之，為了應付兩面作戰，美國的生產能力，發揮最高峰時，可以每天有一艘「勝利輪」下水。每個小時，可以有一輛坦克出廠。戰爭剛開始時，各國的空軍，都沒有巨大的貨運機，而到了戰爭末期，美國已有以百計的「空中堡壘」，在歐、亞兩個戰場上，在運送人員和物質。

以匹茲堡本身，所經歷的歷史，這裡的大鋼廠，連日連夜的生產鋼鐵，交付國家，應付兩個大戰場上的需求。又以匹城為例，Ohio河上的Neville Island，曾經有過製造小船的船塢，每天可以有數十艘登陸艇下水，順著密西西比河，流向海口，然後由大船載運，送往歐洲前線和亞洲前線。

大戰期間，許多新的發明，見證了科學和技術之間密切的合作。舉例言之，用噴射引擎推動飛機，逐漸代替了螺旋槳發動了航空器。這種噴射引擎，不僅可以用在航空，一樣可以用在海輪。又例如，雷達和聲納，本來是電波返折、聲波回音作用，偵查敵人的行蹤。這一領域，今天卻是醫學偵查疾病的重要工具。天然橡膠不足以供應大量車輛輪胎使用，美國的化工界，發明了人造橡膠。又例如，為了戰爭時期，大量的傷患，醫學界找到了抗生素，這是一條生物學的新途徑，不再是依賴化學物質，治療疾病，而是以有生命的微菌，消滅細菌。

化學工程的新方向，最值得注意的，就是找到了天然纖維的代替品。從植物中，利用黃豆，可以將其碳纖維，壓製為初期的塑膠板，這一類的方法，代替了過去必須用植物纖維製造紙漿的途徑。後來更好的方法，則是裂解石油中的碳分子，聚

合為各種不同長度的纖維，這一個全新的項目，為石油工業找到了更多的生產品，也對我們日常生活中，增加了化纖原料的成品，例如，塑紡的衣服、塑鋼的船殼，種種過去沒想到的新產品，今天都出現在我們四周。

單從上面幾個項目，二戰以後，全世界的工業分類，就與過去不同了。石化工業、生化科技、生物科技、電子科技、核能能源等等，在今天已成為工業生產的主要項目；過去的機械工業和化工工業的內涵，完全改觀。美國在這一方面，毋寧占了世界的前哨，而且因為在二戰中，政府動員學術研究，尋找新的方法，以應付眼前的需求。這一習慣，是將過去學術與科技應用之間的關係，顛倒了方向。過去，是先有理論，後有實驗，然後才有產品。二戰以來的經驗，是先有需求，再尋找方向，產品和理論同步進行。

美國第四波的工業化，實際上可以分成兩波，一波是傳統的化工、藥學等項目，第二波更為猛烈的到臨，則是二戰終了以後，建立在飛彈的使用基礎上，發展了太空探測。俄國在1957年放射的第一個衛星，等於海洋之中的魚類，第一次跳離海面，回頭看波浪之中的同伴。這一波的發展，經過十年，美國在各個方面，配合著太空探測的需求，發展了光電的使用，以及與它相關的電子科技。緊接著，就是資訊工業的發展，將十進位的數碼，改變成二進位的計算，因此可以加速運算的速度：這一波的開展，其影響不僅在技術方面、計算的速度方面，更因此而引發了電子科學本身，探測電子功能，以及從一般的邏輯，更換成開闢交替的雙位數字運算。

　　資訊科技的發展，到了1970年以後突飛猛進，出現了嶄新的產業系統，包括通訊、計算、儲存、檢索，以至於最後電子通訊，完全代替了以前電波通訊的功能。又引發了軟件系統，處理高速度的訊息流傳。最後一波，則是將這一套整個的訊息功能，下達到每人都能利用臉書、微信等等，無遠弗屆，人人之間等於都有一個小電報局，就在手頭。目前這一波的影響，已經達到經濟方面，一方面因為訊息的流轉很迅速，全球各地物質的流轉，可以在全球性的市場運作。沒有一個國家，再能離世獨立，閉門度日。在個人的生活方面，也因為訊息流通的方便，許多經由信用的買賣，代替了現金。於是，資金的集中，因為高效率的資訊流轉，不必再有開戶、支出等等的手續，直接可以從每一個人的銀行戶頭，立刻轉移到購物所在的商店。資金流轉的迅速，也就意味著，一個錢可以作幾個錢用；因為信用的流轉迅速，財富集中，非常容易。

　　現在矽谷科技的新富，都可以在數年之內，因為一個發明，或者一個程式，而累積上百億元的資產。許多青年學生，憑藉著他們創新能力，可以在學習資訊科技的基本課程之後，很快找到一個捷徑，改善儲存、搜索資訊的功能，如果有一點成功，一個青年的技工，可以在短期之內，就躍身為高層的中產階層。這一現象，將美國財富的分布曲線，往上提升：巨富和高層的中產，大量地增加。現在，美國最上面15-20%的人口，掌握了80-85%的全國財富。相對而言，在這激烈的競爭過程中，如果一個青年不能在五年之內，找到一個新的發現或突破，他的創業前途，也就有限了。他將只是從一個公司轉到

另一個公司，不斷地轉移，將屆中年時，終於失業。這個戰場上的競爭，其實非常殘酷，「一將功成萬骨枯」，那些躍升上層、中層的成功者後面，有不只十倍、二十倍的失敗者，跌落中產階層以外。

另外一項新興的產業，則是生物科技。美國在開發內陸的過程中，帶領世界上的農業，進入綠色革命。也就是使用化肥、殺蟲劑，以及品種改良，將農業生產量和質，都提升到前所未有的水平。1950年代以後，以化學藥品促進生產效果的技術，快速發展，但是其反面的效應，也很快就出現了。農藥的使用，顛覆了生物界的生態平衡，以至於造成了「寂靜的春天」。許多轉輸花粉的昆蟲，因為農藥而死亡，生物界互相支持和克制的平衡，造成了一些品種的迅速減少、甚至滅種，又使另外一些品種，因為沒有天敵，而忽然膨脹。這一波的影響，正因為大家的注意，努力尋求補救。

另一種生物科技，則是與改良品種有關。由於生物學的發展，選得佳種，從保留成為獨占的市場，逐漸更轉變成為員工改造基因，任何產物經過選種以後的改造，往往不能再自性繁殖。例如，今天美國的小麥、黃豆，以及其他的主要食糧，每一年的種子，都不再是經過自然交配，成長而留下作為下一季生產的原種。美國的生物公司孟山都，幾乎已經將世界各處的農家，都轉變成為他們的訂戶。他們每年提出新的基因改造品種，可以抵禦各種疾病，也可以提高產量。各種的基因改造後果，使農家樂於使用。後果則是：沒有一個農家再能自足地在春季播下自己選擇的種子。全世界相當大部分的農田，都受孟

山都的控制。而且，任何品種如果中途發生問題，造成災害，其規模之龐大，波及範圍之遠，也是前所未有。在農業科技方面的趨向，也一樣造成財富迅速的集中：壟斷利益者，乃是科技技術的大公司和他們的代理商。農家已經無法脫離這些掌握品種上游的公司；無形之中，全世界的農戶，都已經變成這些大公司的佃農。

與農業科技類似的，則是醫藥科技。一方面，經過新的科技，發展了許多新藥，也發展了許多診斷和治療疾病的工具，例如，MRI（核磁共振測驗）等等。對於病者而論：這些進步，使許多過去認為困難的疾病，今天幾乎都有治癒的可能。另一方面，從診療到醫治，由於這新型科技的診療、設備，以及配套技術人員的薪俸，醫療的費用，比較過去，昂貴了許多倍。今天一個病者，如果沒有醫藥保險制度，將不可能支付如此昂貴的醫療費用。在這行業之中，一樣有收入不均勻的現象，醫療人員和醫療研究人員，當然都跟著醫療設備的進步，不斷地提升他們的收入。但支援這些醫療看護的底層人物，護理人員和一般缺乏專業的技術助理，他們的收入，卻是減低到最低的水平。

以上三種新行業導致的社會發展取向，都加速了美國社會財富分配的極度不平均。以我自己作為患者的經驗，我深深體會到，這一個行業之中，上層和下層，不僅收入的差距巨大，他們的生活品質，以及文化水平，都幾乎是兩個世界。

在科學本身的發展而言，有了資訊科技和電子科技以後，獲得新的工具，使得人類對於宇宙的基本結構，大到外太空究

竟是幾層宇宙，還有多少大、小宇宙之間是什麼關係？都已經列入我們研究的課題。狹而言之，過去的認知，以原子作為最小的顆粒，現在才知道，原子底下有核子，核子之下還有許多不同的粒子，粒子底下還有更小的結構：外到無限大，內到無限小，層層都還有不斷推展的極限。19世紀以來，許多人以為科學是絕對的，而且科學是可以走到正確和精準的地步。到今天，如此態度，只能歸屬於「科學主義」的思想範疇。愛因斯坦的相對論，曾經取代了牛頓力學，今天，量子力學的宇宙觀，又補充了許多相對論的不足之處。

今天，一個誠實的科學家，不論是物理學家、生物學家，還是數學家，不能再武斷地聲稱，我們人類是萬物之靈，我們可以有機會掌握一切的鑰匙。在新的世界，一個真正誠實的科學家，必須是深層謙卑，也保留懷疑的探索者。弔詭的現象，科學探索幾乎又和形上學的玄學思考融合了。最近死亡的英國物理學家霍金斯，提出了對黑洞理論的重要修正：我們似乎已經無法真正區別，什麼是有？什麼是無？也無法聲稱，什麼是有理？什麼是無理？

這一波的思想革命，其嚴重性將不亞於16世紀歐洲出現的啟蒙時代。至於自動化技術的發展，以技術本身而論，也不過是資訊科技的延伸而已，然而其影響，則十分遠大，將會影響到低收入的就業機會，也影響到人與人之間關係的根本定義。後面這個課題，將另作討論，此處不贅。

上述科技研究與工業發展的密切結合，乃是這一代出現的現象，其對於工業發展的方向，具有關鍵性的意義。美國在二

戰以後，也是由於政府的提倡，以公家的力量，支持了許多研究計畫，政府設置了許多基金，幫助大學開展新的研究工作。戰後復員的軍人，政府提供獎學金（Pell program），幫助軍人們接受高等教育，再進入研究部。每個大學不只是提供大學部的基本教育，每個項目還都有研究所的課程。如此大量的人員投入學術研究，而且大部分是投注理工農項目。美國的學府與企業，因此結合為一個供應面；戰後數十年來，這一現象已是常態，而且更多的方面和更多的項目，組成上述學術產業的共生體。這個巨大的動力，的確史無前例，使美國在學術和產業雙方面的領導地位，日益加強。學術工作原來是以「讀書明理」為目標。

現在，經過如此轉折，學術研究竟以「追逐財利」為其任務。學術變質了，知識階層的性質，也改變了。對於人類存在的根本意義而言，如此變化，是福？是禍？難以測度。

二戰開始，美國上下一致，全力發展生產力，即使男工應徵參軍，勞工家屬婦女也入廠工作。二戰結束以後，六十餘年的發展，美國不斷更新自己的產業結構，除了上節所提的項目以外，1980至1990年代，又是一個轉折點：過去的基礎工業，例如鋼鐵業，在世界競爭的潮流中，美國失去了優勢：二戰後，美國身居全球恢復生產的主力，資方寧可提高工資，盡量避免罷工。於是，美國勞工工作環境好，工資優厚，產品成本不斷提高，美國製品，終於由於成本過高，被戰後逐漸恢復元氣的歐洲諸國和日本，奪去市場。20世紀的最後二十年，美國工業漸漸老化，工業衰退；工人從優厚工資的好日子，忽然

跌入大批失業的窘況，至今一蹶不能復振。

　　其中原因，有相當部分，是由於工資昂貴，使美國的產品無法與歐洲和東亞的產品競爭。1980年以後，美國的鋼鐵廠，大為萎縮。匹茲堡的空氣乾淨了，數十萬的鋼鐵勞工，他們曾經有三代的穩定職業和可靠的收入，現在淪為失業大軍。美國的汽車工業，也面臨歐洲和東亞的競爭，在1980年以後，美國的汽車市場有一半歸於日本車或歐洲車。

　　最近數十年來，美國的電子業和相關的資訊業，突飛猛進，從1957年原始的計算機，發展到今天，人類科技正在走向開發人工智慧的階段，而且將人工智慧逐漸轉為實用。這個產業的項目，愈來愈眾多：這是每日面臨的現象，此處不用細述。美國不少工廠生產線，其中各個階段，使用自動裝置，已有四十年的歷史。進入機器人的階段後，機器人代替了工人，擔任了生產任務，那些失業的工人，又如何謀生？以一艘貨櫃船的人員配置為例，十萬噸的貨櫃船，從裝貨到卸貨，以及航程中種種的管理，大概只需要十個人到十五個人操作。在過去，類似噸位，甚至噸位還少的貨船，例如，我從台灣來美國的四萬噸勝利輪來說，那艘船上，就需要用五、六十位船員。這兩者相比，一艘現代管理的貨輪，只需要用過去十分之一的人員。

　　將來，一般工作可能不再需要大批體力勞動的「藍領」工人，那些沒有受過科技專業教育的勞工們，將何以安置？現代生產事業，正在轉型過程中，乃是躲不開的問題，似乎還沒有人找到適當的方向，預作規劃。

　　總結言之，美國歷史自從向西開發完成，就一步踏入大規模的工業發展。美國的工業化，其規模之龐大，其內容之複雜，史無前例。而且，與歐洲、東亞的經驗相比，美國從附從的地位，在19世紀中葉，迅速的一躍而為領頭羊。此後，世界的競爭，又與過去每個國家，個別人自為政的方式不同：「全球化」已經將世界融合為一個整體。美國過去有兩個大洋與舊大陸分隔，自己擁有巨量的資源，也有安全的保障：這一非常獨特的美國經驗，很難再一次複製。現任川普總統，打算拉回全球化趨勢，俾得美國再占經濟霸主位置，誠可謂昧於形勢。

　　再從產業結構的改變，討論目前變化大意義。回顧凱因斯在大恐慌時的預言，那已經離現在將近一百年了。他認為，按照大恐慌以後經濟恢復的方向，也就是繼續不斷擴張與轉變產業結構。最後，到了2030年時，美國的生產效率，如果每人一週工作十五小時，就可以做到足夠的生產量。他稱為「閒暇的開始」：人不必須要汲汲勞動，可以將時間，放在休閒和其他方面。

　　現在已經是2017年，離2030年還有十三年而已，美國的產業已經轉向資本化，包括機器人的設計，看來純粹以工作效率來說，他的預言可能是會兌現。但是，今天，許多失業的勞工，幾乎不可能，將體力活動轉變為高度腦力活動。這些人，從此排斥在工作圈外，無法餬口謀生。以目前匹茲堡Google工作中心的情形而論，他們經常維持五百到八百的年輕人，在資訊科技的最前哨探索道路。這些年輕人卻是非常努力，只是每

一位年輕人，大概只能有五年左右的工作時期；在這時期之內，沒有足以令人驚異的成就，他們就必須退出最前哨的工作隊伍。這些人中，有多少可以創業成功？已有謀生經驗的青年人，不斷淘汰成為無法就業的失敗者，究竟有多少人，可以因為閒暇的生產方式，獲得利益？真正獲得利益的，應當只是少數大企業的主持人。

工業轉型過程，那大群離開工作崗位的藍領工人，雖然有退休金與社會福利補助，大致生活無慮，其怨懟之情，在所難免。這一批失業工人，懷念過去好日子，即是接受川普「恢復美國第一」口號的基本群眾。至於目前激烈競爭中，一波一波淘汰的高科技青年，不能如願成功，盛年失敗；對他們自己，對於社會整體，都是浪費了人才。他們也將是社會問題的犧牲者。

凱因斯理論，不斷擴大需求面，以刺激供應面，正如在一個大桶之內，攪動儲水，出現了動態：這個大桶，就是一個主權國家的經濟系統。今天正是全球化經濟湧現的時代，所有的主權國家的「水桶」，已經有全球性的貿易和交換，經過許多管道，連結為一體。低工資的產品，一定因為其價格低廉，奪取高工資生產地區的市場。富有的國家，是高水頭的貨幣儲量，一定會流向貧窮國家的低水頭的儲存。他預測，消費會帶動生產，生產又創造收入，那種密封環境內部的感應，在今天已經不易實現了。凱因斯的理論，曾經使美國脫離大恐慌；然而究竟是否有效於今日的經濟局面，既能顧及經濟的動力，又顧到財富分配均勻？

　　回顧美國傳統工業離開領導地位，也開啟了產業結構的徹底轉型。1900年機器製造業就業人口居美國首位，到1940年汽車業已至第二位，1980年代後進入後工業化時代，鋼鐵工業代表的重工業，居然退出國內產業主流，訊息科技為代表的現代產業逐步替代製造業成為美國競爭力核心；現在訊息產業上升至第三位；1990年，這一全新的工業，成為美國就業人口最多的領域。此外，農林產業、國防和航空、醫藥與生物科技等項目，躍登產業舞台。所謂「第三產業」，其實並不具體的將原料，轉變為高附加值的新產品，包括休閒娛樂（演藝、體育）、金融服務、商品集散，等等，儼然成為最有盈利的事業。

　　一個半世紀來，美國的工業化一波一波，不斷地轉型，每一階段的主要工業興旺時，都會出現財富快速集中的現象。今日新一波的產業轉型，也有新興暴富出現，其累積財富的迅速和巨量，已經推動現代美國更嚴重的財富集中現象，對於社會安寧，引發不良效應。

　　另一現象，則是在美國重工業最興旺的時候，勞資之間的嚴重衝突，那時工會還沒有完全成熟，可是歐洲出現了馬列主義，和不同形式社會主義思想，已經進入美國。

　　現在出現的財富分配不均現象，較之過去，有過之，而無不及。左傾思潮，勢必再起。20世紀內，馬列主義的實驗，二度變質。目前美國的新左派，究竟採取哪一途徑？也是應當思考的大事。

　　美國過去成功，未必完全是因為美國制度的「優越性」，其中還有罕見的條件，才造成他如此輝煌的成績。從今以後，

美國不能脫離世界，美國也不再能獨占優勢。美國的產業，將
是世界產業的一部分。如何規劃美國產業的未來？茲事非小。
可惜！今日美國的菁英，尤其政治的領導人，往往只看近利、
只看眼前，天天忙於爭權奪利，少見有人未雨綢繆。認真規劃
未來的方向。

第五章

美國的多族群及其社會問題 （上）

　　美國社會中不同族群的不平等，問複雜，此處陳述其要點。

　　美國是移民的國家，從 16 世紀開始，英國來的移民，作為核心，組織了歐洲的移民，在新大陸上成立了國家。從那時開始，從數千人到數萬人，以至於美國正式立國，也幾乎一百年的時候。美國人口已經發展到將近四百萬。除去其中差不多七、八十萬的黑奴以外，都是歐洲各處進入新大陸的不同族群。從那時候開始到今天，美國的總人口三億餘人，族群的成分非常複雜。歐洲人先來後到，大致排定了先後高下的社會地位。原居歐洲各處的人民，在美國新大陸上，還是有不同的命運。

　　美國立國原則，如傑佛森所稱："We hold these truths to be self-evident that all men are created equal and endowed by their creator with certain unalienable rights, that among these are life, liberty and the pursuit of happiness."美國憲法緒論，強調到這來的人民，都基於平等的原則，共同組織一個新的國家。實際上，這個理想和真實的情況之間，還是有相當差距。美國曾經堅持這個新的國家是一個「大熔爐」，將許多不同來源的人民，融合為一個和諧的整體。實際的情況，新來的人，都是融合於以英語為國語的文化，各種族群自己帶來的文化成分，仍舊隱藏在各自社群之內。因此，到了 20 世紀的後半段，有學者們提出，「大熔爐」的口號並不真實，真實的情況應當是像七彩玻璃的鑲嵌，更有人主張，美國的融合是一盤沙拉，盤中各種的成分，並沒有合在一起，只有表面上一層沙拉醬，勉強

將胡蘿蔔、白菜、洋蔥、肉片等等，參合為一體。

從這個角度考量，我們必須要從各種移民進入美國的歷史著手。英國移民進入美洲時期相距不大者，首先是西班牙移民，其分布大致是在東南沿海的島嶼，和中間的一塊墨西哥灣中間的地區。荷蘭的移民，曾經占據今天的紐約和新澤西一帶，紐約的舊名稱乃是新阿姆斯特丹。法國的移民，則在南部密西西比河下游，英法二強，爭奪美洲，曾經有過長期的「英法戰爭」，戰場不在歐洲，而在新大陸。兩雄鬥爭的結果，法國敗了，法國移民撤往加拿大，從此，美洲新大陸成為英國人的天下。

這些史事，在第二章中已有所陳述，不必再敘。我們更不能忘記，美洲的原居民，那些誤稱為印第安人的古代亞洲移民，乃是真得合法的主人；然而他們卻被驅趕、壓迫、甚至消滅。因此，新大陸和新國家，終於成為英國族群的領土，以英國文化作為基礎，接受了許多不同的歐洲族群。這是一個強力壓制的政策，並不是自然的融合。

美國獨立之前，各處歐洲移民進入美洲，並沒有管制。荷蘭人、比利時人、德國人等等，也都陸陸續續，成群進入美洲，在各處組織小的移民社會。英王的美洲殖民地政府，並沒有強大的約束力，抵制或是管制這些非英裔的族群。他們的總人數和英裔人群的總人數相比，究竟是少數。這一個新大陸的控制權，才被英國後裔取得。獨立戰爭以後，英裔移民新設立的政府，得到法國的援助，擊敗宗主，獨立建國。因此，居住在南方的法裔人民，與十三州為基礎的新國家，其間並沒有很

大的隔閡。後來所謂路易斯安那購地案，能夠順理成章地將南方這一塊，也併入美國的領土。到了這個階段，美國的白人人口，自然而然地包含了西歐、英、法、比、荷與中歐部分的德國後裔。西班牙後裔的墾拓者和美洲的原居民，還不在美國國民之列。

在內戰以前，美國人口的分布，大概是80%在阿帕拉契山脈和密西西比河以東。只有少數的開拓者，以匹茲堡地區為西域的大門，陸續進入內陸。在這一階段，也就是從立國到內戰之間，西歐白人作為主流的地位，已經穩固。英語民族、英語文化成為這新國家的主流。進入這塊北美大陸的新移民，因此必須接受英語民族的支配，自願地融入英語文化之內。至於那些從歐洲掠賣美國的非洲後裔，在立國之初，只是「會說話的牲口」，不在國人之列。

自從立國以後，美國需要勞力，開拓廣大的內陸，然後在19世紀後半段，到20世紀之間，又開始工業化。這些發展的方向，都需要大量的勞力，因此，美國開放門戶，吸收歐洲的移民。後日，來自東方的中國人、日本人等族群，他們也參與了開拓西岸的工作，中國勞工更是參與了建築橫貫大陸鐵路系統。可是，這些非歐裔的移民，並不受到歡迎。最著名的是「排華律」，將中國的移民配額，盡量壓縮。其他的東方人民，命運也沒有太大的不同，只是他們人數不如華人眾多，更居少數，不引人注意。

這種歧視的政策，一直到1924年依然存在。那一年，聯邦政府修改移民種族配額。根據所謂「優生學」的原則，減少

已經大量進入美國的猶太人、南歐、東歐移民人數。配額的大宗，主要是優惠來自英倫三島，英格蘭、蘇格蘭和愛爾蘭，每一群人進入美國人口，都是數萬人。其次就是北歐諸國、德國，移民人數以萬計，或接近萬數：這幾類移民人數，在年度總數十五萬餘人中，占了十一餘萬。拉丁語系的法、義、希臘，和東歐的捷克、波蘭，他們的人數，是以千計。其他歐洲族群，則以百計。而東方各國，是每年一個國家一百人為限額，那時候歐洲的一個小國列支敦斯登，全國人口不過一千多，他們的配額也是一百人。這些數目字，坦白敘述：紐約港口自由女神歡迎的是歐洲的白人，尤其他們認為優秀種族的條頓、日耳曼和諾第克各族。舊金山港口的魔鬼島，則是囚禁東方人民的監獄。自由女神所謂「各處盼望自由，和追逐新夢的人民：歡迎你們進來」，無非供人諷刺的話題而已。（Koven, Steven G., Götzke, Frank. *American Immigration Policy: Confronting the Nation's Challenges*, 2010.）

如此嚴重的種族主義偏差，延續至20世紀中葉，才有修改。二戰期間及戰後，先是為了接納戰爭期間的難民潮，繼而面對戰後美國的經濟擴張，經過羅斯福、杜魯門和詹森執政時代的努力，方才於1965年，對移民法進行原則性的修正。從此以來，過去按照移民母國分配名額，以優惠歐洲若干國家人民。舊日故意排斥猶太人，西語語系人民和東方國家移民的種族偏差，逐漸得以改正。目前有效的移民法，基本上即是1965年制定的原則：只有東半球和西半球，兩個配額。在審查時，則按照如下類別，例如依親、投資、高教育或高技能……，排

隊循序核准。因此，從那時以來，新移民的教育程度和具有的技術能力，都高於過去的水平。美國接納了這些品質優良的新移民，獲得一群有用的人力資源。（Daniels, Roger, *Guarding the Golden Door: American Immigration Policy and Immigrants Since 1882*, New York: Hill and Wang, 2004.）

　　美國的發展過程中，曾經有三大移民潮。1820-1920年之間的一百年，第一波是開拓美洲內陸：那個階段，正是歐洲法國大革命以後引起的劇變，拿破崙的兵鋒所及，處處都引發民族戰爭和民主革命。社會結構完全破碎，兵氛瀰漫，人民流離，很多人因此離家奔往新大陸，尋找避難之處。這些人，也就是在第二章敘述的，開拓西部內陸的新移民。他們有的帶了資產，在美國申購土地；有的經過移民公司的招募，除了耕犁和鋤頭以外，身無長物。因為這一次的大移民，美國人口才急遽地從四、五百萬，躍升到超過七千五百萬人。這一波的新移民，就不僅是英倫三島和西歐的族群，也有南歐和東歐的人民。他們個別帶來了歐洲各處的農業生產方式，以及以農村經濟為基礎的市場交換制度。在整個開拓過程中，他們一樣也是以白種人的身分，驅趕、壓迫美洲的原居民。這些人在歐洲，並不在菁英之列；他們在美國發展，除了自己的宗教信仰以外，並沒有深厚的文化素養。這些人同化於英語文化，並不困難。所以，他們也是以殖民心態，自居為白人開拓新天地。文學與電影中，西部故事都充分表現了強者為勝的姿態。

　　第二批新移民，則是19世紀後半段開始的工業化和城市化。這些事蹟，在本書別處，有所陳述。這一階段需要的勞

力，則是熟練的技術勞工為主體，以及在歐洲行有餘力的資產階層，帶來他們的經營經驗和資本，投入美國工業化的第一次大規模發展。那些勞工，有些進入工廠，移植了歐洲的技術經驗，有的進入新社區，為建築、灌溉、公共建設等等，參與建設工作。這些人，其實乃是後來美國中產階層的主要成分。其中最可注目者，則是來自歐洲當時技術水平最高的德語族群和東歐捷克等處，他們帶來了當時發展國家的技術和勞動自律精神。他們在美國的各處新都市和城鎮，甚至於農場和村落，都投下重要的貢獻，開啟了美國社會重視技能的風氣。我在前面曾經提到過，我認識一位全能工程師，就是這一群人的最後一代。

　　第三批移民，配合著美國基礎工業的起飛，和新興工業的出現，也就是前面所說的鋼鐵業、石油業、汽車業、電器業等等，重要企業的飛躍進展。在同一時候，歐洲也進入了資本主義經濟的輝煌時代。歐洲許多發明家和熟練的技工，在各處投入他們的心力，開發新產品。歐洲各國的競爭，各有所長。這一時代的移民潮，最重要的成分，是歐洲的熟練技工和企業界人士，包括工程師和經營家，他們進入美國，幾乎都是城市居民，或者是工廠中的勞工。有一部分是美國後來中產階層的骨幹，另有一些沒有技能的勞動者，則成為美國勞工中的主要成分。經由這些新移民，帶來的經驗和勞動力，遂使美國的發展，吸收了歐洲的經驗，綜合他們產品的長處，很快地後來居上，在美國出現了不僅比歐洲產品更為優良的新事物。前面曾經談過，電報、電話在歐洲的出現，其原型更早於在美國；而

法國、德國、義大利各地汽車的設計，各有所長。借用了這些歐洲新移民的才幹，美國能夠生產最好的電器、最好的汽車，成為世界工業的領袖。

這第三批移民促成美國的工業大躍進，在我們自己經歷的現代史上，也曾經出現過：日本的汽車工業，在戰後綜合了美國汽車的各種廠牌汽車的長處，生產了遠比美國車優良的日本產品。日本汽車打倒了美國獨占市場優勢，以至於美國公路上行駛的車輛，至少三分之一，都是日本廠牌。在最近，資訊工業和電子業，成為工業的主流，中國後來居上，從美國學到了技術，很快就超越了美國的水平。我們不能不感慨，歷史確實會重複的。任何的優勢，都不會永遠不變，總有某些學習者，會超越自己的模仿對象。

在20世紀中期之後，美國出現了現代的一次大移民潮，我們也可以稱之為第四波的移民潮。其時間延長超過半個世紀，而且對於美國現代的文化自覺，和社會公理的自覺，有極大的影響。二戰期間，歐洲戰亂不停，更由於希特勒的排猶政策，大批猶裔的科學家和學者，不能不尋找避難之處。戰後，歐洲殘破，美國的經濟正在繁榮，歐洲中產以上的移民，也大批進入美國。

在東方的世界，日本發動了侵略戰爭，東亞處處烽煙。二戰前、後，美國在東方的樹立霸權的活動，戰爭不斷。於是，二戰、韓戰、越戰之後，華人、菲律賓人、韓人、越人、印度人，大批進入美國。這第四波的移民潮，就不僅限於歐洲來的白人了。在這一批移民潮，各地進入美國的新移民，頗多該地

菁英，他們帶來了自己文化，也具備一定程度的特長與才能。因此，二戰前後出現的移民潮，將美國文化的複雜性，提升了一階，同時也出現主客競爭的尖銳對立。

當然，二戰以後，美國湧現的種族與文化的多元特色，引發了美國有識之士的警覺，他們不僅開始認識，美國不能只是自詡為「大熔爐」，而應當是彩色玻璃的鑲嵌，容納多姿多彩的共存。自由主義人士，堅持人與人之間的平等，以落實憲法理想的口號，也就開啟了美國對自己的新檢討。

這個浪潮，具體的呈現，首先在非裔後代奴隸的解放。美國內戰雖然是以解放黑奴作為理由，其實黑人並沒有完全得到與白人平等的待遇。要到1960年以後，一波一波的黑人解放運動，才將這個始終沒有解決的課題，不斷地推到台前，提醒大眾注意。此後，從族群的平等，又延伸到性別的平等；婦女解放運動，是與非裔平權的運動，幾乎平行進展。直到最近，這運動更擴散於性別婚姻的問題。凡此現象，都是因為現實的社會問題，逼迫大眾注意到：表面的文化多元，仍是白人／英語單元獨占，壟斷了一切資源。

下面，將以我所見到的，尤其以匹茲堡族群為例，討論各種族群各自的特色，以及他們在美國社會中占有的地位。我選擇匹城為例，一則因為在這裡住久了，情形比較熟悉。再者，這個城市本來就是向西開發的大門，歷次移民潮都曾經在這裡路過，落腳定居，留下了一些移民潮帶來的部分居民。美國的基礎工業大規模的開展時，如前面一章所說，匹城是鋼鐵工業的重心，因此從歐洲吸收了許多勞工進入美國。

　　匹城市民每年舉行一次民族節，參加的各種族群，最多時有三十餘族群的移民後代。這一數目字，反映匹城及其周邊，容納了各次移民潮帶來的人群中，較具代表性的若干部分。我目前居住的住宅，是第五大道（Fifth Ave）的五千七百多號。從匹茲堡大學三千九百號開始，一直到第五大道末端，也就是七千多號。這三千餘號的街段中及其邊街，有不亞於二十多家大、小的各種教堂，幾乎囊括了基督教新、舊教的各種教派，以及猶太教的教堂。這些教堂本身，各有各的建築特色，多姿多采，頗能代表歐洲各種教派的信仰；在匹城，各種族群都有相當多的人數，足以維持如此多教派的教堂。論教派的比例，匹城基督教教堂，長老會和天主教教堂，為數最多，猶太教的各教派，十分分歧，也為數眾多。上面所說這些例證，匹城似乎恰可以當作美國移民圖的縮版。

　　在第一、二波的移民潮，也就是向西開發的新移民，有許多就留在匹茲堡周邊，經營農牧，包括多角經營的蔬菜、水果農場，也還有一些種植麥類和玉米，作為奶牛飼料。這些農戶的來源，從各處小鎮的風格和地名，可以覘見，相當大的部分，來自英倫三島，尤其蘇格蘭、愛爾蘭的窮人。我曾經去過離匹城大概一小時的小鎮，那裡有個文理學院，邀請匹大同仁去做系列的演講，介紹世界各地的情形。

　　小鎮居民，很多是在原地居住三代、四代，甚至在19世紀初就到達這裡了。這一類市鎮的布局，都很相像：市中心是小廣場，一面是教堂、另外一面是市政府或鎮政府；火車站，旁邊是郵局，再有一家雜貨店，一家酒吧。時代改變了，可

是，整個的布局依然故我，各處的房屋，老的房子是木建的；後來新建的房屋，才是用鋼鐵廠煉焦的副產品紅磚砌屋。從他們談話中，他們安土重遷，孩子們出去在別處發展，老人們留在原地。老的一輩故去，一部分的孩子會回到原來地方，繼承家業。他們的婚喪喜慶，往往賓客二、三百人，在距離一小時的周圍幅員內，都是親戚朋友。他們現在的生活，足夠開銷，卻也積蓄不多；在社會階層上，很難超越下層中產階級的底線。

愛爾蘭移民，為數眾多，大約占了匹城地區16%的人口，現在分布各處，不能確定其集中地。他們可以分為二類：長老會的會眾，來自北愛和蘇格蘭，通常指稱為「蘇―愛」；天主教的信徒，其中愛爾蘭族群，則來自南愛爾蘭，頗多是19世紀中期，愛爾蘭馬鈴薯（potato）大災荒後，陸續進入美國的飢民後裔。天主教的教眾，還有義大利後裔和波蘭後裔，並不僅是愛爾蘭裔。沿著賓氏大道（Penn Ave）有一家聖方濟會（St. Franciscan）醫院，和女修會以及其附屬的護理學校，還有一個頗具規模的墳場。西北轉西，延伸到市中心的北面，一路都有聖方濟會的教堂和學校，可知他們過去的集中地，也就在這一帶。愛爾蘭人信奉天主教，他們與同一信仰的義大利移民，比鄰居住，也很合理。匹城的族群，天主教信徒不少，在匹大校區旁，奧克蘭區（Oakland）有一座主教座堂的大教堂，可能因為該地是匹城文教中心，建堂於此地，並不由於奧克蘭是天主教人口眾多。聖保羅大教堂（St. Paul Cathedral），雙塔高聳，氣魄宏偉。旁邊是主教住宅，和教區神父和修女的工作場所。後街是教會設立的女子中學，過街則是規模不小的

男生中學。這一個教堂，只在重要節日，或大型婚喪儀式，才有教徒在堂崇拜。平時，一般信徒，無論義大利人、波蘭人、愛爾蘭人，都在他們社區的教堂聚會。

　　上述蘇格蘭和愛爾蘭的移民，由於他們自己的獨特文化背景，形成了各自特殊的工作動機和行為模式。這兩個族群，雖然今天都是英語民族的一部分，他們在英倫三島上，立足生根的時間，遠比日耳曼語系之中、條頓族「盎格魯撒克遜」的英格蘭族群為早。後者是征服者，前面兩個族群，可說是原居民和先到族群的混合種。蘇、愛和英格蘭人之間的鬥爭，列時千餘年。蘇、愛都居住在英倫三島，天然條件比較差的地區。這就養成個別行為模式的差異：蘇格蘭人居住地方，靠北而高寒，必須努力工作才能謀生。他們通常沉默寡言，堅毅不撓。愛爾蘭人則居住在歐洲最靠西邊，英倫三島的外圍，天氣潮濕，牧養羊群是他們的謀生資源。愛爾蘭半島上，常年綠色，因此愛爾蘭的族群代表色是綠色。他們的主要農作物，是馬鈴薯，一種相當容易栽培的植物。愛爾蘭人的謀生條件，其實不差；他們與自然之間的關係非常親密，這就養成他們樂天、淡泊、工作意願不強，而喜歡音樂、藝術。「蘇愛」族群，是愛爾蘭人接受了蘇格蘭的長老會信仰，許多文化因素比較接近蘇格蘭，而不像愛爾蘭。

　　從上述形容的情況，在匹茲堡附近的蘇格蘭、愛爾蘭和「蘇愛」，就呈現為不同的謀生方式和適應美國的情況。蘇格蘭人是長老會，愛爾蘭人是天主教，這個分野，比族群淵源還要深刻。他們從英倫三島遷移到匹城附近，蘇格蘭群來的較早，

頗有在匹城附近從事農耕的條件。愛爾蘭人則是在1840年，馬鈴薯大饑荒的時代，大批逃荒，進入美國。他們到達時一貧如洗，也正好趕上匹城正在發展鋼鐵業等基本工業的時代。愛爾蘭人移民的工作，大致進入工廠擔任一般勞務，或者在新興的城市區，從事種種雜務。兩相對比，蘇格蘭移民的後代，秉承基督新教長老會的行為模式，努力爭取社會地位。乘著工業化的潮流，出現了卡內基、美隆這一類的企業家，而愛爾蘭人只能靠工作餬口。

我自己在芝加哥大學神學院宿舍中，結識了一位愛爾蘭好友，性情善良，對朋友熱心，但是，在金錢方面全無觀念，打工賺來五元，他可能花費了六元。他的興趣在音樂和戲劇，暑假的時候，他們三、五個愛爾蘭朋友，結隊進入農村地帶，借用穀倉，表演短劇，以獲取一點暑期的收入。在匹城，我的孩子也有一個好友，從小學到現在，三十多年了，交情深厚。這一家人，全家上下，其性格脾氣和我那個好友的模式非常相似。在他家中，沒有一日三餐的觀念：誰餓了，冰箱掏到任何可吃的東西，隨意餬口。他們的性格，卻是溫暖熱情。他們一家喜愛藝術，他的弟弟，現在已經回到愛爾蘭，進入戲劇行業。三年前，舍下遭逢回祿，小兒出差外地，這位年輕朋友，從電視知道消息，立刻趕來現場，幫助我們老兩口，投宿旅館避難。

在美國大城市的愛爾蘭人，人數眾多，又是使用英語，與其他族群相對而言，他們也有一定的優勢。他們信奉天主教，天主教的教會，組織嚴密，資源豐富，具有一定的凝聚力。於

是，在大城市中的愛爾蘭人，很多進入警察行業。再者，他們人數眾多，從愛爾蘭人中選出來的政治活動人物，也就成為城市基層政客的重要成分。這兩種專業，不僅在匹城形成了傳統，也在芝加哥、紐約、費城等處，呈現相似的現象。每年聖派屈克日，愛爾蘭族群遊行，警察、救火隊、大小政客，加上老少群眾，在風笛聲中，浩浩蕩蕩，數萬人穿越市區，充分呈現這一族群的社會力量。

由於他們在美國政治活動中的特殊力量，倒也具有政治圈的一定地位。以芝加哥而論，芝加哥是民主黨的鐵票地盤，也就仰仗這些基層幹部和警察群體的支持。匹城的市長，常常是各族後裔都可能擔任；然而，在市議會中，愛爾蘭幫始終占有舉足輕重的實力。

鐵路開通和工業發展之後，從歐洲進入匹城地區的移民，有中歐、東歐和南歐。在離我家不遠的一個地區，仍在市區之內，稱為波蘭山（Polish Hill）。這個地區的居民，居住在陡峭的山坡上，地區不大，住家分布山坡，卻至少兩家天主教堂，還有天主教的學校。由此往西北，則有「洋蔥頭」金頂的東正教教堂。這些東歐移民進入匹茲堡，乃是配合鐵路修通以後，大量貨運在山谷之中，運送到河邊，河邊上的貨車站，有長達三哩的月台和倉庫。這些波蘭的工人，就是從山坡上，直接到達貨運的最後一站，裝卸貨物，也將新到的貨物，包括食物，在附近長街區（Strip District），就地買賣新到貨品。到今天，這個地區，還是各種食料、菜蔬的集中地。他們保持傳統的風格，門口設攤，後面是貨架，食物新鮮，也多選擇。街區有一

座天主教堂，具有波蘭鄉間教堂的風格。可見波蘭人和巴爾幹半島的族群，占了相當的成分。現在，有幾家中國人的唐貨市場，也在此處。在美國的民間笑話，常常譏笑波蘭人「滯泥老實」，不太知道變通。這種族群笑話，也就顯示，這些當年從波蘭農村過來的移民，質樸忠厚，還是小農本色。往市郊區尋找，也會發現，一些波蘭人的天主教堂，規模不大，分散在小鎮市中，成為當地居民的活動處。

匹城的移民中，有不少日耳曼語系的族群。雖然他們通常稱為德裔移民，其實還包括來自中歐各處的人民：波蘭、捷克、奧地利……等地，德語的居民。在阿利甘尼河（Allegheny）北岸，也就是面對著市區，和北岸山區，則是德語移民的居住地，號稱「德國山」（German Hill）。有一座教堂，完全以木架塗泥建造，高達四層樓，形式樸實無華：我曾經在德國鄉下，常常看見類似的教堂建築：這些都是路德會的聚會所。我家居住的聚合單位住宅，本來也是一座路德會的教堂，在沒有拆除改建以前，這座教堂的風格，也就只是是石頭堆砌，平平淡淡。我們住宅的後面，還保留了教堂牧師住宅和教堂辦事處，依然是石砌庫房模樣。

在歐洲歷史中，中歐四通八達，那些道路中心的城市，工商業發達，擁有良工巧匠。工業革命後，中歐通都大邑的傳統作坊，蛻變為近代工業。這一特色，遂使中歐可以提供熟練技工和管理人才，移民美國，參與美國的工業發展。這些德裔移民，到達匹茲堡以後，大多是在鐵路和各種工廠擔任專業技工的職務。在德國山周邊，仔細觀察，還可以找到當年技工公所

分會的遺痕：機工、金工、水工、電工，等等行業的會所。美國食物，番茄醬汁是重要配料。生產這一配料的工廠Heinz，就在上述教堂的附近。這一家企業已經傳世四代：第一代是來自德國巴伐利亞的農家子弟，最初以家庭作坊，生產食料。現在這一廠牌的各種食料，多達七、八十項。德國後裔移民，不少漸漸進入總裁階層，現在分散各處中產住宅區。在匹城周圍數縣，德裔占了20%人口。可能是這一地區，最大的移民群了。

　　和他們同時進入美國的，還有巴爾幹半島周圍的國家，例如，克羅西亞（Croatia），他們一樣也是在工廠之中擔任藍領的勞工。人數多了，他們又分散到市郊，最多的還是在阿利甘尼河兩岸的若干小鎮。我在匹大的祕書，就是巴爾幹半島移民的後裔。她的丈夫原是獨立的印刷工，有自己的工坊，應顧客的要求，排印廣告等類印刷品。自從有了電腦以後，他的業務一落千丈，因為沒有人再要印刷品了。我的祕書，從中學畢業以後，接受兩年社區學院的祕書訓練，二十多歲就在本系工作；我退休以後，她仍在系辦公室任職，現在是歷史系的主任祕書。她丈夫失業，又有意外工傷，全靠一些工傷保險賠償度日。祕書自己的薪資，從在我身邊到現在，三、四十年了，年薪還是在四萬五千美元左右而已。她的兩個女兒結婚，婚禮來賓，二、三百人，都來自匹城周邊，車程一小時多的範圍內。她的個例，相當有代表性，無論是白領的文員，或者是藍領的勞工，這一個階層的移民，即使來美已經一百年了，始終滯留在中產下端，很難有人跳出這個階層。可是，他們彼此之間的

族群和親友圈子的情誼，卻是很多大城市中寂寞的群眾，難以得到的。

　　義大利移民後裔，在美國人數眾多。有一部分在東北各州，經營農業；大部分在東部與中西部城市謀生。匹城的義大利移民，居住在「自由大道」（Liberty Ave），號稱「小義大利」。從我家進入小義大利區，也就不過十五分鐘左右：那條路上，從五十街往西走，直到三十街，義大利色彩明顯可見。這一段街上，有三個教堂，都不很大，頗似義大利本土的鄉鎮教堂。小義大利區，每年有一次「義大利食物節」，街頭到街尾，大概有兩個街段，排滿食物攤位。匹城最興旺的飲食業，就是義大利食物的披薩餅和麵店。除了飲食業以外，也有很多義大利人，開設大小不等的植物苗圃，提供客戶布置庭園。這些苗圃所在，通常是相當陡峭的山坡上，地價不高。他們也會應顧客要求，替顧客打理庭園、清掃裁剪。

　　義大利人擅於經營，頗有人事業成功，進入中產階層以上。甚至列名富豪，例如，美國銀行創辦人季安尼尼（Amadeo Pietro Giannini, 1870-1949）、汽車業鉅子，有名能幹人艾阿括卡（Lee Iacocca, 1924- ）。紐約和其鄰近地區，義大利的政客，也頗多當選為地方首長。他們在戲劇演藝這一行業之中，也有相當的地位。好萊塢的明星中，和紐約百老匯的演員，義大利人和愛爾蘭人，占了相當大的比例。成名的演員，兼有財富與名聲，其地位當然可以高踞社會上層。因此，義大利人整體而論，在美國社會的階梯上，比前面所多的德國、巴爾幹鄉農，占了比較優越的地位。

　　義大利人經營飲食業，頗有名聲。匹城披薩店數目，可能超過漢堡快餐。我們的共有住宅中，曾經有一戶鄰居，乃是「小義大利」一家餐廳的女主人，於當家店主亡故後，有「情人」照護餐廳。他們飯店的酒吧間，提供當地的居民，從大螢幕觀賞球賽。飯店的隔壁，則是工會的分會會址。這位義大利的「卓文君」，家業相當殷實，只是文化修養比較「一般」。現在他的情人病故，她也老了，已經搬離此間，住在女兒家。義大利人的家庭穩定；族群內婚，非常普遍；家族關係相當密切，一個大家族，團聚在一處，即使離家出去了，和老家的關係，始終連綿不斷。凡此內部凝聚力的現象，乃是義大利族群在美國長保優勢的原因。

　　義大利人另有一項特殊的地位：義大利半島尖端，西西里的黑手黨，自從中古以來，在地中海地區，就是地下社會的強大力量。黑手黨的主要活動，是在港口地區，霸占碼頭，在法律的灰色地帶刀口舔血，卻也救苦濟貧。這種黑社會，有其自己的「倫理」，頗像中國的江湖俠士：同一個幫派的人，就是一家人；人與人之間講究義氣，重然諾，輕生死，為了朋友，拔刀相助，捨命不辭。義大利黑手黨的堂口，就稱為某某「家族」。家族中的「教父」，權力極大；其生活的豪華，掌握資源之豐厚，不亞於當年上海的幫會。這些人，不僅可以影響當地的政治，甚至於還可以影響到全國性的選舉。匹城是一個中等城市，也還有一個中等規模的「家族」，曾經相當活躍，滲透到勞工總工會，和各地的分會。最近二、三十年來，則已沉潛，沒有見到惹人側目的活動。前面所說的那位「卓文君」的

情人，為人義氣，對人熱誠。他們的餐廳行業，顧客頗多專業公所，或工會人士；他在餐廳，大約也必須有江湖氣概，方能在「小義大利」立足。

南歐和巴爾幹的移民，也有一個集中的地區，就是在蒙那格赫拉（Monongahela）河的南岸，從兩河交會處，往東延伸，直達到今天的河前區（Water Front）。這一條街上，有許多聚落、飯店和小商店，邊街也有住家。他們都是南斯拉夫、保加利亞等處來的移民。河前區本來是美鋼的廠區，從那裡上山是蒙荷爾（Munhall）一個捷克人的聚落：一條主街，有教堂，有學校，有幾家小商店，還有一連串的工具店。主街兩側一家家小住宅，旁邊都是園地，種植各種家用植物。這個捷克人的地區，其景觀也和布拉格郊外農村非常相像。

捷克人是值得欽佩的民族，他們在歐洲居地，是夾在日耳曼人和斯拉夫人中間，雖然也是斯拉夫族群的一部分，其風俗習慣卻和日耳曼人比較接近。捷克人獨立性強，勤勞正直。夾在兩大族群之間，他們能夠生存，也就因為他們的民風堅毅，不屈不撓。在馬丁路德發動宗教革命以前，捷克的胡斯（Huss），就開始了新教運動，卻被天主教會將他們師徒三人，在廣場上，火刑焚死。捷克的宗教，就是這個胡斯教派的後代。在東歐地區，捷克的工業水平，應是最為發達的國家。

捷克人來到匹茲堡，是配合著匹茲堡鋼鐵業最盛的時候，他們擔任的工作是工程師、專業技工，和專業文員，例如，會計師。從蒙荷爾出來的捷克人，今天還是相當廣泛地分布於會計師、律師、工程師和銀行的財務經營人員。一位曾經替我辦

理報稅的會計師，就是住在蒙荷爾的捷克人。我在匹大的一個學生，身高七呎，是當年校隊的大將。大學畢業，他不願意進入薪資豐厚的職業球隊，自己考上了美林（Merrill Lynch）經營集團的基層工作。至今四十多年了，他去年剛退休，已經是美林西賓周圍四州地區的副總裁。他代顧客經營財務，包括匹城本城的匹茲堡基金會，一個有三億美元資金的地方基金會（Pittsburgh Foundation），以支持匹城種種公益事務。前年開始，他已經將紐約哥倫比亞大學財務碩士的兒子，納入他的工作團隊，將來這個團隊，就會是他家的世業。因此，捷克人在各種族群之中，通常不會停留在中產以下，他們會從中產的底線，逐漸進入中產的上層。

匹茲堡的猶太族群，也是一個非常特殊的群體。猶太人來自歐洲各處，移居美國，在前面所說，三批移民潮中，都有猶太人成分。在歐洲各處，猶太社區永遠是一個與城市其他部分分隔的「隔脫」（Ghetto），意思是，與眾隔離的族群居地。猶太人並不窮，可是，處處被人歧視。在歷史上，猶太人三度亡國，最後一次是在羅馬帝國，猶太地區淪為羅馬的一省，從那時以來，要到1947年，以色列復國，猶太人才有自己的國家。這將近兩千年的歲月，各處的猶太人，都只有依靠自己的專業、特長，例如，醫生、律師等工作謀生。由於各處猶太「隔脫」之間頻繁交往，歐洲各城市之間的款項匯兌業務，也就成為猶太人的專業。猶太人手上，除了金錢以外，一無憑藉。放款、收利息，也是一個謀生的方式。然而，一千多年來，猶太人獲得了一個貪婪好利的惡名。新大陸的美國，對於

這些在歐洲處處被嫌棄的猶太人而言，是一個新的機會，可以開展更多的生活天地。

在美國的大城市中，銀行借貸和匯兌的活動，不但猶太東家組織的銀行，即使在其他族群的財金活動中，也脫不開猶太人的幹部。在匹茲堡的猶太人，來源複雜，從波蘭華沙，到西班牙的巴薩隆納，但以東歐城市為主。歐洲許多大城市中，猶太「隔脫」都有人趁著移民潮進入美國。他們在美國財、金業務，擁有無可抗拒的實力。

匹城最盛的時候，當地銀行業，據全國第四位。今天，由於市場結構的改變，所有的財團都是全國性運作，也就很難說，哪家是當地財團？哪家是外來財團？在我剛到匹城時，匹城有個大的百貨公司Kaufman，就是實力跨越數州的大公司。今天Kaufman已經關閉了，可是Kaufman家族的各種基金會，還是匹城公益活動中的重要力量。許多到匹城觀光的客人，大概都曾經訪問過，Kaufman家族在山溪水邊上的一個特殊建築，乃是他們鼓吹環保的一項指標。我在現住公寓的對門，曾經有一家猶太鄰居，同時遷入，兩年前才離開。這位女主人，和她的丈夫，都是希特勒排猶時代，送來美國的猶太孤兒。幾十年來，夫妻二人的奮鬥，他們擁有一家匹城頗具規模的家具行，從一家小店，到現在分店跨越三州。這位老鄰居，跟我們交誼不錯，她的閱讀習慣，反映她的教養，她的行為也是中規中矩。她的起居室，是我們公寓成員開會地點，數十年如一日。這種文化的軟實力，不是其他族群可以相比的。

匹城猶太人居住的集中地，從我到達匹城以後，松鼠山

（Squirel Hill）長期是他們的社區。在這個地區，有二十餘家猶太人的會堂，從大型的教堂式的中心，以至於小型聚會的講習所或是學習班，各自代表猶太教內，眾多宗派的一部分。在松鼠山的街上行走，有經驗的人可以判斷，哪一類的服裝代表哪一類的宗派：因此，一般說來，猶太人很團結，但是猶太人也非常分歧。在松鼠山的街道上，不知多少家猶太食物的店家，提供經過猶太教師檢驗和祝福的食物，以供給猶太人食料。他們有一家猶太活動中心，而在松鼠山上的圖書館中，如果有人閱讀，無論老幼，十成之七、八是猶太人。猶太人好學成風，「猶太媽媽」對於子女的教育，監督不遺餘力。因此，松鼠山的公立學校，曾經是全國著名的中學。

如此人口密集而繁榮的猶太社區，到最近十年內，卻被東方人逐步侵入，韓國人的教堂，在松鼠山上不亞於三、四家之多。來自各處的華人，越南人，很多從事餐館業，今天松鼠山的主街之一，沿街不亞於七、八家餐館。這些東方人的侵入，已經將猶太人逐漸排到其他地區。我們家曾經在松鼠山住過兩個地方，在我們遷移到第三處微風角（Point Breeze），那附近就有一樣剛從松鼠山遷到當地的猶太鄰居。現在我居住的地點山蔭區（Shadyside），是一個共有公寓，我的對門和樓上，十六家中，大概有六家是猶太人。其中，有三家是剛剛從松鼠山搬入的。

猶太人在學術圈和藝術音樂圈之中，具有特殊的地位。猶太傳統好學，在世界的學術界，猶太人的貢獻，無可質疑，是個重要的部分。每年諾貝爾獎，其中有關學術的四個項目，猶

太人往往占有四分之一，或三分之一的人數。在美國的大學
中，假如抽掉猶太學者，很多科系就失去了主力。我在匹大任
教，歷史系有二十多位，將近三十位同仁，在我任職時期，其
中大概四分之一是猶太人。我在匹大的後半段經歷，是「校聘
講座」，據說這個項目，有一定的限額，大概是全體教員的
2%。那時有個新校長，剛剛到任，曾經邀請文理學院的校聘
講座教授茶會。在座十二個人中，有四位是猶太人。可是，他
們在美國的大學之中，雖然成績優良，實際的權力卻不在他們
手中：他們永遠是客人。我有一位好友，是以色列希伯來大學
的社會學家，他在社會學中的地位，無疑是少數幾個世界級領
袖之一。他每隔一、兩年，會經由猶太同事的邀請，在哈佛和
芝加哥大學擔任客座一學期。然而，這兩家大學，從來沒有邀
請他，擔任常任講座。從這個角度來看，美國的學術圈，還是
脫不開歐洲習慣的「排猶」傳統。

　　來自歐洲的移民，有一個特殊教派的後代，值得一提：這
一個荷蘭Amish教派的移民後代，最引人注目者，始終堅持以
農為生，自給自足，並且拒絕使用機械，更不說現代的科技
了。他們的村落，沒有電燈，還是用汽油燈；不駕駛汽車，還
是用馬車；耕田仍是馬拉犁。他們服裝兩百年來如一日，還是
如同當年荷蘭的居民一樣。來訪匹城的旅客，常常以參觀
Amish村落為觀光項目之一。這種特例，當然不能算多，只是
說明，早期移民留在匹城周圍的，一定程度上仍保留他們的族
群紐帶。

第六章

美國的多族群及其社會問題（下）

在美國的東亞族群，今天人數也不少，而且這些亞洲人的教育程度，是在諸種族群之中，可以和西歐、中歐移民的水平相差不多。尤其中國人和印度人的教育程度，可能是美國各族群之中，具有大學學歷者，比例最大的群體。東亞族群分別來自中國、日本、韓國、越南，以及菲律賓，至於印度人，雖然號稱亞洲族群，卻並不屬於東亞圈之內。關於華人的來歷，我們後面再敘述。

先說日本族群，他們進入美國最多的地區，是在夏威夷和加州。那批進入夏威夷的日本人，乃是明治維新以後，日本當局有鑑於領土狹小，很想在海外開拓，曾經有計畫地集體移民，夏威夷是目標之一；此外則是：祕魯、巴西和墨西哥。等到日本贏得甲午戰爭和日俄戰爭，後來兼併了台灣和朝鮮半島，日本的野心，轉變為在東亞擴張，上述有計畫的移民運動就終止了。今天到夏威夷的大島 Hilo，還可以看見若干日裔居民的村落，其布局和景觀，宛然是在日本本土。

大平洋戰爭開始，日本突襲夏威夷，加州的日本居民，被美國圈禁在集中營。夏威夷的日本居民，則因為人數很多，無法禁錮；而且那些日裔居民向美國效忠，願意組織兵團，前往歐洲參戰。在歐洲戰場上，夏威夷聯隊表現優異，美國對夏威夷的日裔族群，也就放心了。今天夏威夷的各種外來族群之中，日本人的後裔，儼然是最大的一群。夏威夷的政治和一般的地方經濟，日本人的力量不可忽視。這些人確實已經不再認為自己和日本有關係。雖然他們的口音，影響了夏威夷的英語，他們卻已經使用英語了。在加州的日裔居民，自從集中營

釋放以後，也逐漸分散各處，並不呈現集中的現象。

　　朝鮮半島和越南的移民，頗多是韓戰、越戰的美軍眷屬；戰爭結束，回國的軍隊，解甲歸田，他們的家屬，也取得美國國籍，隨同回美。接著，這些軍眷，又保證自己的家屬，申請入境。於是，這兩群人在美國的人數，陡然增加。今天，朝鮮半島的後裔，似乎比較集中在中南部和東北岸，以及加州。越南人的後裔，則大多在墨西哥灣附近，和加州的南部太平洋岸。韓裔移民，很多經營東方農場，種植東方菜蔬、瓜果。越裔移民，則除了農場以外，還增加魚蝦的養殖。這也就是他們集中在墨西哥灣和加州南部的緣故。我們今天在美國能夠購買到東方菜肴的食料，必須感激這些韓裔和越裔。這兩群人也在各地，經營飲食業；韓、越兩種東方菜肴，在美國的日常生活中，儼然已經可以與中國「料理」對抗了。

　　韓裔的居民，頗多是韓國長老會的信徒；越南的居民，則有許多是天主教的信徒。這兩個教派，團結性很強，他們的教堂，分別是韓裔、越裔的聚會中心，他們的活動也圍繞在這兩個教派的教堂。前面曾經說過，匹城猶太人的集中地松鼠山，以及鄰近的山蔭區，都有韓國長老會，購買了原有的美國長老會教堂，作為他們的聚會所；在這些教堂附近，往往還有小規模的老人中心和托兒中心；這些集體活動，在華人圈中，確實並不多見。

　　韓、越兩個族群的凝聚性強固。他們的教育程度，相對於白人而言，相當於中產階層。因此，他們的職業選擇，大致是專業工作，醫生、會計師和工程師，也有一些進入教育界，擔

任教職；總體言之，也大致在中等的上下之間。尤其因為這些人都有美國親屬，這一個親戚關係，也使得他們更容易得到當地白人的合作。有些韓、越裔的人員，能夠進入當地的企業或是小商店工作，親屬淵源也不可忽視。至於越戰帶來的其他族群，還有中南半島的一些少數民族，佤人和苗人，人數不多，也就可以歸入越系同一大圈內，不必贅言。

至於華人的情況，人口普查局指出，截至2015年最新數據，亞裔美國人已達二千一百萬。華裔依舊以近五百萬人居首，其次分別為幾乎各有四百萬人的印度裔和菲律賓裔。華裔美國公民和移民，以居住加州、紐約州和夏威夷，為數最多。賓州華裔，大多集中於費城、匹城以及幾家大型大學附近，人數不多。

華人到達匹城的時間也相當早，在19世紀中葉，就有華人從西岸進入匹城。其中，大多數是修築跨大陸鐵路系統的華工，和他們的後代。在早期，他們的行業一部分是洗衣作，另外有一些是小雜貨店。他們也曾經擔任過鐵路和碼頭的運輸工人，但是，被歐洲族群和非裔工人排擠，不得不以洗衣作和中國餐廳，作為他們的謀生資源。當時匹城的華裔，以廣東開平的余姓為大宗。只是因為移民入境時，有人借用別家姓氏的「出生紙」，從此襲用為英文戶籍的姓氏。於是，同一余姓後人，英文的姓氏卻完全不一樣。余姓的後人，在匹城還是不少，均是中產階層專業人士，有醫生、牙醫、律師、會計師、教員等等職務。

1970年，我剛到匹城時，華裔的洗衣作還有二、三十家，

還有七、八家華人餐廳，基本上分布在城區、山蔭區和松鼠山等地。這些都是老華僑經營的事業。誠如前文所說，當匹城還是鋼鐵中心時，洗衣作的行業，吸納了許多華人後裔，辛苦操作，收入有限。這些人在如此困苦的情況下，還是不忘故國。在匹大的「學術之塔」，有若干代表不同文化的教室。1930年代，「中國教室」就是由匹城和大湖區周邊幾個大城市中的洗衣作華裔，每家捐助三塊、五塊、十塊、八塊，湊成一個整數；再由在南京的中國政府，補助了五千元，從福建請來師傅，運來家具和雕刻石料，建造了這一間紀念中華文化的課堂。我剛到匹城時，當時余姓的一位耆老，已經七十五歲，特地下顧，將這間課室的管理委員會，鄭重交我接手。在他誠意感動之下，我重組了課室的管理委員會，也邀請了兩位余姓後人，參加工作。退休後，我當然也辭卸委員會職務；所幸余家家屬，還有人在委員會之中。有一位余姓後人，長期擔任委員會的主任，他也在當地的OCA（ Organization of Chinese American）華人組織，擔任數十年副會長的職務。

在第二街有一家「安良協勝公會」的會所，這裡曾經是當年老僑的聚會中心。這個組織，曾經是19世紀，紐約和西岸非常興旺的華人會所。「安良」「協勝」，本是二家不同的華僑團體，而且曾經互相衝突，常有「堂鬥」；1920年間，經過中國政府調解，彼此和好合作，二戰以後，華僑人數，一度劇減，二者在匹城單位，終於合併。由於早期的排華律，華人難以進入美國；新人經由法外進入美國的管道，就必須依靠幫會安排，入境後也仰仗幫會保護。在美國人眼中，如此組織也就

和義大利的黑手黨屬於同類。我剛到匹城時，上述那位華裔耆老，提到上述幫會，談論之時，居然還要壓低聲音，面帶恐懼：「這一個組織，如果要對人報復，千里飛符，殺人滅跡。他們對自己人，也是生死一諾，絕不相負。」匹城的會所，今天還在，不過已經沒有當年的功能；當年幫會的組織，大概也已經消失了。這裡成為老年窮苦華人的寄居地。匹城城東，有一個大公墓，其中有十個墓穴，是這一會所購買，用來暫時埋葬故去的同胞，等到有方便時，才將一批骨灰，運回廣東，交給原籍的親人。

二戰結束後，中國內戰，國家分裂，許多留學生滯留在美國，有的在專業工作，有的在學校教研。匹城幾個大工廠，鋼鐵、化工、玻璃、製鋁、電器、電機，都有華人工程師，1970年代，華裔工程師的總數，據我的學生吳劍雄調查，有四百多位之多；再加上擔任學校教職和其他專業人士等等，這個龐大的華裔中產階層，約有四、五千人。不在專業之內的職業，大多從事餐廳業，其次則是供應華人生活需求的雜貨店和食品店。1990年代以後，匹城的傳統工業衰退，專業工程師們，有的退休、有的跟隨工廠遷往其他地方。現在，許多故人老去，舊日朋友逐漸稀少，思之黯然。

21世紀以來，又有大量來自大陸的華人，前來匹城。尤其，最近新創高科技和醫藥部分的工作，帶動了匹城的復興，也帶來了大量來自大陸的學者和學生。目前，匹城大概有萬人以上的華人，卻分散各處，並沒有集中居住的趨向。他們基本上都屬於中產階層以上，和過去以洗衣作、餐廳業為主的華人

社區，性質大為不同。

　　自從19世紀以來，美國的華裔，經過排華律的辛苦階段，直到1942年，美國取消對外不平等條約，也取消了排華律，華裔在美國才有揚眉吐氣的日子。論起學歷，如上所說，華人的學歷比例之高，是各種族群之中，名列前茅。最近統計，華裔教育程度具有大學程度以上者，有65%之多。從家庭收入中位數來看，2016年亞裔美國人的家庭年收入居所有族裔首位，達到81,400美元。華裔家庭稍低於亞裔平均值，約70,689元。亞裔貧困率為12%，比去年降低0.5%。其中華裔貧困率達15.5%，稍高於平均水平。

　　整體看來，華裔的教育程度高，收入也比上不足，比下卻有餘。但是，似乎華裔始終滯留在中產階層。偶爾有少數富翁，家產能過超過1億美元者，鳳毛麟角。相對於義大利和蘇愛後裔，更不論猶太人了，華裔在大企業的名單之中，很少出現。有人以為，或許因為華裔有母國，足夠開展宏圖，不須在美國客地，與他人爭長短。

　　然而，二戰和內戰期間，中國疲憊，到美國來的人，謀生不易，如何大展宏圖，開展大企業？三十年前，台灣的台塑集團，在德州設立工廠，和最近台灣郭台銘的富士康，在美國大湖地區威斯康辛州設廠：這就是另一現象的開始。也許有一天，華人在美國的企業界，也占有一席地。至於華人從政者，實在不多，只有加州和紐約，有幾位國會議員，偶爾出現兩位部長，也未必有什麼作為。華盛頓州的州長，曾經是華裔駱家輝擔任，已是異數了。

　　華人真正有良好表現之處，應當還是在專業和學術圈內。美國的好大學，眾多優秀的中國學者，在追尋知識的任務上，表現優異：加州大學聖地牙哥校區的錢煦先生，一身兼跨醫學、生化、力學、藝術諸領域，乃是華人學術界中，我最佩服的學者。專業圈內，我覺得貝聿明先生的工作，堪稱世界第一流，他的建築設計，兼具藝術和工程之美，不僅冠絕當時，而且會長久傳留。林瓔女士設計的紀念性建築，配合自然，別出蹊徑，更是建築設計中奇葩。音樂園地內，馬友友、林昭亮，……都已是世界第一流。在文學、藝術、演藝等園地，下一代的華人，逐漸有嶄露頭角者，也許將來也會有出類拔萃之人。在體育界，尤其各種球類運動中，似乎華人並沒有真正出頭的機會。整體言之，中國人的教育水平高，人數不如很多族群，如果以品質補數量，我們盼望還會有更多人才出頭，創造優異的貢獻。

　　華裔居民，在我工作的時代，有過幾個團體，不論來源，不論職業，目的在同氣相求、同聲相應。不過，因為各自來源和政治立場，近年來華人社群分裂為三：台籍人士、台灣來的原籍大陸人士、和大陸新到的人士，這三個群體，沒有共同的組織，團結華人為一體。華人在匹城的地位，也就滯留在各自努力的階段。（參看文末附錄）

　　最後，我們必須說明兩個面臨最不幸的族群。一個是西語系的居民，另一群則是非洲後裔的居民。這兩個美國的族群，從美國建國至今，始終滯留在收入最少、工作最疲勞，而且社會地位也最低的狀態。他們的不幸，有一大部分原因，是因為

在號稱族群平等的國家，他們的起步，就在最弱勢的地位。再者，這兩個族群本身，沒有深厚的文化傳統，使他們缺乏自尊，也就缺乏上進的動機。

先說西語系，這個族群實際上是兩種、甚至三種族群的混血。自從白人進入新大陸，原來居住在這的人類，被壓制，甚至於被消滅，始終無法翻身。由於最早進入新大陸的白人是西班牙人，美洲當地原居民，也就受西班牙語的影響，發展了一套西班牙語和原來土語混合的語言。後來，混合土語實在不能成為有用的工具；他們使用的日常語言，就只是沖淡了的、或是變質了的西班牙語文。在美國，西語系的人數，大概有三千五、六百萬，今天很可能已經到了四千萬，也就是相當於美國三億人口之中，16%至20%之間的比例。（2010年美國各州，西語系的人口：美國現在有35,468,501人使用西班牙語為日常語言，包括以西班牙語作為主要語言的波多黎各人口。美國超過一半的西班牙語使用者居住在加利福尼亞州，德克薩斯州以及佛羅里達州。此外，紐約、芝加哥、新澤西州，這因為大城市地區，吸引不少勞工。〔各處西裔人口數字：新墨西哥州823,352人，43.27%，加利福尼亞州12,442,626人，34.72%，德克薩斯州7,781,211人，34.63%，亞利桑那1,608,698人，28.03%，內華達445,622人，19.27%，佛羅里達3,304,832人，19.01%，紐約3,076,697人，15.96%，新澤西州1,134,033人，13.89%，伊利諾1,516,560人，12.70%，科羅拉多545,112人，12.35%。〕）

從上面所顯示的數字，可以覘見，紐約州和新澤西和其他

大城市，有相當龐大數字的西語系人口。這些人的來源，一大半是加勒比海的島嶼中的西語人民。例如，波多黎各、海地和其他島嶼。他們的血統，是原居民加上西班牙，還加上白人從非洲擄掠來的黑奴，相當複雜的混血。他們的語言稱為Crell，自成一個系統，是一種混雜的方言。在美國大陸上的各州，尤其從波士頓到紐約，以至於到華府這些大城市中，他們的職業都是待遇最低的體力勞工：搬運工、建築工。

在美國南方內陸各州，從德州到加州南部，則是當地原居民，各種部落的後代。這一大片土地，占了美國領土相當重要的一部分。其實本來是西班牙在新大陸殖民，建立墨西哥帝國的領土。18世紀到19世紀之間，美國向西開拓，許多武裝的開拓群，有組織地侵入墨西哥領土，占據土地、建立城堡。實際上，即是無可遮掩的侵略。（1845年，美墨戰爭1847年1月13日美國與墨西哥簽署條約在加利福尼亞停戰。1848年2月2日簽署的瓜達盧佩‧伊達爾戈條約最終停戰，美國獲取對加利福尼亞〔下加利福尼亞半島仍屬墨西哥〕、內華達、猶他的全部地區，科羅拉多、亞利桑那、新墨西哥和懷俄明部分地區，同時美國亦向墨西哥支付1,825萬美元作為補償〔價值相當於2012年中627,482,629美元〕。）

在這一片西南領土上的原居民，其實是墨西哥的居民，語言和混血情形，幾乎完全一樣。在今天，墨西哥的居民，仍舊不斷地進入這塊領土，季節性地為美國的農場和工廠，擔任臨時工。在他們心目之中，他們是到原來的土地上工作，不覺得是移民；可是美國政府和民間，卻認為他們是侵入美國領土，

奪取了美國人的職業。美國政府在邊境上，攔截這些過境的移民；美國的農場、工廠的主人，卻在等候這些廉價的勞工為他們工作。最近，川普總統聲稱要在邊界築邊牆攔阻，也聲稱要武裝驅逐在這片土地上工作的西語系移民，因為他們奪取了美國人的工作。實際上，這些酬勞微薄的工作，又沒有白人願意擔任！在今天的美國，誰有武力，誰就有強權。這些弱者，工作時也是被人賤價剝削勞力，而他們沒有工作時，卻是被當作非法的拘留者，拘捕、押遷、沒有公道可言。

據美國去年人口普查，非西班牙裔的白人家庭年收入為65,000美元。西班牙裔家庭收入為47,700美元。各族裔的貧困率存在很大的差距：19.4%的西班牙裔美國人，生活在貧窮之中。相對而言，亞裔美國人及非西班牙裔白人的家庭年收入低於貧困線24,339美元的比例，僅分別為10%及8.8%。今年2018年初的統計，美國失業率，一般是4%，西語系人口失業率，卻在7%至8%之間徘徊。西語系族群生活艱困，可想而知。

美國西語系人口，究竟數字龐大，他們其中也有一些人，掙扎上進，經由選舉，能夠出任公職。西南各州的公職人員，已經有西語系的後裔出現。終究會有一天，西語系人口，不再留置底層。在匹城，西語人口的比例比較低，他們的工作，大多是在不需要明顯的專業，卻是相當勞累的體力工作。舉例言之，我所居住的公寓，不幸火災之後，花了兩年重建。重建過程中，一般的技工、水工、電工等等，都是白人；有些待遇較低的勞力工作，幾乎全是西裔勞工在擔任，例如，鋪設地毯，尤其走廊上，踐踏最多的地毯，都需要以人工將地毯推向牆

邊，保持平整，以免使用過久，出現褶紋，造成意外。這些勞工，如同中國所謂「五體投地」的方式，盡力以四呎長、兩吋寬的木條，向前後推壓，也向邊牆，推到極致，保持整個地毯的平整。這些西裔工人，靜默地工作，一天真正工作八小時，就只是跪伏在地，盡力推動木板，壓平地毯。

匹城的中國餐廳，幾乎家家有所謂「老墨」，擔任後勤工作，洗碗、擦地、清潔、去污等等，不斷的瑣碎勞務。現在已經有很多中國餐廳，是由「老墨」在後面，按照「抓菜」的菜分，下油鍋，然後澆上預先配好的調料，就完成了一盤菜肴。這些老墨，完全不懂中文，也不懂中國烹飪技術，純粹是按著數目字，安排一道、一道的中國食物。他們的待遇微薄，差不多是大廚的五、六分之一，現在他們卻是後面廚房的主力軍了。同樣地，美式的快餐店，麥當勞一類的店家，廚房裡面，炸魚條、煎肉餅，包裝漢堡的工作，幾乎都是一些西語系的工人在操作。這些西語系的工人，因為他們工作努力，也不惹事，而且知道積蓄，家庭關係基本上也相當地穩定：在美國打工的工人，定期將儲蓄寄回墨西哥，或是加勒比海的老家，維持家用。這些人，不會長居離下，而且他們人口增加迅速，今天他們所在的比例，還是美國人口的20%以下，不久，他們會超過這個比數。據估計，到21世紀中50年代，西語系的人口，可能占了美國人口三分之一以上。因此，雖然今天西語人口還是居於劣勢，他們不會長久屈居人下。

在前面一章，我們已經敘述過，非裔族群的社會地位和經濟情形，雖然美國內戰以後，在法律上已經取消蓄奴，但是黑

人的解放，還是並不徹底。六十年前，曾經有嚴重的衝突，經過阿肯色州小岩城的衝突，以及金博士領導的解放運動，美國的非裔居民社會地位受到法律的保障，然而，他們的經濟情況相對於白人和其他族群，仍舊相對低落。前面提過，白人與西語系居民的收入線，非洲裔家庭的收入為 39,500 美元，遠低於白人、亞裔後代以及西語系的族群。他們的失業率，據今年2018 年初的統計，高達 10%，在各種族群失業率的最高位，而美國的一般失業率，大致在 4% 左右。

在今天，美國的社會福利制度下，非裔居民接受福利接濟的比例數，在各族之中，人數最多。尤其單親子女，獲得的補助，往往可以使一個未婚母親，不用工作，就可以得到足夠維持生活的福利救濟。這種奇怪的現象，並沒有幫助非裔居民爭取上進，也沒有使得他們要組織正常的夫妻、父母、子女的家庭單位。看來，福利制度對非裔居民而言，愛之實足以害之。他們因此往往缺乏上進的動機。惡性循環的後果，非裔族群永遠停留在社會的最下層。

非裔族群人口，到今天將近百年了，始終停留在美國總人口 15% 至 20% 之間。從黑奴解放運動以後，美國不斷有民權運動，主要的任務，就是幫助非裔人口提供其地位，不論是民間的活動或是政府的立法，都盡量設法免除黑、白之間的界線，提高非裔人口的生產能力、財務狀況，和社會地位。可是，如此努力，得到的成效卻是不多。

匹城的非裔族群，從匹城作為鐵路中心以來，又加上後來鋼鐵和其他工業的發展，就有大量的非裔勞工，擔任體力工

作。他們集中居住地區，週期性的：由他們搬入居住，經過社區的髒亂、敗壞，驅趕社區的其他族群人口遷往他處。我在匹城四十年，眼看著有三個社區，完全敗壞，第四個社區正在經歷開始敗壞的過程。幾乎美國所有的大城市內，非裔社區都成為城市之癌。

非裔人口的工作，都是勞累而待遇菲薄。我經常出入醫院，有時住院數週，甚至砸月。醫院中的護佐，以及清掃工，大概都是非裔的工人。工時長、工作勞累、卻是待遇非常微薄。論起工作的態度，很多非裔護佐並不敬業，也不想學習，只等一天時間到了，快快回家。這些年輕的孩子，可能只有十七、八歲，到二十出頭，他們卻可能已經有一、二個孩子了。他們以如此態度，如何能在社會上提升自己地位？

平心而論，非裔族群的這種生活方式，和對於前途的茫然不顧，並不能說是族群本身先天的不足。經過二百多年，長期被奴役的狀態，他們心態是聽天由命、得過且過。匹大歷史系，有一位講授非裔歷史的非裔教授，他從進入本系也有四十年了，花了大概十年時間，勉強升到副教授，到現在還是副教授，也並不退休。此人為人和善，非常易於相處，也沒有什麼壞習慣，就是不肯花力氣做研究。校方、系方，對他相當寬容，可是卻是無能為力。非裔族群「小群體文化」，乃是幾百年來不公不義的待遇之下，逐漸養成。大社會雖然有很多人努力想要幫助非裔族群提升境界，可是在另一方面，卻又將就他們不重視家庭、不重視教育的習慣。這是一個幾乎難以解決的僵局，言之令人辛酸。

　　在本章，我們陳述了美國各種族群的情況，和他們在美國發展的機會。成敗榮枯，各族情形都不一樣。綜合地觀察，每一個族群進入美國時，都多多少少帶來了他們的文化傳統。籠統言之，歐洲進來的白人，最大的區塊是天主教群與新教群之間的差別。前者將一切信託於上帝的安排，只要求告上帝，仰賴神的福佑，也就是一種聽天由命的態度。在競爭激烈的新大陸上，如果只是聽天由命，這個族群將很難有取勝的機會。反之，新教的後裔，不管是盎格魯撒克遜、蘇格蘭的長老會或是西歐加耳聞信徒的後代，則都因為他們新教的信仰，相信只有自己的努力，才能符合上帝對人們的盼望。上帝的揀選，可能是預定的，可是，上帝會等待信眾，以自己的行為，證實上帝揀選的準確：這一動機，就與聽天由命不一樣了。

　　來自東方的亞洲移民，華裔和韓裔、越裔，以及日裔，都曾經接受儒家傳統的文化遺產。他們努力的動機，相當旺盛，只要給予他們機會，他們都會力爭上游。只是，亞裔的起跑時間，比較晚近，許多上層的位置和資源，已經牢牢地掌握在白人手中。只有猶太人，有歐洲帶來的經驗，能夠在財經界掙得一杯羹。東方族群的後裔，在財經領域中，目前還沒有足夠的實力。然而，亞裔後代，和猶太人後代一樣，對於求知識的動機，非常旺盛，這些族群和猶太人一樣，也就在學術界和文化界，占有一定的地位。

　　至於廣義的演藝界，又是另外一番天地。西語系和愛爾蘭系、拉丁系，原來都在地中海周邊。他們的生活習慣和文化傳統，就與中歐和北歐的白人不同，南方溫暖的氣候，明媚的風

光，和比較容易謀生的環境，使得這些地中海地區的居民，都
具有比較浪漫的性向。在藝術界、文學界，和演藝界，他們的
表現也就比較突出。運動界需要體力，非裔居民和一部分的西
語系居民，在體力方面還是有他們的特色：因此，在各種職業
球隊之中，這兩個族群的表現，也就使他們一些個別的特出人
物，可以獲得高薪。然而，對於整個族群的社會地位，幫助還
是有限。

　　社會地位之中，最有權力的政治圈，卻始終是白人的天
下。即使是一人一票的選舉制度，由於白人掌握了「選舉機
器」的運作，其他各族到今天還是相對地居於弱勢。因此，總
結言之，美國憲法導論所說，美國以平等對待所有的人，每個
人都有平等的權利，可以追尋快樂，也得到安定的生活。終究
還是帶有大問號的承諾。

　　不過，最近發展的形勢，顯示新一代非裔和西語系政治活
動能力，大有成就。紐約州，今年期中選舉，就有西語系青年
女子，擊敗政壇老人，一位多次連任的白人議員，出任民主黨
候選人，角逐紐約州眾議員席位。今日（2018年9月6日）一
位波士頓市議員，非裔女候選人，也擊敗多次連任麻州聯邦眾
議員的白人，被民主黨推出，參選這一聯邦眾議員的席位。同
一新聞報導：南方有四州的州長候選人，都由非裔新人，代表
民主黨參選，挑戰共和黨的現任州長。這些新人，幾乎都屬於
民主黨的「進步派（The Progressives）」；他們的崛起，意味美
國政界巨大變化，正在改變美國的未來。這些變化，應是延續
2016年大選中，左派力量的興起。美國，終究是政權開放的國

家：川普現象，令人擔憂。窮則變：希望這一轉變，終於「變則通」。為美國開以新局。（https://www.nytimes.com/2018/09/04/us/politics/ayanna-pressley-massachusetts.html）

附錄：從資料一窺華人在美國的現狀，海外財富網2018-04-09：

美國現有2,100萬亞太裔，占美國總人口的6.7%，是人口增長最快的族裔，預期到2050年亞太裔將占美國總人口的10%。美國亞太裔現有190萬家公司和商家，年產出7,000億美元，創造360萬個就業機會。亞太裔製造業公司達1.2萬家，雇傭16.5萬人，每年發出薪資66億美元。亞太裔的購買力達到8,250億美元，亞太裔家庭的年中位收入近7.5萬美元，比全美水準高3成9。

根據美國人口普查局的資料，到2018年美國已經有華人452萬是全美亞太裔中最大的族群，也是所有少數族裔中僅次於墨西哥人的第二大族群。

華人在美國的居住很有規律，主要是集中在加州、紐約和大都會城市。其中有將近一半住在美國的西部，各有五分之一住在東北部和南部。西部的最大聚居區是加州的洛杉磯、舊金山、西雅圖等城市。南部主要是德克薩斯州的休士頓、達拉斯等城市。東北部則主要是紐約、波士頓、華盛頓等大都會的地區。紐約市就有57萬的華人，是華人最集中的大都市。

調查資料顯示，目前美國華人最為集中的前五個區域為：加州，華裔人口占總華裔人口的36.9%；其次是紐約，華裔人口

占總華裔人口的16.9%；新澤西州，占4.4%；德克薩斯州，占4.2%；佛羅里達州，占4.1%。而按都會地區來看，紐約—新澤西東北地區來自中國大陸移民數55萬多人，舊金山—奧克蘭聖荷西地區有50多萬人，洛杉磯—長堤—河邊地區有45萬多人，大華府地區有10萬多人，大芝加哥地區有近9萬人。

美國的華裔人口主要來自四個地區，其中來自中國大陸的移民占據主要地位。在第二次世界大戰前，美國的華人移民多來自廣東和香港。20世紀50年代，大量中國台灣民眾移居美國。與此同時，東南亞各國被稱之為「華裔猶太人」的中國血統民眾移民美國後也構成美國華人社區的一部分。20世紀70年代後，中國大陸居民赴美留學、探親人數增多，在90年代形成大陸民眾赴美的高潮，這些人被稱之為華裔中的新移民，以區別以前來自廣東、香港的老僑和來自台灣的移民。

在美國的華裔移民中，來自中國大陸的移民占據多數，比例為59 5%，也就是說美國華裔移民中5個人中有3個是來自中國大陸。來自中國台灣的移民占15.9%，美國華裔移民6個人中有1個來自台灣。來自東南亞各國的中國血統移民占15.3%，美國華裔移民6個人中有1個來自東南亞各國。來自香港的移民占9.4%，美國華裔移民10個人中有1個來自中國香港。

在美國純中國血統的中國大陸移民中，第一代移民的人數占華裔移民總數超過50%，他們很多仍按較傳統方式生活。第二代華裔的生活方式較為美國化，多用英文溝通和社交，與主流社會接觸比較多。第一代與第二代一起生活的華裔家庭人口約占45.8%，他們生活方式較為混合化。

美國十八歲以上的華人有四分之三是在國外出生的，也就是說有四分之三的華人是移民，他們的受教育程度較高，二十五歲以上的華人有一半擁有本科及以上的學歷。在亞裔中，不如印度和韓國人。但是比全美平均28%的人有大學本科以上的學歷，還是要高很多。

生活狀況很關鍵的一個指標是收入，2018年華裔家庭年收入的中位數是65,050美元，比亞裔的整體水準低了1,000美元，但是高於美國全國的整體水準15,000美元。皮尤公司的調查發現，一個全職的華裔工員的中位年收入為5萬美元，超過亞裔水準2,000美元，比美國的全職工員的中位收入要高1萬美元。但是美國的家庭，華裔的家庭中位年收入在亞裔中卻比較低，說明相對於其他的亞裔，華人更傾向於靠男人單獨養家，而不是靠雙職工。有62%的華裔擁有自己的住屋。

美國華人融入主流社會的情況差強人意。在美國的十八歲以上的華人移民中，只有39%能夠熟練的使用英文，比亞裔的總體英文水準要差。44%在美國出生的亞裔可以熟練的使用漢語對話，對祖國的語言掌握的程度比日裔和菲律賓裔要好。在身分認同上，僅有36%的華人認為自己是典型的美國人，而有52%的華人認為自己與美國人很不同。由此可見，華人自認為是美國人的程度，在亞裔中不如菲律賓人和日本人，但是強於印度人、韓國人和越南人。

皮尤公司對亞裔進行的調查發現，雖然亞洲國家的經濟近年來獲得了快速的發展，82%的亞裔表示，滿足於在美國的生活。有13%表示不滿意。76%的亞裔表示，如果可以再選擇一次，

他們依然會選擇來美國，只有12%表示會留在原來的國家。無論是外國出生的，還是美國出生的亞裔基本上都承認，中國以及其他亞洲國家的經濟騰飛，但是在很多方面他們依然更鍾愛於美國。

73%的亞裔表示，美國有更多的前進的機會。但是亞裔在這方面，有65%這麼認為。受訪的亞裔普遍認為美國有更多的自由，對窮人的照顧更完善，有更好的養育孩子的條件。對於重視家庭的華人，有近7成認同美國提供了更好的條件可以養育孩子。──這是許多華人鍾愛美國的重要原因。

從婚姻來看，2008至2018年，有29%的亞裔嫁給了其他族裔，或者娶了其他族裔。比例比拉丁裔、非洲裔和白人都要高很多，而亞裔的女人嫁給異族的男人的數目，是亞裔的男人迎娶異族女人的數目的兩倍。幾乎一半的亞裔父母認為孩子嫁給非亞裔是可以接受的，說明亞裔對婚姻融合保持了更加開放的態度。（http://m.toutiaocdn.cn/i6542359458041823751/?iid=30006425186&app=news_article×tamp=1523313345&wxshare_count=1&tt_from=weixin&utm_source=weixin& utm_medium=toutiao_android&utm_campaign=client_share&from=groupmessage&isappinstalled=0）

第七章

美國經濟運作

　　梁啟超先生曾經在1910年訪問美國，這一位觀察敏銳的學者，對美國的各方面，都有他的意見。在下面各章中，我會陸續提到一些他的個人想法。他最關心的是美國的移民問題、族群關係，和托拉斯制度。本書上兩章，介紹了移民問題和族群關係這兩個課題。此處，從他關心的托拉斯現象，討論美國經濟發展的特殊風格。

　　他所指的托拉斯，是每一個行業，出現獨占的現象。在這行業之中，有的是捷足先登，站定了地位，就不允許其他人挑戰；有的是大魚吃小魚，挾其特殊的優勢，兼併同行，造成獨占的現象。在講到美國工業發展的時期，就是19世紀後半期，到20世紀初期的那一段，是「鍍金」的時代。那時候，美國工業從無到有，從有到大，在世界上工業化過程中，躍登首位。時勢造英雄，洛克斐勒、卡內基等等人物，都成為世界巨富。在他們各自行業之中，這幾個大人物的麾下，也不再有其他人可以占一足之地。

　　梁啟超先生注意的現象，就是這種大集團的壟斷和獨占。他指出這種現象的弊病，一則在找到了他們以為最好的生產方式以後，就不再允許其他的生產技術和方法出現，亦即獨占排他的現象。二則，某個行業占滿了市場，其他代替品，因為性質類似，很難與已經占滿市場的原有產品，在成本上有挑戰的餘地。這也就造成了工業不容易逐漸升等、汰舊換新，及開拓新的產業和工業領域。

　　梁先生擔憂的現象，確實使美國長期霸據世界經濟的首席，卻在最近這半個世紀，盛極而衰，逐漸不能抵制世界上其

他國家的挑戰。以他所說的第一個例子而言，美國採石油的方法，打井採油，是最能立刻達到大量石油生產的方式。這一個技術，在美國不斷地改進，即以鑽井的設備和效率而論，可說已經走到了最高峰。美國採油技術，也輸出於其他國家。直到現在，鑽井採油還是石油工業的主要生產技術。從最近幾年來，才有從頁岩榨油的可能性。然而，頁岩採油終究相當地昂貴：這一個新的技術和新的油源，依舊不能和鑽井採油的方法，相提並論。在各大學的研究室，研究了許多不同的可能技術（例如，從煤炭中取得液化油）。可是這些嘗試，沒一樁能夠離開實驗室，被油商們採用；理由很簡單，用慣了一個方法，犯不著更新設備，另起爐灶。美國鋼鐵工業的沒落，也是類似的原因：在其他國家已經發展出更經濟、更有效率的煉鋼技術，而美國的鋼鐵廠，不願意更新設備，以至於一噸瑞典鋼或是日本鋼，運到匹茲堡的鋼廠門口，還比美國的鋼鐵低廉。

　　既有的工業，排除新工業的現象，在美國也是常常出現。美國的能源習慣於從煤、石油、水電，這三個方式取得大量的工業能量。這些企業，有的是公家的投資，有的是民間的長期發展，他們不願意看見新的能源，來完全代替原有能源。二戰以後，核能發電是新的能源，美國在這一方面，比任何國家發展得早，也占有相當合用的技術。然而，在中國高度發展的太陽能，在美國卻是始終無法大規模採用。就是因為原有的能源企業，不願意看見風能、太陽能、生技能出現。在藥物方面，更是明顯可見，美國大規模生產的藥廠，經常以某一種有效藥物的專利權，長期把持市場，不允許新藥輕易出現。如果有新

藥，也是大藥廠自己發展以後，設法與原有已經獲利的藥物互相補足，而不是代替。

梁啟超先生指出的托拉斯現象，也正是馬克思當年批評資本主義時候，特別擔憂的一個趨向。他們二位所說的托拉斯，是產業的獨占，發展為市場的獨占。從20世紀初到現在，這一百年來，實際上美國經濟的運作方式，已經超越了產業個別發展的範圍。現在正在美國當今的經濟形態，乃是資本的獨占；即是運用資本的機制，將生產事業，掠奪為少數財團旗下的工具。1930年代，摩根財團所控制的大銀行、大企業的資產總額占當時美國八大財團的50%以上。「J‧P‧摩根時代」，即金融寡頭支配企業大亨的時代。他曾經聲稱：「用以推動歷史的不是法律，而是金錢，只是金錢！」只要有貨幣在手，可以購買一切，一切的根本是在貨幣。這一個觀點，其實已經遠離馬克思指出的工廠獨占生產工具，而奴役勞動群眾的對立方式。貨幣本來只是一個交換的媒介，媒介本身與產品之間，並不能夠掛等號，可是現在貨幣的意義，已經遠超過媒介，而成為經濟活動的主體。

根據去年「富比士」報告，美國巨富人家的收入項目，及財富總值：從事金融業者的財富，有132bil.；科技工業者，73bil.；餐飲業者，52bil.；百貨零售者，48bil.；房地產業者，38bil.。從這些數字，可見金融業，那一以錢換錢的買賣，最有發財機會。既然摩根說過，貨幣就是財富，有了貨幣就能購買一切。從這觀點，我們必須要先討論，什麼是貨幣？

自古以來，無論東方還是西方，舊大陸許多文明，都使用

過貴金屬的貨幣，主要是金和銀。金的價值遠高於銀，所以金幣常常代表大數額的價值單位，銀幣則是日常使用的單位，接著銅幣則是輔助用的小單位。這種制度，各國貨幣的比值，很容易決定，就是按照金銀貴金屬的重量，即可取得一致性。在經濟發達的時候，貴金屬的貨幣，常常無法配合市場的擴張，於是才有紙幣的出現。在人類歷史上，紙幣出現最早的地方是中國：宋代就有當作信用狀的「飛錢」。元、明兩代的紙幣非常盛行。歐洲各國使用紙幣，也是從信用狀的方式初始出現；到歐洲商業主義時代，市場活潑，才有紙幣以代替金屬貨幣。

　　哥倫布找到了美洲航道，西班牙人先是大量地搜刮印加帝國的黃金：美洲原居民數千年的累積。西班牙人又開發墨西哥附近的銀礦，取得巨量的白銀。黃金流入歐洲，刺激了歐洲的城市發展和消費能力，整個的改變了歐洲的經濟狀態。以大量黃金支撐的貴族消費者，其購買力強大，從別處購買消費品。中歐城市中的熟練技工，得到如此龐大的消費市場，也致力生產各種貨品，終於導致工業革命。另一方面，新大陸的白銀，運到美洲西海岸，然後進入中國市場，以償付歐洲對中國的貿易逆差。經過幾乎兩百年的大量白銀流入，中國曾經富足過一陣，但是也造成了白銀和銅錢之間的比差逆轉，使中國的市場結構和生產制度，失去了平衡。

　　當時，世界大市場的環境下，銀幣出現作為交易的基本單位，美洲的白銀和墨西哥的銀幣，都是市場上常見的交易媒介。這一轉變，無形中造成了銀本位的國際貨幣交換制度。

　　18世紀中葉，美國西岸發現大量黃金，在將近半世紀的淘

金潮，黃金產量陡增；不久之後，澳洲和南非洲又有大量的淘金潮，整個世界黃金供應量劇增：黃金儼然足以挑戰國際銀本位的交換制度。20世紀，美元銀幣，在世界各處流通。當時英國的經濟力量龐大，銀幣英鎊，實際上等於是世界各國的基本交換標準。美國無形中，也要承受英國經濟的約束。然而，美國政府庫存的黃金量十分巨大，究竟採取金本位還是銀本位？成為一時辯論的主題。

在20世紀的20年代大恐慌時期，已經混亂的市場，究竟是依賴黃金、還是依賴白銀，取得再平衡？始終是無法解決的問題。我在1957年到達美國時，美金的票面上，還有一行「Tender of this bill」（持票者）可以向美國國庫兌換票面幣值。

1944年，美國終於落實以金本位作為美金的保障。當時二戰剛剛終了，美國是唯一擁有強大生產能力的大國。美國儲存的黃金量，占有世界的一半以上。於是，將這個巨量的黃金作為準備金，以黃金的價值作為國際貨幣交換的基準，經過國際協商，成立了國際貨幣平準基金會，維持國際間匯率。那一年，Breton Woods國際會議，出席各國同意以美元與黃金掛鉤，各國貨幣則以美元作為交換標準。這一決定，將金本位的制度，改成美元本位。美國擔起了世界復興的重大任務；馬歇爾計畫，使整個歐洲恢復了生產能力。以美元支撐的國際金融秩序，於有功焉。

嗣後，世界經濟復甦，尤其歐洲和日本的生產能力，重新登上高峰時，美國不再能獨占世界上的經濟領龍頭的地位。美元的價值也常常不及英鎊和馬克。1967年，美國發生金融危

機，1971年，美國宣布停止美元為國際交換標準。許多國家的貨幣準備金，逐漸轉化為「一籃子貨幣」，在這個階段，也就無所謂金本位、銀本位了。

到現在，美國政府特別成立的單位聯邦儲備基金，並不是依靠任何準備金，而是政府任命專家，組成一個專業評估經濟狀態的委員會，隨時決定國庫可以釋出適當的貨幣數量，供應市場流通。理論上，美國各州，都有權力委託銀行，發行流通的貨幣，但是必須經過聯邦政府的核准。在現行的聯邦儲備基金制度下，則是所有銀行都必須要將自己發行貨幣的準備金，存儲在聯邦儲備基金中；在各銀行需要現金流通時，可以向聯邦政府領回若干需用的數字。實際運作的方式，則是各銀行可以按照聯邦儲備基金會決定的兌款率，以一定的利息，向政府領取「公債」，作為流通的貨幣。聯儲會隨時調節兌換率，低率的時候是放寬銀根，高率的時候是收緊銀根，以此調節市場上流通的貨幣量。如此運作，乃是依據凱因斯理論，經過貨幣流通量的調節，控制市場的榮枯程度。

這一制度，美元實際上並不再依靠任何準備金；美元價值的保證者，就是美國的國家。美國政府代表國家，保證這個貨幣的價值。美國貨幣美元，因此只是一個信用狀，本身不過是一紙符號，並不再具有實際的價值。這種狀態的貨幣制度的運作，乃是新的資本主義，與18世紀時代，以財富作為資本，支撐工廠生產的資本主義，頗有差別。

現在的貨幣制度，可說是經濟魔法師手上的魔仗。誰能掌握這個魔仗，就能操縱市場，以錢生錢；貨幣作為符號，本身

就有自我滋生的功能。前文摩根所說，「金錢是一切」，在今日居然就落實了。前面曾經提過，富比士調查，估計財富的擁有者，金融銀行業所占的比例，超過美國全部財富的三分之一。也就是因此緣故，在20世紀的中期，那些本來就掌握巨大生產能力的巨富，都轉型為控制美國經濟的財團。現在美國可以算出十大財團，有些財團，曾經代表某一生產業：例如，洛克斐勒、卡內基，無不擁有大量資金。然而，今天，這些財團主力的旗艦，卻是金融銀行業。下面所說，也就是這些財團個別擁有的銀行和金融機構。

美國帶頭的大財團中，洛克斐勒財團是以銀行資本控制工業資本的典型。它擁有一個龐大的金融網，以大通曼哈頓銀行為核心，下有紐約化學銀行、大都會人壽保險公司以及公平人壽保險公司等百餘家金融機構。

摩根財團，美國經濟的壟斷資本財團巨擘，以金融事業控制經濟各部門（諸如鋼鐵、鐵路以及公用事業等），號為「銀行家的銀行家」；百年前就擁有金融機構十三家，合計資產總額30.4億美元，經過一個世紀的經營，現在旗下金融企業，包括：J・P・摩根——世界最大的銀行集團之一，總資產超過7,000億美元；摩根士丹利——世界最大的投資銀行之一，2007年營業收入767億美元；摩根大通——美國第三大銀行，2007年營業收入999億美元。

花旗財團（First National City Bank Financial Group），東部大財團，二戰後崛起，以花旗銀行為核心，於軍火工業（如火箭、導彈以及飛機等）和民用工業（如電子、化工、石油以

及有色冶金等）開疆闢土，擁有不少著名企業。其事業的旗艦是花旗銀行，原本是1812年就開創的紐約花旗銀行，華爾街最老牌的銀行。這家銀行曾經受斯蒂爾曼和洛克斐勒兩大家族的控制，為石油業發展，立下大功。1955年與紐約第一國民銀行合併，更名為紐約第一花旗銀行，1962年改用現名First National City Bank。花旗銀行，總資產超過1萬億美元，十年前，美國榮景巔峰時，營業收入1,468億美元波士頓財團（Boston Financial Group），新英倫老財富的聚集。旗下企業包括，波士頓第一國民銀行──美國第一家老牌銀行，總資產約2,000億美元；約翰‧漢科克互惠人壽保險公司；麻薩諸塞互惠人壽保險公司。

梅隆財團（Mellon Financial Group），從匹城起家的金融業鉅子；旗下事業，包括梅隆經營公司──全球最大的金融證券商，旗下託管的資產超過18萬億美元，和匹茲堡國民銀行與通用再保險公司。

芝加哥財團的金融實力雄厚，旗下擁有銀行：大陸伊利諾公司、第一芝加哥底特律國民公司、哈利斯銀行公司、北方信託公司以及美國銀行公司；保險公司：CNA金融公司和各州保險公司。芝加哥財團與洛克斐勒財團和摩根財團，關係密切，彼此有無相通，實力極強。

西岸加州財團，是新興大財團，包括美國銀行集團（BOAC）、舊金山集團及洛杉磯集團。這三個集團的經濟實力在第二次世界大戰期間，急劇增長，金融資本的增長速度尤為驚人，形成以美國銀行集團為金融中心的大財團。1974年擁有

資產1,671億美元。西部財團與南部財團組成一股新興的軍火工業集團勢力，與東北部老財團較量。電子訊息企業興起，更增長其氣勢。加利福尼亞財團，擁有的主要商業銀行有美國銀行、西方銀行公司、安全太平洋公司以及舊金山地區的富國銀行公司（Wells Fargo）和克羅克國民公司等。

美國銀行（BOA）是加利福尼亞財團的金融核心，原本是義大利移民A‧P‧基安尼尼創辦的義大利銀行，1920年代就成為美國西部最大的銀行；1930年代初，與加利福尼亞美洲銀行合併，改名為美國銀行（全稱美國國民信託儲蓄銀行）。二戰後，超過了當時紐約的大通國民銀行，成為美國最大的商業銀行，美國最大的證券交易的美林、林奇集團，歸屬美國銀行後，美銀實力，又添一籌。旗下企業：美國銀行——美國第二大銀行，西方銀行，和富國銀行——舊金山地區主要銀行。

德州財團（Texas Financial Group）：二戰後，德克薩斯州依仗石油工業和軍火工業，發了大財，以麥基遜、理查遜、亨特、柏朗、埃爾金等油商家族為代表。其擁有的金融單位，包括，達拉斯第一國民銀行、休士頓第一城市國民銀行、達拉斯共和國民銀行和德克薩斯商業銀行，和德州的幾家保險公司。

這些大財團都以金融事業作為主力，正是反映了19世紀、20世紀之間，美國工業最輝煌的時代；其不同於今日之處：在那個時代，生產業是主力，經濟秩序主要是在技術、資本，和市場：這三個因素。在今日，正如前面所說，凱因斯魔法師的魔杖，乃是貨幣本身。貨幣的流通是由經濟單位操縱，如果貨幣與生產脫節，大量貨幣流通出現了榮景，如果沒有適

當的生產量與生產力相配合，則這種榮景不免是空虛的。

二戰以後，美國經濟力量一枝獨秀，主宰了全球的經濟，如前所說，在歐洲和亞洲各處，經濟逐漸復甦之後，美國的優勢逐漸衰退，可是，因為美元是所有貨幣的標準，如果美國生產力體質不佳，勢將無法背起世界貨幣龍頭的重任。雷根總統執政時，一面倒地採取寬鬆貨幣政策，以刺激市場。表面上看來，美國一片繁榮，華爾街的「牛市」漲勢長期延續；美國滿心以為，推動市場全球化，以自己的生產力，將可以獨霸全球市場。在那個時代的經濟學者心目中，「全球化」的內涵，應當是全盤「美國化」，所有各國的經濟都屈從於美國的經濟。

老布希的任上，仍舊延續雷根時代的政策，而且利用聯準會的機制，釋放大量的貨幣，進入市場。美國原來的制度，銀行往往稱為National，其意義並不是國家開設的銀行，而是國家核定其信用能力以後，這些銀行可以向聯準會申請釋放貨幣。這些資金，形式上是公債。領取聯準會資金的銀行，等於是向國家以低率借用的貸款，然後銀行可以將新獲得的貨幣流入市場，獲得比聯準基金利率較高的利潤。過去，美國的小城小鎮，甚至於社區，都有信用合作社一類的單位；在合作社存儲款項的客戶，有權從自己參加的合作社，取得貸款，以為事業和資產的周轉。這種小額存儲和放貸的金融單位，基本上是受自己會員的約束和管制，發揮一定的功能，但是他們沒有資格，領取聯準會的貸款。

在老布希時代，為了加速聯準會基金流入市場，將政府賦予這些合作社，等同於銀行的地位，也可以向聯準會申請公

債。於是，前所未有的大量資金，不斷擁流市場，造成了通貨膨脹；表面上看來一片榮景，實際上貨幣貶值。而且，經濟全球化後，美國的產品必須與世界其他各處產品，在世界市場上競爭。美國的大量資金已經用來炒作非生產事業，生產事業本身卻沒有相當資金，投入改進設備和技術，以致美國的產品無法世界各國其他的產品競爭。於是，歐洲和日本生產的汽車，亞洲和中南美生產的日用品，都充斥美國的市場。美國原以為經濟的全球化，對美國有利，沒想到，美國首當其衝，吃了大虧。美元迅速貶值，拖累了一些全部掛鉤在美元之上的歐洲國家的經濟。在亞洲經濟中，生產能力最好的日本，居然也被美國的泡沫經濟拖累至今。凱因斯的魔法杖，反過頭來，打到了魔法師自己。

在那一段時期，美國的貨幣經濟其實已經和生產脫鉤了。可是，上述所有的財團，幾乎沒有一家不是利用這種金融的活動空間，以大魚吃小魚的方式，吞噬比較弱小的生產事業，造成了更多的托拉斯。貨幣在流通中，沒有生產力做後盾，就只是「以錢生錢」。21世紀初期十年左右，美國經濟的秩序大亂，2008年出現了經濟大衰退，就是經濟失序，走火入魔的後果。那時候，每一家市場經營的金融單位，都在做種種的包裝，將品質混雜的案件，推入市場。例如，最著名的「次級房貸」，那是將各種的房屋貸款的個案，綁成一包，當作一個整批交易的「產品」。銀行將自己的貸款戶，無論是否到期，無論是否已經爛根，低價出售，換取現金收入。在市場上購買這些次級房貸的客戶，也無法檢驗包裝內部實際的情形。於是，

各種混雜的包裝，不僅房貸，也還有保險的客戶，創業風險貸金的客戶，都成為無辜的犧牲者，被銀行出售。買主明知「糊塗帳」，又用於抵押，換取現金。一路過手，每家銀行的帳面上，都有大量的盈餘，而實際上，都是空頭遊戲。大多數的金融單位，明知故犯，內部沒有檢查，外部沒有監督。金融紀律蕩然無存，那種百年老店，「雷曼兄弟公司」就是在這種情況下，一個環節露了餡，拉動一片，竟致崩潰。

　　另外一種作假的方式，則是逃稅。從 20 世紀後半開始，許多美國的事業單位，在海外小島上，或者瑞士一類國際城市，成立空殼公司，經由複雜的國際貿易過程，財團事業將自己的利潤，掛在空頭公司上，只納當地的少量稅負，逃開美國的納稅義務。更有甚者，那些空殼公司，又彼此借貸，造成糾纏難解的帳面紀錄，再以此種紀錄，當作營養業績，借入款項：最後空頭公司可以以破產，逃避償付。舉世金融秩序，完全被欺瞞、詐騙，脫離了軌道。最近，「巴拿馬文件」和「天堂文件」（Paradise Papers），都揭露了世界巨商大賈、重要財團，利用這些逃稅機制，興風作浪。電腦巨頭「蘋果」一家，去年全球利潤的 70%，是掛名於海外離島的虛設公司。據說，二十年來，美國財團的盈利，有 63% 是掛名於那些海外小島的空頭公司，逃避了應付稅款。而且，各國的貪污、走私等等不法的金錢，也流入這種逃稅地區，避開法律的監督和懲處。（Jesse Drucker and Simon Bowers, "After a Tax Crackdown, Apple Found a New Shelter for Its Profits," *NYTimes*, 2017. Nov. 6.）

　　美國的證券交易，本身是資本主義經濟下，必須的機制，

使得上市公司股權可以在市場流通；經由如此流通，一般的老百姓，也能分享經濟成長的後果。可是，現在這一個環節，愈來愈有問題。上個世紀初，股票的交易，只是股權的分享，某一公司一股，就有一股的分紅股利，持有者可以以此作為儲蓄，在老年後，領取股利，維持餘生。我初到美國讀書時，芝大圖書館的一位老祕書，曾經說：「我有十股 AT&T，老年可以生活不愁了。」那時美國一般老百姓，的確可以從年底分紅，剪下股權格子，領取股利。

大概 1970 年代開始，證券交易出現了一種集合股權基金（Mutual Fund），也就是將各種股權，綁成一堆，買主擁有這基金若干份的權利。這種集合基金，後來又變質了，從持有固定的若干公司股份，轉變為不斷操作各種股權買賣，獲得利潤。集合基金的購買者，也可以在市場上，透過各種不同集合基金流轉，贏取利潤。於是，原本當作分散股權機制的證券市場，一變為投機取利的賭場。

證券市場上還有另一種操作，所謂避險基金（Hedge Fund）。這種基金的操作者，在一個包裹內，分別包含各種多頭與空頭，或者債券與股權的混合基金，從多、空買賣獲取利潤。理論上，如此多、空的對沖，結果可能是零：左手賺來、右手虧了。然而，如果實際拿捏精準，上一個十分鐘靠多頭賺錢，下一個十分鐘靠空頭補回。操作者每一時、每一刻都在運作，他的客戶卻完全不知道操作者如何運作？後果往往是，客戶賺微小的利潤，而操作者賺大利，歸自己，將損虧推給客戶。他們的作風往往是，兩、三年內，讓客戶取得甜頭，第三

年席捲而逃，或者破產脫身。這種掠奪性的行為，乃是利用人類貪利的弱點，明目張膽地偷竊客戶的資金。

擴而大之，同樣的原則，也可以經過財團性質的多種行業投資，挖西牆、補東牆，處處可能虧，處處也可能賺。例如，一個「黑石財團」，是證券交易出身的兩個年輕人，合辦的一個投資集團。從1958年到現在，剛剛過半個世紀，他們手上擁有的財產數十億；但是他們財團名下的產業，卻是經常變化，也經常破產。這個財團的股份，也在證券市場上上市，經常大起大落，規模之大，也常常出人意料之外。——凡此種種方式的經營，多角的投資於延伸性金融產品，靈活地運用；究其實際，則是不外乎投機取巧、牟取短利。經營者自己從短利，累積成巨富。他們的客戶，則是飛蛾撲火，能夠全身而退的，其實寥寥無幾。

美國最近幾十年來，新科技層出不窮，尤其在資訊和生化方面，現在又加上自動化。這些事業，能夠迅速發展，拜賜於風險投資的制度。某種創新的事物，會有很好的前途；在其發明、研究者計畫創業之初，財團的風險投資基金，就會投入創業資本。等到這事業發展到確實非常蓬勃時，風險投資的出資人，可能取得最大的一份，而且是原始股。有些新的事物，在市場上居然失敗了，風險投資者可以在關鍵的時刻，立刻開放股權。一般的客戶不明就理，以為有利可圖，紛紛購入股權。在這個時候，風險投資者拋出原始股，取得數十倍的大利。那一新創產業可能發展有限，或是從此一蹶不振。上述後知後覺，趕熱門的新股東，就必須要承擔該產業的失敗。這種行

為，在道義上和法律上，都有很大的模糊空間。有人可以是眼光很準，拿捏的時機正確，搶了先機；也有人是在運作過程中，上下其手，在關鍵時刻獲利，脫身而去，留下一群小股東，套牢賠本。

再有一種作為，則是所謂「老鼠會」。發起人和早期參加者，金字塔式的拉人入會。從推廣的績效上，這一個基金不斷增長；但是從這種機制上，推銷的產品，其實利潤不大：例如，推廣化妝品的 Amway，每一個人能夠招募新的入股者，就能獲得獎金，他獎金的分配比例也增大。早期入會者，獲得的利潤很大，其實是由後來的支付者，支付前人的收入。這種制度也是在法律和道義的模糊空間運作。

美國的大學教員，有一個大學教員退休聯合基金（TIAA-CREF），會員有數十萬人。退休的教授，都在任職的時候，每個月扣繳會費，退休之後，開始按月領取，退休的生活費。從制度上看，這是相當公平的制度，然而，隨著美國經濟的空虛化，以及美金的貶值，再加上有些老教員選擇「老而不退」，後進的年輕教授人數越來越少。新進教授們，幾乎等於上述「老鼠會」的後來者，他們負擔了很多退休教員的月退費。這個制度的創始者，可能從來沒想到，原來用意很好的機制，卻被實際的情況，竟如此變質。

嚴格言之，美國的社會福利金，也是由中、青年，支撐前輩老年人的退休金。美國人口正在老化，年輕人口的比例不斷縮小，他們也等於「老鼠會」的後來者，卻要背負龐大社會福利金的支出。這些令人哭笑不得的現象，已經引起不少討論。

最後，還有一項需要討論：在美國已經非常普遍的信用卡制度。信用卡的流行，也影響到貨幣流通量；由於貨幣流通的迅速，即使發行量還是穩定，因為流動的速度增快，也就等於將貨幣的提供量相對地提高了若干倍。

在我記憶之中，二戰以前，信用卡並不普遍，只有與銀行有很深關係的個人，或者公司行號，才能以信用狀，在外面付款，然後由銀行支付。那時候，最著名的卡片，大概只有三種，一種是富商大賈，在豪華的旅館、餐飲等等，請客時用，稱為「食客俱樂部」（Diners Club）。另外一種，更為炫耀的是「空白信用卡」（Card Blanc），意指這種卡片持有人，可以填寫任何數字的支出，讓對方向銀行收款。第三種則是美國流行的「美國通運卡」（American Express），這種卡片，是持卡人與美國的電報公司取得協議，旅行者在外，可以隨時用這卡片支付款項，而由當地的電報公司墊付，月底才結帳。這些卡片都是具有特權者，或是身分特殊的人才能使用。他們的會員費，也相當昂貴。因為數量不多，而且每一個持卡人，都在銀行有相當的存款，銀行不怕他們不認帳。於是，這些卡片的運行，也不會影響到整個貨幣流通量。

二戰以後，美國的經濟繁榮，尤其因為 1950 年代，美國的公路系統四通八達，航空業也迅速發展，使得旅行者願意持有卡片，方便他們在旅途使用。於是，除了上述幾種有限的卡片以外，各個銀行紛紛發行信用卡，有些百貨公司，甚至於油公司，也都發行類似的卡片。卡片流行到一個地步，大的單位，例如學校，也可以發行信用卡，和銀行合作，承認該校某

個同仁可以攜帶卡片，在購物時掛帳。

信用卡的氾濫，造成了一個危機：有些人用了很大的數字，也不即時還帳，一跑了之，由於卡片發行非常容易，許多發行者應該核對申請人的信用，卻沒有做到，又引發另外一重弊病。一位持卡人，雖然明知卡片的過期償付，必須支出19至20%的利息。這位持卡人，也許就申請別的卡片，償付上一張卡片的債務。1980年代左右，常看的現象：一個人的皮夾中，可以掏出十幾、二十幾張卡片，「以卡養卡」。到了最後，巨量欠債，持卡人一走了之，或者申請破產，也就前債全消。為了抵制這種弊病，現在的信用卡制度，一分為二，一種是傳統的信用卡，另一種則是預支卡。後者的預支款項，在銀行中的戶頭上，直接扣除；刷卡時，機器立刻反映這個戶頭是否有足夠的存款待領？經過如此安排，卡片刷爆的情形，已經比較少見。

可是，大量的卡片在市面上流傳，從持卡人的刷卡，到持卡人的付帳之間，通常一個月的時限。這一段時期的空白，眾多卡片的使用量來計算，也就等於是有數倍於貨幣流通量的信用，在外流傳。這種通貨膨脹，其實並不容易管制；其對於市面的影響，表面上看來，可以促進繁榮；但實際上，卻是掩藏了無拘束通貨膨脹的嚴重性。以上關於信用卡的問題，也是反映著今天的貨幣，已經脫開了真正當年由政府保障的安全性。貨幣本身，以信用的方式，在市面上膨脹若干倍，而無人能約束。一個國家的經濟，或是一個市場的經濟，幾乎就立足在空虛的泡沫之上。這些泡沫，會刺激貨幣的生產量，造成生產過

度，而無以償付的窘態。如果不加管制，太大的泡沫破裂，經濟也就崩潰了。

最近又出現了一個現象，更是由虛擬的符號，代替實質的貨幣。2017年11月19日，芝加哥 Merchandise Market 宣布，將「比特幣」（Bit Coin）正式納入交換貨品。所謂比特幣，乃是計算各國貨幣比價的電腦程式之中，特別設計的一個虛擬單位。這一單位量的價值非常微小，所以稱為 bit，經過這個程式，可以將世界各國貨幣換算之際，隨時取得一個比價的標準。這一運算標準，是虛擬的單位，並不是任何國家貨幣，也並不能用來支付任何債務，現在居然成為可以買賣的「貨品」。在市場上，比特幣的價格隨時增高、降落，非常敏感。有人就在多空之間，投機取巧，上一時買進多少比特幣，下一時賣出多少比特幣。到了這個地步，交換的貨品就不是真實具有獨立價值的產物，也不代表後面有支撐這個貨品的信用。

世間並沒有比特幣的存在，如此一個虛擬的單位，空洞無物，居然可以當作交換投資的對象。現代的經濟走到這個地步，確實已經離開了生產、消費之間的關係，市場成為一個賭局，經濟成為博弈。這就不是我們理解的資本主義，而是貨幣堆積起來的假象。然而，因為有利可圖，就有人在其中興風作浪。人類製造的假象，居然可以影響到本來應該自行趨衡的經濟。我們只能說，魔法師在玩弄他的魔杖。

美國的經濟發展，是由開拓荒地、增加農場品，貨品的購買力，然後設立工廠，生產基本原材料，例如，鋼鐵，以及機械，最後生產日常的消費品。這種的資本主義生產方式，是以

貨幣支付設備和勞動的費用，也許還要加上運輸，還有土地的取得。在這個生產成本上，單位產品的價碼，加上原始資本在這一段時期，應當獲得的利息，成為消費品的價格。投資者取得利潤，也就以利息代表的贏利。各個階段的工作者，包括生產線上的工人，到最後一個階段，替顧客包紮貨物的店員：這一條線上，許多勞工領取薪資——這是正規資本主義，生產體系和交換體系構成經濟制度。

今日，經過了一百多年的演變，高度工業化，以及由於科技研究成果，得以不斷更新的生產模式；如此制度優越的現代工業文明，居然陷入一個虛假泡沫的信用經濟！信用經濟不斷地以膨脹維持繁榮；以刺激欲望，增加消費量，而且惟恐其流轉的速度不夠迅速。本章後半段敘述的種種行為，維持了這個泡沫，不斷擴大。無論經濟理論如何玄妙的解釋，以常識而論，這種制度體質並不扎實。經濟全球化的時代，別處的經濟體質正在成長中日趨充實，而美國卻是日趨空洞。美國的經濟霸權，如何能持久不塌？川普不明白這一現象，卻號稱恢復「美國第一」，寧非夢想？

第八章

城鄉分離，階層異化（上）

　　人類的聚居於一地，構成了一個社區，而由於這種群居的方式，這個地區之內的生活狀態，超越了部落家族等等群體。聚居的現象，增加人際合作共濟，但是也同時出現了人與人之間的互相干擾和衝突。聚居的狀態，有許多資源可以共享，同時也在共享的過程中，由於社會地位和權力分配得並不均平等，而呈現社區內部的分歧和異化。在考古學上，新石器時代，人類開始自己生產食物，也就出現了資源的流轉和分配。聚居在一起之後，也出現了其中個別人員，對這一社區的歸屬感。這種現象，在考古學上稱為城市化（Urbanization）。這一個現象，後來引申於大家習慣使用的「城市」，則是物品交換的市場。因此，中文的「城市化」，和新石器時代的Urbanization，相關而並不完全貼合。

　　上面所說的「城市化」現象，乃是新石器時代以後，那些自給自足的農村，逐漸發展為彼此依附的單位，既可以在有無相通的情況下，出現市場的交換，也可能在不同族群之間，因為分工合作（例如，治水和開墾），互相依賴。在這種情況下，會有一個中心聚集點，也就是上面所說的城市。城市成形以後，城外的近郊和遠鄉，與城市之間的關係，由親而疏的差別：不過總體而言，城市應該是一個共存互依的網絡。各個單位之間，無論是中心到鄉郊，或者鄉郊與鄉郊之間，都應該是和平相處，而且逐漸融合。

　　另一形態，則是因為族群的擴張，造成了征服者與被征服者的分歧：無論是武力的擴張，或者強勢文化的壓迫，據有優勢的族群，往往會在地區的中心點，建立城堡，防衛自己的利

益，以武力或是經濟的優勢，控制周邊的異族。這種形態，在中國歷史上，周人東進，代替商人，成為中原的主人。那些分封的姬、姜諸侯，城郭溝池以自保；城外的近郊，則是城市的外圍，而更遠處的鄉野，卻是原來的本土居民。這種狀態的網絡，城市內、外的關係是緊張的。城鄉之間的差別，不僅是經濟和政治的差異，也有一定程度的文化差別。古代中國的春秋—戰國，經歷六、七百年的時間，才把這種城鄉結構，逐漸轉變成主權國家，而最後成為統一的大帝國。

歐洲歷史上，也有類似的情形，city 這個詞的意義，與 civic 相關，其典型的狀態，是最早在兩河流域的城邦，和城外的市集。在希臘歷史上，也出現具有守衛功能的城堡，以及城門附近的市集。兩河和希臘的城市現象：「市集」與「文明」有密切的關係，意指城中居民，相對於城外的人民來說，是具有文明的一個群體。

無論中、外歷史，從古代的定義，延伸到今天的「城市化」，確實有共同點：城市中的生活，與農村的生活，頗有差異：城市是多元而複雜的，然而總體而言，這個多元的複雜體，又代表一種約定俗成的生活規範，亦即其各自「文明」的開展與演化；在城外面的農村，或者遊牧的營地，這種社群和社區，相對而言，成員較為同質，生活也較為單純。人口集中的數量愈大，城市內部的分歧性也愈嚴重，而城市之內的分工與衝突，也就成為城市生活的特色。以這種語源學的觀念來說現在的城市化，可能比較容易理解，城市化之後的「城鄉分離」現象。

　　資本主義工業革命以後，歐洲各國強勢的擴張，紛紛在各自的征服地，建立城市，作為殖民的著力點。如果不是以武力的侵略，也會以經濟能力的強大，在被控制的地區，建立商埠：這就是馬克思著作中，所謂「臨海城市」。歐洲列強的擴張，基本上是，經由海道，占有臨海的河口、港灣，就成為歐洲殖民地的立足點。中國近代史上出現的「五口通商」，即是我們熟知的個案：英國憑藉武力，強迫中國開放海岸的五個據點，接納洋人通商。如此形成的歐式城市，與其周圍原居族群的關係，則有經濟上和權力上，巨大的差異；而且，在文化方面，歐美的潮流，凌駕於亞太、非、印，以致逐漸取代了原來的當地文化。馬克思認為，這些臨海城市，與內地之間的對立，很難消除：這也是資本主義的壓迫弱者開放市場的模式。

　　美國初期發展從波士頓到紐約，以至於紐奧良，都是這種臨海城市。不過，歐洲人在北美建立的殖民地，由於原居美洲人民已被歐洲移民強力驅趕和消滅，臨海城市周邊，不再有對立的原居民了。歐洲的新移民，則從進入美洲的時間開始，就是借重「臨海城市」的立足點，一步一步往內陸擴張。他們建立新城市，腹地是空曠的內陸，四周並沒有鄉郊的異民族。於是，美洲出現歷史上嶄新的城市形態。城郊鄉野之間關係是逐步擴散，並未長期維持城市壓迫或控制郊野的緊張關係。

　　人類城市化的歷史，各地區發展的速度和形態，都並不完全一致，我們也不能在這一章做細緻的比較。在本章所處理的問題，應該只是工業革命以後的生產方式，和遠程貿易帶來的商業經濟形態出現以後，在世界各處紛紛呈現的現象。在全世

界的城市化個例之中，美國的城市化現象，有比較完整的紀錄，以資討論演變過程。而且，美國城市規模的巨大和人口眾多，在全世界中也是非常突出的。

從五月花到達新英倫，以至於今日，這三、四百年的歷史，幾乎都是城市化的進程。新英倫的發展，不到兩代，就出現了以波士頓為中心的城市。獨立革命的時期，北方有波士頓、紐約、費城三個大城市。南方在取得路易斯安那領土以前，也至少有兩、三個港口。在建國以後，華盛頓（哥倫比亞特區）作為政治中心，立刻就和波士頓、費城，取得同樣的重要性。那時候，這些城市，都不過有十多萬人口而已。

我居住的匹茲堡，在建國以前，就已經從英法爭奪的「三河」地區的戰略重心，轉變為向西開拓的門戶。那時，匹城人口也已有三、五萬之多。到今天，經過了將近三百多年的演化，美國的城市規模，及其複雜程度，已在人類歷史上，開創了新的階段。

超級都市紐約，在全世界類似規模的大城市，位列前茅。紐約，從一個赫貞江口的港口，發展為美國第一大港，陸續兼併了五個鄰近城市，其「市區」已經相當廣大；大都會地區，超越紐約州界，北自康乃狄克州，南至新澤西州，跨州兼郡，儼然一個歐洲中等國家的疆域；人口將近三千萬人，比台灣總人口還多；紐約的人口，在世界各國人口排序，也位居中段。這一個大城的經濟規模，可與世界前段的幾個發達國家比肩並列。單以其地鐵長度言，竟可以千哩計算。市政的複雜，比一般國家，有過之，而無不及。

　　紐約以外，美國第一級大都市，從東到西點名，波士頓、邁阿密、亞特蘭大、費城、華盛頓、芝加哥、紐奧良、休士頓、達拉斯、西雅圖、舊金山、洛杉磯。這些城市的大都會人口，都在八、九百萬到千餘萬；其個別市區涵蓋的範圍，大致都在四、五百平方英里以上。這些大都市，均是交通要地，有的是海運港口，有的是鐵路、公路的交會點。凡此大都市內部，涵蓋政治區、商業區和居住區，有些還要加上工業生產區。這一級城市四周圍，通常有廣大的郊區（suburb）。

　　美國的二級都市，則有巴爾的摩、匹茲堡、克利夫蘭、底特律、聖路易、鳳凰城、丹佛、波特蘭、聖地牙哥、檀香山，也有十餘處。每一個城市，往往跨越郡縣，或是從一個郡，兼併了附近數郡的一部分。而在城市外，則有郊區。這些二級城市涵蓋地區的人口總數，大致在三百萬到七、八百萬之間。二級都市，都有一些自己的特點：或者某種工業的集中地，或者某個大區域的區域中心。每一個二級城市的功能，並不完全一致，也可能在某一方面特強，其他方面不足了。

　　再下面就是第三級城市了，每個城市人口可能不過十萬到三十萬之間；他們也有自己的郊區，範圍也不很大，這一級的城市約有百計。

　　整個美國就由這一百五十多的市區所覆蓋，美國三億多的人口，十分之九在城區或是郊區居住。剩下不到10%的人口，則是分布在各處農村，那些成分同質、結構單純的小社區。不過，美國的農村，和我們理解中的中國的農村，還是有很大的區別。在拓荒的時代，若干農莊之內是居民點，通常是道路交

會之處，有三、五家車行、旅店、郵局、小百貨店等等。在東岸人口密集之處，農村的居民居住在自己農田附近的「散村」。在道路中心點，另有周邊農家都仰賴的鎮市，提供眾人生活必須的公共功能。從上面敘述，美國的人口集中程度，確實是眾多而密集。美國的城市化現象，在整個世界而論，也最為密集。

城鄉關係是社會學和歷史學上，重要的課題之一；可是，在各個不同文化傳統之中，族群關係的性質和改變過程，都並不完全相同。真得要簡約成一個定義，也並不恰當，也許我們用中心和周邊的關係，以說明大聚落和小聚落，構成了一個城鄉網絡。在工業革命以後，城鄉關係的形態，和古代部落移動以及國家形成過程中，有很大的差別：工業革命和資本主義社會，城鄉關係的要件，是中心都市和周邊之間，財富的分布和供求的關係。固然馬克思在他的「資本論」中，也曾討論那一時代的城鄉關係，他並沒有預料，後來發展的方向以及特性。美國地方廣大，開發過程，各區都有自己的特色，即使是以美國本身而論，從白人進入新大陸至今，這四個世紀中，以北美大陸的城鄉關係而論，也有其地區性的差異，和階段性的發展。

第一個階段，是在美國的東北方向沿海，出現的臨海城市，和他周邊擴張的外圍。英國來的移民，曾經嘗試在南卡州建立基地，這個任務沒有成功。因此，英國移民第一次成功的開展據點，乃是在今天麻省的波士頓周邊：那是一個河港，具有河、海匯聚的特色，適合船隻靠泊，也可以循著河流向內地

伸展。同樣的，荷蘭人在今天曼哈頓，建立新阿姆斯特丹，即是今天的紐約，也是一個河、海相聚的港口，然後從那一港口逐漸向內陸伸展。

這兩個地區，都有可以登陸的海灘、相當廣闊的內陸，與河流及其支流。因此，這兩個地區各自的發展，都從河、海據點，又沿著河流向內陸伸展。他們的腹地和中心城市之間，成為扇形的布置。在幾何學上，這種扇形的擴張和典型的六角形擴張，有相當的差異。這兩片大扇形，沿海的狹長地帶，逐漸靠近，就構成了兩大人口密集地區，又終於聯繫為一片。這兩片集中地區的中央，又有新的河港，則是費城。費城地處內陸，成為波城和紐約之間，三角形的頂點。這三個城市，逐漸結合為一片，成為立國以前，就呈現的中央地帶。立國以後，為了平衡南方殖民地和北方殖民地的關係，新建的首都在華盛頓，那是一片沼澤地上，平底起樓台，建設為國都。既然這是政治中心，當然也就成為大型的城市，四周圍發展為相對接近六角形或是圓形的外圍圈。

上述四個大城市，其個別的地位，具有政治、文化、經濟，個別的重要性，聚合為人口密集的聚落帶。四個中心各有彼此功能，也可以彼此互補。在此後的三百餘年發展中，這龐大的人口中心，吸引了更多的人口和資源，成為巨型都會區。

每個大城市本身，不斷地吸納原來的周邊，擴大成為更大的中心區，而中心區和中心區之間，人口的密集，道路的縱橫，也就很難界定為哪一面的邊陲。到今天，這東北區四大城市構成的巨型都會區（Megapolitan Area），始終是美國中心的

中心，以人口數字五、六千萬左右而論，大約占了全美總人口的五分之一。其政治、經濟和文化的領頭地位，更非任何其他地區可以比擬。這四個大城市，其周邊也還是有自己的近郊和遠郊。每一個地區，還各有次級中心，重疊在郊區之上：這一個巨大的人口集中地區，已經無法再用「城鄉關係」四個字，來作為議題了。

從賓州匹城，及密西西比河上游，向西的大湖地區，則是廣大的中西地帶。匹茲堡城是東北地區到中西地帶的連接點，具有其重要性。匹城的「樞紐」特點，使這一據點，既可以是東邊的延伸，又可為中西部的一部分，也可以成為南方的起點：堪稱各區的聯絡點，卻又不屬於任何一區。關於匹城的城鄉關係，後文有更詳細的討論。

以中西部這一個大地區而論，芝加哥地區、大湖區向西開展據點，南部的頂點，即是大湖區的中心。自從紐約到芝加哥之間，先有了運河，後有鐵路，芝加哥成為中西部與東部、北部，連接的樞紐：從這裡，向東、向南、向西扇形開展，向北則是沿著大湖的邊緣開展。以芝加哥為中心的龐大內陸，是美國開國以後逐步西向開拓，重要的中繼區域。這裡有廣大的農田，後來又是重工業的集中處。鐵路網的密布，芝加哥東、南、西三方面的重要城市，都是從芝加哥輻射出去的。向芝加哥北方，則是沿著河邊擴散，有幾個北方湖區的中心。這些中心四周圍，都有廣大的農田，人口較少。因此，中西部人口密度不可能像東北「波、紐、華」大三角地帶之密集。

美國中西部，廣大地區之內，各個次級區域，幅員廣闊，

也必須有若干適當的地點，作為商品集散，和物資供應的中心，這就是中西部各區的政治和經濟中心，州政府也就落腳在這幾個城市：例如，內布拉斯加州的林肯城。中西部的城鄉關係，也就成為層級型的布置：中心在芝加哥、地區性的中心都市是第二級，下面十萬人左右的城鎮是第三級，然後才是各地由市集轉化成小鎮式的人口集中點，再下面則是廣大的農村，以散村的方式，成為個別小地區的中心。這個布局，倒是最符合幾何學上，「中心、邊緣」的形態。

　　美國的南方，從密西西比河下游，加上從墨西哥的西班牙帝國，取得了的南方內陸，又有自己的特色。密西西比河中下游，以及南、北兩卡羅萊納州，本來就是法國殖民的地區：地處南方，水源豐富，氣候溫和，是良好的農業地帶。後來，因應機器紡織業的需求，棉花的種植，比食糧更有經濟利益；這些地方成為經濟作物的農莊。大地主的農莊本身，就是一個經濟功能自足的個體。各個大莊園之間，會出現一些地處交通要道的市集。而岸適當的地點，則有港埠，作為和歐洲和美國東北部交通的中心。不過，既然莊園本身，是一個相當程度的自足單位，這些地區的中心城市，其功能也就往往只是轉輸，而不能發展為芝加哥那種形態的巨大城市。

　　美國取得了密西西比河以西，廣大的南方內陸，其最初的產業也是農產物，尤其糧食和水果。因此，南方內陸的發展形態，也和大地主經營莊園的方式，相當類似。在石油成為南方內陸握有的重要資源後，因石油帶動的新工業，才創造了必要條件，使南方有若干地區，發展為大都會區。然而，整體而

言，整個美國南方，並沒有像芝加哥那樣的廣大地區的中心城市。南方城市中心的階層形態，也就常常呈現為二級制：一個城市周圍，又有一串城鎮，然後才有散居的村落和小鎮。

美國的西部，也是發展較晚的地帶。從西班牙的墨西哥手中，美國取得整個加州，再從那裡開展了西北各州。這個地帶，從南加州到華盛頓州，是被落磯山隔離的海岸：落磯山貼近太平洋岸，這個狹長地帶，實際上是落磯山的山坡上，散布的幾片台地；太平洋岸的峭直陡立，沿海只有有限的平地，受天然條件的約束，西部的長長海岸，能夠形成都會區的地點，其實很少。每一個都會區的海濱、台地，和內陸的腹地，僅是局促於叢山峻嶺中的谷地。在黃金潮的時代，大量人口進入西岸，追逐黃金夢。金礦挖光，這些開拓者，才進入山谷，開發農田，種植有高經濟價值的水果、蔬菜，和製酒、糖，諸項經濟作物。

凡此地理形勢，約制了西岸的發展，每個城市四周圍，只有一定的平地，可以成為都會區。幾個大都會之間，僅憑單線的道路，聯繫為一片。這個廣大地區，每一個都市區，都用盡了平原、台地和山谷：可以使用的面積有限，因此也就難說，哪裡是城市？哪裡是郊外？南、北兩大城市之間，單線交通的路線上，兩邊都較遠的地區，即是邊緣。這是一串「聯珠串」的模式，和中西部的六角形，完全不一樣。都會區本身的集中性，通常到達了飽和；四周圍延伸的空間，往往是不宜居住的陡坡、深谷，或者地震、火災頻頻出現的後山。

城鄉關係發展的階段，在美國的歷史上，城與鄉之間，有

一種別處少見的形態：即是所謂近郊住宅區（suburb）。在一般的形態，城市是財富、資源集中，各種階級的人，從最富到最窮，都市之內，各自聚集、分區居住。城外的居住點，在農業經濟時代，農家住在農村，小鎮市上是小型工商業的據點，為四周圍的農戶人口服務。在美國歷史，如我們以前說過，19世紀中葉以後，工商業一波一波發展，不斷地開發新產業，也不斷地吸收新人口。到了20世紀初，美國擁有世界上史無前例的龐大生產事業，生產各種工業產品，也就出現了大量的勞工，和中層的管理與技術人員。於是，在工廠主和勞工之間，出現了一群中產階層；這些人口的社會地位、經濟地位，決定於他們的貢獻和收入。他們的專業性，與過去傳統時代的軍、政幹部的情形不同。這些新興中產階層，在20世紀初期以後，一般言之，都是居住在城市之內，或者靠近工廠的二級城市，而他們的雇主，就是洛克斐勒、卡內基那一類人物，也居住在城市之內的特定地區。在那時，還並沒有郊區的存在。

第二次世界大戰，戰後，整個世界的經濟盟主是美國。美國生產了全世界最大數量的產品，支持戰後各地的復甦。而且，戰後新興的產業，不斷更新工業本身的性質和結構。這種產業的擴張和升級，必須仰仗大量的專業人才，擔任管理和技術的任務。二戰以後，美國政府設立軍人復員的獎學金，讓回鄉的軍人，進入大學深造，學習新的技能。相對的措施，美國每州都增加了州立大學：或以原有的學校擴大、升等，或者增設新的學校，培養各種人才。

1942年，歐洲戰場結束；1945年，亞太戰場結束。1960

年代後期，那些培訓的新人才，都已經離開學校，進入職場，各就各位，服務擴大了許多倍的企業界。他們的收入，是過去農戶收入的若干倍：新興的中產階層，遂成為美國社會的骨幹。他們自己的家庭背景，可能是工廠的工人、也可能是農業地區的農家子弟；此時，他們取得了良好的經濟能力，也有相當的社會地位，城市之中，一時之間，不會有這麼多的中等房舍，供他們購產居住。當時，汽車工業發達，國家全面建設公路網。美國一般人士，都有可以移動的條件。這些湧現於各處的職業人口，不再回到原來的農村，於是，農村與城市之間，有許多農莊，就轉化為居住的郊區。

這些郊區的分布，通常在城市的邊緣，中產階層擴大，城市邊緣既非城市、也非農村的居住區，也逐漸擴大，成為圍繞著城市的邊緣帶。我們通常借用紡織品的名稱，稱為「裙邊帶」。這一形態的聚落，大的生活需求，仰仗於城市，日常生活的需求，則是沿著公路發展的購物中心，或者購物商場（Mall）那一宛如覆蓋於室內的街市。從1960年代，繼續不斷地擴張，一直到1980年代，全美國各地大城市外面的郊區，因為其寬敞的空間和良好的自然環境，吸引了許多本來在城市居住的居民，前往郊區。這就產生了購物功能的擴散，相對地，財富也就從市中心流向郊區。

這些新興的中產階層，誠如上述，有許多是經歷過二戰，曾經在海外服務，他們認識到美國以外的世界：無論是歐洲的原鄉，或者東亞地區，他們曾經以為是古老神祕的地方。他們忽然發現，這些地方都有一些值得注意的特色。歐洲是美國文

化的源頭，美國文化的一些基礎，還留在歐洲。移民只是從原鄉帶過來一些舊日文化的皮毛。然而在東方，風俗習慣和文化的趨向，又和美國有顯著的差異。異地風光刺激他們認真的思考，美國的價值和美國的生活方式，是不是如過去在美國長期居住的人口所想像：「美國第一」、「美國最優秀」、「美國的價值是唯一的選擇」？

更從現實面來看，新興的中產階層，往往捲入世界化市場的潮流。他們的職業就可能是全球性貿易網中的一環。這些特色，開拓了新的視野。我們也可以稱之為一種新的世界主義，也可以說是，由於這刺激，引發了他們對美國傳統精神和文化，有了反省的機會。這一廣大的中產階層，在生活方式和思想形態方面，都與過去美國一般的公民不一樣了。假如他們各自回到自己的故鄉，這種世界化的影響，也許會整體地改變美國文化，即使內陸，也不能例外。然而，新興的中產階層，絕大多數離鄉日久，不能再回去；他們的心已經屬於城市，也超越了美國：這些人代表著美國新興城市文化，也因此具有與以前完全不同的風貌和內容。

中產階層為主體的大都會區，增加了許多新的工作，這些人都是城市的服務業；他們待遇薄弱，需要的技能不高，於是在城市之中，出現了底層的低收入人口。這些人很多都來自外國的移民，尤其中南美的西語系人口，和東亞地帶的亞裔人口。在二戰後，美國曾經在東亞有過兩次大規模的戰爭，一次在朝鮮半島，一次在中南半島。東南亞的勞工，和韓國、中國勞工，都是在這些戰爭之間，因緣際會，進入美國，加入低收

入勞動者的隊伍。

在大城市中，這些低收入的人群，其實與內陸農業地帶，吸收的西語系勞工，並不相同。那些內陸的農業勞工，在過去是季候型的出現，農忙時他們從墨西哥和中南美進入美國。收穫季節一過，他們帶了工資，回到家鄉，再過半年或是一年，再來美國。在城市中這些新到的外來者，卻是永遠流落在美國城市的底層，只有相當少數，可以在美國社會中，逐漸增加收入、提升社會地位。

最近半個世紀來，由於中東地帶的形勢不安定，又有大量中東和西亞的勞工，先是就近進入歐洲的城市，在歐洲的吸收能力飽和時，美國成為另一選項。這些伊斯蘭教的信徒，在歐美各處，均有格格不入之矛盾。基督教和回教都是獨神信仰，本來就有長期的對抗和敵視。回教徒的生活方式，頗多禁忌，是以回教徒和四周圍的生活環境，很難相容：種種新愁舊怨，使美國城市地區，因為這些新到的中東移民，發生了許多眾所周知的暴力事件。從2001年，最劇烈的九一一紐約世貿大廈的驚人事件，以至於到最近不斷發生的槍殺案：於是，在美國城市之中，增加了許多過去罕見的意外和衝突。

在城市中出現了「水泥叢林」（沒有法律的蠻荒地區）：例如，芝加哥市中心南面，三十餘號到四十餘號的街段，乃是非裔人口的戰區。紐約市的西城，原本是西語系的地帶，那裡也是槍殺不斷，現在這一危險區域更擴大及於布魯克林。在曼哈頓，每一個街角上，水果攤的附近，都經常出現韓裔人口的水果攤，和西語系的水果攤，因為業務的競爭而發生摩擦。紐約

計程車司機更是各種新到移民的混合，這一個特殊社群之內，各種各樣的事件都可能發生。都市，本來事故很多，現在在這大都市中，有許多禁區，外人不敢涉足，更加上活動性的危險：兩群計程車司機的械鬥。

這種複雜的低收入人口，因為其族群的構成來源不同，對美國都市生活有巨大的影響。簡單言之，一個美國大都會之中，最大多數的居民乃是中產階層；他們尋求的是安定，和滿足一定程度的生活需求。然而，也就在他們肘腋之下，卻是有接觸而無來往的另外一個階層。過去中產階層與勞工階層之間的密切關係，已經無復當初。中產階層和他們原本是雇主群的富豪們之間，原本關係相當密切，現在由於富豪遷移他處，只留下舊日豪宅，改裝為若干戶共居的集體住宅。富豪們與他們中產階層雇員之間，也彼此脫了節。

大財主們，轉而遷往物資更為充沛、房舍更為考究的大城市內，居住在城市之內的豪宅，或是高樓大廈的頂層。至於大的商店，則集中在每個城，最為繁華的市區（Downtown）。整體而言，因為上層和中產階層的離去，城市反而成為窮人集中點。以華盛頓為例，大概從1960年以後，除了白宮和聯邦政府各單位，還在城市之內，一般的居民都離開華盛頓，紛紛移往維吉尼亞州和馬里蘭州的郊區。當然，郊區本身，也有分等，真正豪宅，不在郊區之內，而在許多郊區中間的空曠地帶，另外開闢豪宅的昂貴地區。

如此轉變，美國的都市形態和城鄉關係，呈現整體的變化：城中心區最窮困破爛，市區只有白天是公司行號開門工作

的時候，晚上除了飲食店以外，沒有長住居民：過去城內的大公寓，成為貧民區；有若干地帶，竟淪落為荒蕪和貧窮的代名詞，例如前面說過：芝加哥從市區向南，第四十街左右，是非裔窮人的集中地，那裡簡直就是戰場；白日群毆，夜間槍戰。華府的市中心區也是如此：華府市中心區，無人敢夜行。後來經過「都市更新」措施，華府市區治安，已經相當改觀。這一個階段的轉變，雖然引起大家的注意，各級政府也採取相當措施，希望能加以矯正，卻是很難挽回大勢。上述這種情況，雖然各城都有不一樣的發展，只是基本上大同小異：同一趨勢的人群分裂和衝突激化。

第九章

城鄉分離，階層異化（下）

以我親眼所見，匹城周邊的變化為例：1970年後期開始，美國的工業結構出現轉變。戰後，歐洲和亞太地區的復甦，使各地新出現的產業結構，比較美國的工業更為新穎；美國的工業本來是領先世界，但是在這個時候開始，卻是逐步落後了。第一批落後的是輕工業，包括家用物品，紡織、電器等類。通常，歐亞的產品，都比美國更為前進和價廉，美國在輕工業方面，很快就失去了領導世界的優勢。

接著，1980至2000年之間，則在重工業方面發生的變化，鋼鐵業、汽車業和大型機械工業；美國的產品因為設備與生產方式陳舊，以及工資不斷地提升，美國產品的市場價格，無法和新興工業國家的產品競爭。最嚴重的困境，呈現於匹城的鋼鐵工業，和底特律的汽車工業。歐洲和日本的鋼鐵，賣到匹城的大鋼廠門口，還比本地的物品價廉物美。德國、日本的汽車，甚至於法國、義大利的汽車，在設計和成本方面，都比美國更具優勢，於是，美國本國的汽車市場，一半淪陷於外商的汽車。底特律受的傷害，非常嚴重，到今天才逐漸恢復。

匹城受到的傷害，是在1980至1990年那十年左右。本地的鋼廠紛紛關閉，有的是因為設備老舊，汰舊換新過分昂貴，乾脆遷移異地，另設新廠，例如，阿拉巴馬的伯明罕當地新設的鋼鐵廠，就代替了匹城附近的舊廠。我們眼看著，本來是半天都是紅光和黑煙的山谷地帶，逐漸，天色晴朗了，空氣乾淨了。然而每一家工廠的倒閉，就意味著附近整個小鎮的失業，以及附近日常生活有關的交易市況，都是一落千丈。

整個大湖區，從匹茲堡到芝加哥，原本是美國的工業帶；

在那時候以後，卻得到了一個新外號，是「鐵鏽帶」。產業結構改變，連鎖反應，造成了全國各處工業結構的紛紛轉變。在城鄉關係方面，最顯著的變化，則是原來舊工業的幹部，工程師和管理人員；他們收入都是中、上階層。所屬工業垮了，上述那些幹部中的資深人員，也就紛紛資遣或是退休，提早結束他們的職業生涯。

勞工的收入，由於工會不斷要求改善待遇，他們的生活水準，在世界各處同類的勞工對比，遠為優越。這些人的失業，尤其資深勞工，熟悉於舊日的技術，很難再學習新的技能，他們從此就淪入貧困階層之中。那一段淒慘的歲月，眼看著本來待遇豐厚的勞工，竟然要在天色黃昏以後，悄悄地到果菜市場的後門，撿取當天要拋棄的過剩貨物。這些工人經濟上的損失，還不如他自尊上的傷害，更令人酸鼻。

這種反應，是連鎖性的，有大批人員失去了原有的職業，或是經濟優勢，他們原來生活的標準，也就跟著逐漸低落。這些中產階層勞工階層上層人物的收入，不能轉變為過去一樣的消費，影響所及，就是美國整個市場經濟，因此必須調整。

前段所說城鄉關係：市中心區到了晚上，不再有人；而城中的住宅比較老舊，中上階層的人，都已經移居郊外，所謂郊區。這些郊外的住宅，跟著戰後美國經濟的優勢，每個城市的中產階層，人數都逐漸增加，而且每一家的個人收入，都是向上曲線。於是，最近的近郊，可能房屋比較小，也比較舊，雖然比起城區，已經是新建，然而十年下來，也就成為舊住宅了。一波又一波，收入豐裕的人員，不斷向外遷移，建體的空

間大，房屋的使用面積也相對增加。這一個形態，導致了前面所說，大城市周邊區域，出現許多購物中心和大型室商場大廈（Mall）。

在中高層收入的人發現自己已經失去了優勢；他們不得不改變生活方式，也許退休到物價比較低廉的其他城市，或者將自己的豪宅出售，搬進城內，購買翻新的舊宅。這些反方向的人口移動，將城內貧戶本來占有的社區，一處處翻新改建，貧戶不得不移向郊外；他們移入的大概就是近郊，離城比較近的郊區，而離城稍遠的豪宅地區，他們還沒有購買能力。如此內、外對換的形態，使得城鄉之間的主客關係，也因此顛倒。日常生活所需的商店，又移入城內；郊外的那些購物中心和商業大廈，有的拆除，有的荒廢。一個比較富足的城內，不再有許多貧戶的袋形地區；整個城市周邊的小社區，則是貧窮住戶的安身之所。周圍的近郊區房價低落，治安也頻頻出現問題。

以我所居住的匹城為例。這個城市的城中區，面積不大，只是三河交流的三角地帶，縱橫不過幾十條街。在狹小的三角地帶，曾經有過美國大企業總部的集中，僅次於紐約和芝加哥。城中心區的辦公大樓、百貨公司、旅館、銀行、商店鱗次櫛比。許多建築，雖然古老，但是今天還是看得出當年設計的優雅、建築的考究。跨過中間一段 Hill District，那裡本來是猶太人的社區，曾經有過相當不錯的歲月。再往山上走，則是文教區，有四、五家大學、學院、醫院和博物館：這是「東城」，也就是 Oakland 和 Shadyside。這一區，也是當年匹茲堡最盛的時代，Mellon 等人的豪宅所在。

　　在早期，城市中心逐漸敗壞時，Hill District最先敗壞，猶太人遷移到松鼠山。匹茲堡鋼鐵工業興盛的時候，工程師、管理人員、醫生等，都向東角遷移，分布在東向的大道兩邊，逐漸經由松鼠山隧道，推移到Monroeville和更東地區。那一條公路兩邊，一個、一個小社區，都是中上階層人的住宅，愈往東、發展愈新，房屋的使用面積愈大。1980年左右，最後一波，推到離市區二十多哩以外：假如早期的東郊房屋是十幾萬到二十萬的價碼時，這些最東地區的豪宅，就已經是三、四十萬到四、五十萬；使用面積從東角的兩千平方呎左右，擴大到五、六千平方呎；周邊用地，至少五、六英畝。如此榮景，維持了三十年左右，等到鋼鐵業以及其他相關產業衰落時候，最後一波建設的東郊豪宅，到今天，跌價跌了一半，還是有行無市。

　　相對而言，在城內，三角地帶的市區，當年的大公司，只剩下他們的名字，例如，「美鋼大樓」，整樓由玻璃和鋼材建構，今天已經稱為「匹大醫藥大樓」。當年市區內，園林式的辦公樓，已經改變為高價的共用住宅。匹城城區的復興：一方面匹大的醫藥中心發展迅速，今天擁有三千位醫生。這個醫藥中心的服務版圖，涵蓋了整個匹城大都會區：周邊五、六個縣，還深入紐約州西部，西弗州北部，和俄亥俄州的東邊。卡內基美倫大學則迅速發展資訊工業和硬體、軟體，包括無人自動車、人工智慧等等項目。谷歌的研究中心也設在East Liberty：Shadyside的鄰近地區。這幾個新興的企業，再加上兩家大學，和相應的國際學術活動中心，使本來的文教東區，又

恢復了當年的繁榮。當年在 East Liberty 的貧戶，由於這一地區的改建、翻新，東遷 Wilkinsburg、Penn Hill，以及 Monroeville 的周邊。東郊商業大廈 Monroeville Mall，今天成為不良少年聚集的地點。這種內、外轉變的形式，在全美的各城市，都以不同的步驟和不同的方向，處處正在進行。

　　新出現的社會階層化，在這二十年來，遂與過去不同了。過去的富人、中產、貧寒，三級區隔，其間生活方式與意識形態的差異，沒有今天各階層之間的距離，如此遙遠。以匹城發展形態所呈現的例證：美國的城市與鄉郊的關係，隨著近現代產業結構的不斷轉變，每個階段都會因其產業的特色，形成社會財富分配的差異，形成社會嚴重的階層化。大企業家、企業管理人員和勞工，三個階層本已成形。不同社會的階層，其生活的條件，和每一階層的次文化，於無形中，將城市的居民，分割為不同的社區，每個社區之內，呈現自己的特色：這就是城市之內的社會異化（Alienation）。

　　從上面所說，乃是美國城市化的後果。城市內部有嚴重的分化，富區、貧區之間，住宅區和商業區之間，都有不同的變化；凡此變化，隨著新產業不斷轉型，使得區間之間的差異，一代比一代嚴重。貧區逐漸從市區的本部，推向角落：本來中產階層居住的近郊，逐漸變成貧窮居民的住所。中產階層移向都市內部，使內部的富庶程度更為顯著。美國本來是一個還算平等的社會；最近三十年來，出現迅速變化，現在大概已經進入長程演變的第三個階段：貧富差異的程度，各階層之間，彼此異化，已經無法逆轉。於是，城市生活，既有分工，也有異

化。而且各區之間，犬牙相錯，並不一定像古代城邦那樣，從中心擴散到邊緣。

綜合言之：前幾章和本章都談到，19世紀以後，美國急速的工業化進程。每一次產業轉型，都出現社會階級格局的重新洗牌。以匹城而論，杜肯堡初建時期，是法國人為了控制三河交叉點的戰略需要。英、法殖民者爭奪密西西比河的控制權，分別利用當地的印第安族群：那個階段，這一據點確實有臨海城市的特色，也就是殖民者和土著之間存在巨大差異和矛盾。這些土著在英、法對抗之下，仍舊不能長久居住在匹城周圍，不得不往內陸遷移。英國殖民者完全控制三河地區，匹城成為交通要道的分叉點：新到的殖民者，在城郊開拓農地，城內則是供應鄉郊農民的市場中心。隨著向內陸殖民的近程，除了有一大批過路的開拓者，僅僅在這裡歇腳，很快就轉入內陸。匹城四周圍，卻剩下了很多分散的農莊。這一個範圍，郵驛馬車道路和三河運河系統，聯繫為一體。從那時候以下，兩百年左右，匹城延伸的範圍，也就逐漸成形：西賓州的一塊，加上紐約、俄州和西弗州的一角落。這個區域，以台灣的疆域來做比較，大概相當於半個西部台灣。

鋼鐵業發展之後，匹城的生產能力，將匹城的地位拉拔到全國重要城市之一。新來的勞工，在每個工廠的四周圍，因為在工廠工作的需求，聚集為一些工廠工人的居住區，他們與工廠之間的關係，也有經濟上的主從，和文化上的差異。同時，在匹城的三河市區，向三方面發展時，整個的斜坡地，又成為工廠主人和管理者居住的地點。市區本身，則成為商業單位和

生產單位的總部所在，城市中的各個分區，又出現上層企業主人，上層管理人員，中層管理人員，三級的劃分。這也是一種經濟關係而決定的異化，他們的族群來源，生活方式，教育程度，各有差異。

匹城成為工商業中心以後，城內有限土地，不足以容納逐漸增長的人口。而且，承受周邊工廠的空氣污染，使許多新到的中層階級，紛紛向近郊開發新的居住地。這就是戰後出現而形成美國特色的suburb（郊區）生活。

在大企業家紛紛遷往更大的消費城市，例如紐約、佛羅里達、南加州等處以後，匹城城內（down town）是文化和教育單位，工商總部所在，以及大商店集中的地區。超越這些最繁華地區之外，有一圈中下層和窮困勞工的住宅。星狀放射的道路網絡，則將中上層的居民，移往郊外。在郊區，每一個住宅，都擁有自己寬廣的宅地，圍繞著的是花樹、草坪，每個住宅離大路都有一定的距離，各有支路聯繫分散的住宅。在大路邊上，則出現帶狀的商業區域，就所謂購物商場，甚至於還有封閉的購物中心（Mall）。這個新的形態，也只有在北美大陸，地區廣闊，有足夠空地擴張，才有出現的可能。歐亞舊大陸，其實都缺少足夠的空地，容納如此高度分散的郊區。

最後，則是第三波的發展，如前所述：在鋼鐵工業遷離以後，逐漸轉型成為新的科技城市。舊日勞工的社區，隨著工廠的倒閉和遷離，逐漸淪落為貧窮的小社區。城外本來中上階層的郊區，則因為跟隨著大型工廠的消失，這些人也就離開了原來的地點。郊外房地產的跌落，使新興產業需求的高科技工作

人員，都集中城市：他們的工作，無論是研究、醫療、法律或是商務等等，都不能離開工作地點太遠，於是新興產業的新中產階級，居住在城內新建的高樓大廈，連棟、雙拼、不同形式。翻新的城區，排擠貧窮居民，使後者移向郊區，將其一變為分散的新貧民窟：這是內外互換的社會區位分化。

匹城出現至少三個時期的居住形態，在其他城市也多多少少有類似的發展。前面提過，首都華盛頓，現在是市區中心最窮，離城越遠越富的「擴散型」。又以北卡州的三角「科研園地」為例，那是一個全新的科研集中地：三家大學各占一角，中心則是最新高科技的研究中心，和他們在大量投產前的實驗工廠。這一個地區，人口不少，中心參雜了許多農家，收入不高，也無法與內部三角和四周的大學融合。這一「城市」聚落，沒有 down town（城區），卻有許多沿著大路邊上，綿延不斷的購物中心、旅舍和服務站等等設施。在三角地帶之外，由於北卡氣候溫和，風景優美，各種小區之間，存在著大片的樹林和山野。周邊山坡，許多外來居民，遷來住入養老社區。北卡的整個東半部，大概就形成了一個和傳統城市，完全不同面貌的居民集合區。上列不同性質的居民，或工作人員，彼此之間，互不往來，對面如陌路。

美國兩百多年發展的城鄉形態，實際上已經將半數以上的全國人口，納入若干城市都會區。這些都會區的居民生活，出現了一些城居生活的特色：社區居民的多元和異化，而且這些異化的趨向，不斷分類和重組，重組又分類；又加上因為產業結構的改變，而引發的不斷遷移，於是城市中的居民，無論其

文化或是利益，都只有分歧和離散，卻難得出現凝聚的現象。每一個人在他一生之中，可能遷移若干次，或者是跨城，從這個職業轉到另一個職業，從這個地區搬移到另一地區。或者就在本市之內，由於收入增減，而不斷地搬家。

我在1970年到了美國時，社會學家觀察到的特色，一個美國的中產階層家庭。會因為年齡、職業和家庭結構的種種改變，一生之中，可能每隔五年到七年，遷移一次。我遷來匹城，從1970年，至今，有四十八年了：一家三口，也曾遷移過六次，和上述五年、七年的頻率，相差不遠。

小家庭結構，子女長大，各自展翼，飛向他處，組織新巢。社區遷移、離散，在社區之內，鄰居之間沒有交流，更不談守望相助、噓寒問暖的交情。在匹城居住將近五十年之久，目睹原本是社區中心的教會，紛紛衰敗；一家一家的教堂，因為教眾離散，不得不改建為其他的建築。我現在自己住的一個共居住宅，就是將原來一座路德會教堂改建而成。城內的居民，如果是住在多家庭的公寓或是集居，對門鄰舍，三呎的走廊，卻是如天涯之隔，最多在電梯裡彼此點頭；見面不點頭的，更為常見。

美國的國民教育，本來是社區凝聚的中心：兒童們從幼稚園到高中畢業，左、右鄰舍都是同學。現在不然，自從當年為了消弭族群的隔離，而將社區、學校合併為大型學校，由校車接送散居各處的兒童；一個中小學，竟有數千學生，同學之間不再有放學以後，成群步行回家的交情，更不說鄰居同學一聲吆喝，大家一起遊戲的機會。更加上最近十餘年來，電子傳訊

工具的普遍，每個人都可以經由電波，和其他地方的人，甚至於從未識面的人傳來消息，討論一些共同關心的事務；但是對鄰座面前的家人、鄰居和同學，卻可以視而不見。家庭成員共餐的時候，每個人都忙著摸手機，當面在場的各人之間，沒有交集。中文諺語，「天涯若比鄰」，今天的美國，則是「比鄰隔山岳，同室如天涯」。

　　總體言之：除了市區之內，有上述的貧富差異以外，在本章前面也敘述過：美國已經有四個極大的超級城區：東北從波士頓到華府DC；西岸從北加到南加；德州也在形成從達拉斯到休士頓的龐大都市區。中間一帶，芝加哥附近，聯繫到大湖周邊，又是一個雖然比較鬆散，確是以芝加哥為中心的大都會區。再加上匹茲堡、底特律等等二級城市，也有二十多個，每個都會區也聚集了數百萬人口。這些大都會區和中型城市的居住人口，大概已經占了美國總人口三億多的一半以上。另外小半人口，則居住在小型都市、市鎮和農村。農村居住人口跟著美國農業的企業化，正在逐漸減少，以致只占了總人口的10%以下（我的估計，大概只占了5%左右）。

　　從上面的敘述，美國都市化現象以後，除了城市之內的貧富差異以外，有另外一種形態：小城市集中的人口，能夠掌握的資源原本單薄。雖然有些小城市，也曾經有過光輝的時代：例如，俄亥俄州的艾克倫（Akron），本來是以汽車橡膠輪胎業為主的工業城，曾經非常富足。天然橡膠被石化橡膠代替以後，這個城市的工業完全倒閉，今天幾乎如同死城。這一類城市和他四周圍的人口，幾乎全部是仰賴其特定產業，工作求

生，一旦情況改變，整個地區，全部遭災。艾克倫的個例：這個城市已經衰敗無法重振。

另一個例子，是紐約州的羅徹斯特（Rochester），當年是攝影底片的生產業集中之處；世界所有的底片，一半以上是由這個城市供應。然而，在電腦技術發達、攝影不再需要底片時，這個城市失去了所有的生活資源。當年在這個城市，不僅有發達的膠片事業，還有舞蹈學校、音樂學校等等：各種支援電影業的企業。攝影底片工業敗落後，那些攝影業支撐的產業，也就跟著崩潰了。到今天，這個城也是死氣沉沉，只剩了一家羅徹斯特大學，還能維持一部分校區的人口和學生。

這兩個例子，呈現的現象，並不獨特，在美國內地，處處都可以看到，這一類的小城市，因為科技的變化，引發了產業的變化，在新產業奪走了舊產業的資源以後，依靠舊產業度日的小型城鎮，也就被排擠在經濟繁榮圈外了。（https://www.nytimes.com/2017/10/10/business/economy/big-cities.html?emc=eta1）

上述大小城鎮的分化現象，是美國極度都市化過程中，最近一次的兩極化的分化，其呈現的現象，正如洋流，巨浪推動，浩浩蕩蕩，而洋流邊際，則推擠到角落的「淺水灣」；那裡只是大海剩下來的一些殘餘。在經濟洪流的淺水灣，那些拋落於邊際的人口，已經沒有任何可以憑藉的資源，改變自己的命運。這一類的分化現象，和前面敘述大城市之內貧富懸殊現象，都是兩極分化：只是一個出現在都市之內，另一個在都市之外。在一個當年標榜平等的新國家，也號稱有無限機會的新

大陸，在成長到了世界最富有國家的今天，卻有將近一半的人口，猶如浪淘沙，遺留於過去，被推擠於邊緣。

第一級層大都會區，和第二級層的周邊，是美國產業的集中地，也是財富的集中地。美國的主要大學，也都在這幾個地區之內，城市中的就業人員，知識程度相對而言，是中等以上，許多重要的媒體，他們的讀者和觀眾，也是以這些一半左右的城市人口作為對象。因此，這些地區居民所接觸到的文化，是現代的尖端；而居民的生活方式和行為心態，都比較偏於自由和開放。

綜合這些因素，在美國的兩黨政治，每次大選的投票取向，這些城市人口基本上偏向於民主黨。他們的政治理念和社會意識，也都比較偏向於全球化，關心族群之間的開放，也注意社會的公平和公義。尤其在最近的四、五次大選，這些都市人口選擇的對象，愈來愈趨向於民主黨。即使一向城郊選票拉鋸的大城市，例如芝加哥；最近兩次大選，芝加哥的選票經常投給民主黨。在美國選舉地圖上，這些城市人口是所謂「藍色地帶」。

最近大半的世紀來，美國產業結構的改變，尤其最近數位化和自動化的工具，服務業從業人員的素質也發生極大的變化.。那些在19世紀末到20世紀中，以基本重工業和一般生產事業，舊日的員工都無法在城市裡面，得到適當的工作。產業革命的大浪潮，將過去曾經是一代天驕的勞工，甩到遠郊。城市近郊和城市是中產階級的居住地，只有遠郊還是保留當年小城鎮的色彩。美國內陸的大弧形中間，人口稀少，還是以農業

為主體，人口安土重遷；一些當年農業地帶的服務業和日常工業的勞工，還留在農業廣大地區。這些廣大內陸和上述城市區遠郊留下的舊日勞工和鄉村人口，他們的知識程度比較偏於中下，而且因為不太容易找到職業，更有一些是老年退休，回到家鄉去長住。

上述內陸和遠郊的人口，就是美國產業結構改變大浪潮，推移於各地，停滯的「淺水灣」。這些人口在投票區域下，是屬於保守的，他們通常會投共和黨的候選人。他們的意識形態是：美國至上，美國的制度不容改變，美國與世界各地相比，乃是最好的地區，而自己的家鄉，更是子子孫孫生根不走的原鄉。那些勞工，大致都是已經退休的，他們還記得當年工運時代的輝煌，而今天產業的升等，把他們撂落在一邊，不能再得到產業升等以後，分享新財富的利潤。

另一角度看，在這投保守黨候選人的紅色地帶，居民無處可去，很少遷移，社會卻比較安定。前面有一章我提到，我當年祕書子女的婚禮上，在一百哩附近，可有以百計的親友出席。我的老祕書終生是個祕書職位，他的丈夫本來是獨立自營的印刷行，在今日的數位化和電腦時代，印刷行也沒有存在的可能。這一家的夫婦和他們的親友，正代表著社會大浪潮之後，遺留在淺水灣的人群。這一次川普的當選，全國有40%的票源，是投了這一位前所未見的候選人。他的票源，就是這一個紅色的保守地帶。

紅藍兩色的分野，在今天非常顯著的顯示了美國的分裂。過去的大選，跟著候選人本身的政見，紅、藍之間的區隔，常

常有中間的模糊地帶。2016年的選舉，卻是截然兩分。因此，大家感慨，北美合眾國（United States of America）已經分裂，不同意識形態與認知視野，決定了個人選擇政黨和政策，不同階層和歸屬的人群，各自選邊：其間對立、抗爭的嚴重，儼然處於內戰之態勢。（https://www.nytimes.com/2018/10/02/opinion/the-american-civil-war-part-ii.html）

　　如此分裂的美國，兩個半邊，生活方式和意識形態，也已形同兩個世界。城區的居民，住所經常升等，或是降等，居民不斷進出，當年鄉黨鄰里的親密，也無復可見。數十年前，比較穩定的時代，鄉黨鄰里建構親密關係的條件，常常是基督教會的教堂，和與教會有關的私立學校，教會的聚會，和學校的母姊會組織，再加上一些社團，例如，扶輪會、青商會等等，千絲萬縷，將當地的人口編織為一個關係網。我記憶之中，1950年代，我剛到美國，當地社區的凝聚性，還是城市生活中，彌足珍貴的部分。他們雖然不像中國傳統社會，有宗族、親戚等等的紐帶，結合為一個堅實的社區，可是那個時代的美國社區，也足夠使人覺得回到自己的家邊，彼此都熟悉，人間有關懷。

　　在城市裡面移動頻繁以後，上述教區、學區，以及社團的凝聚性，也都從稀薄到逐漸喪失。前面曾經提過，基督教教會人口逐漸減少，今天大家一般的估計，真正上教堂的人數，在城市之中，大概只有人口25%左右。

　　在農村地區和內陸，許多當地原有的教會宗派，還是維持他們的教區和教堂；只是願意到鄉村服務的神職人員愈來愈

少，內陸和遠郊的居民，維持地方教會的財力，也逐漸薄弱。雖然教會照舊存在，他們在地方上維持了社區核心功能，卻已經大不如前。何況，這些遠郊和內陸地區的年輕人，既然在家鄉很難找到工作，有不少離鄉之後，就不再回來。教會的年輕教眾日漸減少，我有過一次參加離匹城一百多哩路遠郊Latrobe的活動，聚會的地點是當地的教堂，一個可以容納二百餘人的大堂，只見五、六十位長者在座。牧師本身也必須尋找額外的兼差，維持他基本的生活。

群眾取向最濃厚的福音教派，還是可以有成千的信徒，聚集在帳棚中禱告和歌唱。他們在內陸和南部的力量，遠大於藍色地區。一般的理解，南部和內陸福音教會的傳道人，並不真正以教義服務信眾，而是將娛樂和奮興混合為一。更為眾詬病者，這一地區最活躍的傳教人，他們的誠信遠不如他們的斂財傾向。大都市的市區之內在，不僅傳統社區教會，教眾流失，福音教派也沒有活動的空間。將紅色地區、藍色地區的教會影響力作為指標，以及群眾對於宗教信仰的投入程度，作為對比，美國一般百姓，在意識形態方面，也已經分裂了。

美國國民教育，久已普及。過去的地方中、小學，也是社區凝聚的中心之一。現在，如前已經提過：私立學校逐漸被大規模的公立中、小學代替。因為1960至1970年代的民權運動，設法突破學校的種族界線，許多大型的中、小學的學生，都是跨區入學；學生家長和學校之間的關係完全脫節。日常生活方面：大型的商店和大賣場，代替了街角的「家庭」雜貨店，也不再是街坊鄰居閒聊天的地方。固然今天也有星巴克這

些咖啡店，但咖啡店其中的常客，都是埋頭摸手機，彼此不談話；有人發出聲音來，就有人噓止。街坊的理髮室、「藥房」、酒吧：過去都是工餘打發時間的地方，也是社區兒童小球隊的贊助人。今天，這些地方，已經消失了。固然內陸和遠郊的人口，在當地還維繫一定的凝聚力，他們與城市之間的落差與距離，卻是日漸遙遠。小社區的凝聚力，不能補救全國性的稀釋。

　　總結的後果，則是人與人之間的孤立。最近，和美國的工業化和都市化，同一程度的英國，在內閣中增加了一個部級的單位，稱為「孤獨事務部部長」（Minister of loneliness）這個部會的職守，負責處理孤獨人口面臨的問題，生活上面無人照顧，情緒上無所依靠，造成種種的個人病態和社會的病象。美國雖然至今沒有如此專設的政府單位；但是，大家都知道，美國老年人有老年人的寂寞，中、青年人也各有其孤獨。

　　青年人在職場中，工作難得而易失，往往導致婚姻的不穩定。夫妻一倫，不再是神聖的關係。中年人，也就常常是沒有可以傾訴自己情緒，分享成敗的伴侶。大致言之，接受過大學教育，有職業，中等以上收入的人士，70%能有正常的婚姻；教育程度只在高中，經常失業；這些貧窮人士，能有正常婚姻者，大約在30%以下。貧寒女性，有子女者，頗多領取國家社會福利的單親家庭補助；一個年輕女子，如有二、三子女，有了社安補助，即使沒有工作，也足以餬口。如此「單親家庭」，常常只有隨時更換的異性伴侶，卻沒有家庭生活。那些「伴侶」也因為生活不安定，必然感覺孤獨，情緒哪能穩定？

　　美國的社會學家也常常討論這類的問題：吸毒、自殺、無故侵入學校和公眾地區盲目殺人，都是孤獨症的後果。的確，美國社會稱為「寂寞的群眾」：今日在大城市的街道上，熙來攘往，他們沒有真正的朋友。不僅在街道上，即使在家庭之中，一家共餐的情況，愈來愈少見；如果一家夫婦子女共餐，在孩子們長大到十五、六歲之後，餐桌上每人一個電腦或是一個手機，低頭摸索而沒有四目相視的對談。——究竟宗教情緒的淡薄，是因？還是果？人間情感的稀釋，哪個是因？哪個是果？我們也很難下結論。人類走到這個地步，在歷史上罕見前例！

　　在美國地圖上，以如前述，有紅、藍明顯的對照。更深刻的分野，則是心靈上的距離。最近幾屆政府，都盼望能因為教育程度的普及，消除內陸和遠郊，與都會之間的間隔。最近的調查，卻是適得其反。小城市和內陸的孩子們，很少有能力在激烈的競爭中，進入理想的大學，培養就業能力，盼望提高收入，轉化為中產階層。他們往往只是滿足於在當地受教育，在當地的小城市就業，不再夢想美國是個開放社會，也不再自信：「只要我努力，我就可以從小木屋進入白宮」，或者，「我可以從一無所有的年輕人，只要努力，就可能成為富豪。」

　　今天的美國夢有兩個。一個是外國來的新移民：他們的美國夢是在世界最富的國家，有立足之地，以美國低層工資，換算成他們故鄉中等以上的生活標準。另外的美國夢，則是城市中的中產階層：他們的孩子，以為可以從新興的產業中，由於創新或者冒險，一個新的發明，或是新的服務項目，忽然出現

另外一個蓋茲，或是另外一個索羅斯。

　　後者有夢，卻難以實現，那些心懷不平的失落者，已不能理解，也不願面對世界正在變化。他們眷念已經悄然隱入歷史的光輝，面對全球化浪潮的衝擊。舊日的美國，必須接受一群一群他們不熟悉的新移民。她們也無法理解，外國進口的商品，居然占滿市場的貨架，排擠了他們曾經生產的貨品。強烈的排外，轉化為愛國、愛鄉的情緒。凡此內捲心態，遂將單純貧富階層之間的異化，轉變為認知與情感糾纏難分的隔離，更因不能溝通，竟惡化為仇恨。對外，他們堅決支持美國至上的霸權，對內，他們拒絕接受新移民，尤其膚色不夠白的「異類」。美國，自從開國以來，內部族群間的矛盾，竟惡化至同城如寇仇的程度。川普，這一個民主「怪胎」，遂得趁潮崛起，推行其政策！

　　整體言之，美國內陸和遠郊，整體言之，已與城市人口愈行愈遠。而在城市之中，芸芸眾生，熙來攘往，滿街是人，卻都是社會學家所謂，寂寞的人群（lonely crowd）。這是美國人的特色，也會是世界其他各處，跟著美國模式，發展至一定地步，即難免出現的共同特色。人間的疏離，代替了溫暖；人間的合作，變成一時互相之間的利用。這是美國文化和社會結構，最大的隱憂。當人與人之間，只能以「利」相處時，人間不會再有人類情感，也不會再有共同信仰。美國社會將會退化：城市之中，處處是人，卻隨處可見，低頭獨行的孤獨者，在各處掙一口食、過一天日子。

　　今天在美國的華人，曾經保持親密的親友關係，也逐漸失

去了當年的情誼。我們的下一代，和他們的孩子，成長在美國環境之中，也不能避免同化而成為寂寞的群眾。

　　這一個新大陸，曾經是人類寄託理想的地方。這一個國家，也曾經昂首前進。近年來，人類經歷過二次大戰，這一片土地，曾經是難民們最後一處安全的庇護所，曾經託庇美國援手，重建戰火破壞的家園。今日，美國竟然內部出現如此衰象！能不令人感慨？

第十章

美國的政治制度

西元17世紀，五月花號登陸美洲時，正是歐洲地區的西方文化，經歷了歷史上最巨大的變化，包括宗教革命、民族國家的興起、資本主義的萌芽、近代思想的啟蒙時代。這些變化，在人類歷史上如此集中，而又如此深遠的影響，新大陸納入世界歷史，以及美國的興起，都和這些運動息息相關。上面幾項大變化，直接、間接的幾乎都與美國的興起有極大的關係，其性質，也決定了美國的政治制度——近代史上國家制度的設計。這一個規模宏大，而內容非常複雜的公權力結構，有命定的一些特性；但是也有其不斷更新的調整。到今天，美國的國家制度，還沒有完全定型：美國究竟走向何方？任何選擇？只是以目前呈現的方向展望，這個空前未有的新制度，可能踏向為財富貪欲服務的公權力。城上變幻大王旗：現在看來極有可能，這幅王旗的圖案是一個龐大的「$」符號！我們只是盼望，這個趨向還有改變的可能性，庶幾我們不致沉淪於無限的貪壑。

歐洲移民進入美洲，五月花在普利茅斯登陸後，建立的新社區，並非歐洲殖民史上第一次出現的新社會。在此以前，西班牙人、葡萄牙人，已經在新大陸，毀滅了古老的美洲原居民的國家和社會。他們在中南美、太平洋和大西洋的兩岸，都已經開展了許多的殖民地。來自英國的殖民者，也曾經在五月花以前，就到達過北美南部諸處。然而，目前美國歷史標誌普利茅斯社區的重要性，卻也有其特別的意義，因為一切設計新社區的理念，在建立美國政治制度的過程中，終究有其舉足輕重的新理念。

　　五月花號移民，留下的設計理念，確與後來美國整個政治制度設計，密切相關。這一批移民帶來的是一個社區的自治精神：他們登陸以後，致力建設一個立足點，組織自衛、自治的社區。他們界定：這是所有參與者，有意識的組織的一個共同體。這種共同體，用今天法律學上的名詞，是 incorporated（法人團體）。凡參與這個共同體的成員，歸屬於這個團體，也有意識的，共同管理這個團體。在這小小的基地上，他們將公權力掌握在參與者手中，不交給國王，也不交給任何外在武裝力量。他們有權決定，對錯是非的標準。參與的每一個個人，既有責任、也有權力，維持和修改這一個共同體的性質與功能。這種自治團體，在歐洲舊的秩序崩潰時，曾經表現於克倫威爾的大革命，也曾經成為法國大革命的理論基礎。只是，前此，國家制度的規劃，僅是修改舊制，並沒有重新開創一個嶄新的設計。

　　五月花社區出現的時候，作為一個獨立國家的美國還沒出現。理論上，英國後裔在北美建立的基地，都還是英王陛下的領地；我所在的匹城（1816年建市），其出現早於美利堅合眾國的誕生。實際上，英國並沒有執行其直接的統治權，美國獨立運動就正是為了否認英王有如此的權力。在建國以前，北美許多英國殖民的社區，他們終於都仿照普茅斯頓的模式，自己組織、締造所歸屬的共同體。美國獨立運動之後，整個建國規模，都是從小社區的自治體，發展為一個涵蓋許多不同層次的共同體，構建擁有共同公權力的國家機制。

　　回到社區共同體的結構，大到波士頓、紐約，小到窮鄉僻

壞的小市鎮，都經過組織法人團體的過程：參加者以平等的身分，共同締造這麼一個團體。他們自己選出行政官員，作為共同體的行政首長。

　　他們組織法庭，代表公權力：在法官的左右兩側，一側是代表公權力監督成員行為的檢察官；另外一邊，則是代表共同體個別成員的律師，依據社區規定的程序，由檢察官指責犯規者，由犯規者的代表律師，為他依法辯護。而法官聽審的時候，如果是刑事案，也就是牽扯到人身本身自由與存在的案件，法官的判斷，不能根據被告自己的認罪和自白，也就是共同體的成員，不能自證其罪，而受懲罰。犯罪的認定，必須要根據所有成員的代表者，陪審團，認定被告是否違法？是否應當懲罰？這個共同社區，雇用警察，授與警察維護治安的權力。為了維持這個共同體的行政機構的運行，每個共同體的成員，必須從他自己收入中，將一部分作為稅款，繳付給這一個共同體。理論上，社區共同體的成員，能夠執干戈以衛社稷者，都有權持有武器，負擔保衛團體的責任。上面所述的情況，乃是美國憲法中人權法規修正條文的精神。

　　美國建國前，有十三個英國殖民地，每一個殖民地都以國家體制存在。他們都由一群上述的共同體自治的城鎮，以共同的意願結為一體。這十三個殖民地，後來成為十三個州，在今天相當於古老政治制度的省份，其實都自認是獨立的主權國家。例如，我所在的賓州，正式的名稱不是State of Pennsylvania，而是Commonwealth of Pennsylvania。美利堅合眾國USA，其實是一個聯邦政府的體制：所有各州個別授權才形成的大單位。

聯邦政府並不是各州的上司，也並不是擁有各州的主權者。

　　眾所周知，美國的憲法規定，是三權鼎立，立法、行政和司法。這三項權力的內容，簡述如下：共同體中，人民選舉為眾人服務的行政官，由人民代表立法構成的市議會，以及維持公秩序而設立的司法部門。更須注意者，聯邦政府的司法部門，另有一個大法官會議，是以法學專業者的專長，根據成文法和習慣法的內容，與行政權、立法權有衝突時，或是有錯誤或遺漏時，這個大法官會議，根據已經規定的法律，做出裁斷，約束和糾正行政權和立法權，過分或不足的缺失。

　　在最初設計時，司法權部分，除了人民授權以外，還必須具備充分法律專業知識，作為大法官的條件。逐漸演變，美國政府中，又多出了一個以專業知識服務大眾的單位，其組成成員，必須具備經濟學的專業能力，足以判斷國家如何維持經濟運作，而必須發行的貨幣量。這兩種要求專業知識單位，就將單純的民意，加上了專業知識的條件，以防止公眾民意對於法律和經濟運作的知識不足，而經過投票，做出錯誤的決定。

　　在地方層次，美國有兩條平行的單位，一條是上述城鎮，乃是一個自治團體；另外一條則是郡（County）、區（borough），乃是行政單位，州政府的延伸，不是自治團體。他們管轄的事務：例如，收取地方稅，又例如，監督地方公路，和其他交通設施。在美國開拓的時期，郡和區也有核准和發放領墾土地的執照。從地圖上，我們可以看見，匹茲堡以東的郡和區的邊界並不整齊；但是匹茲堡以西，基本上都是直線的方塊，亦即人為的區劃，不是自然形成的社區。

　　上述作為自治單位的城，鎮，卻是一群移民，共同生活，結合為一個團體。他們共同訂立團體的規範，在法律上，形同有主權的團體，亦即是「法人」團體，具有自己的財產，也有自己具有的價值。因此，有些小城鎮，如果因為情勢改變，敗落至沒有居民或是很少居民時，城鎮的「法人」解散，可以將城鎮的權利和財產，標售給得標最高者，等於破產。以上的比較，就是為了說明，自治團體和行政單位之間的差異。

　　聯邦政府和州政府之間權力和權利的劃分，是個嚴重的憲法問題。在美國立國之初，第一次面對這個權力區隔的問題，就是貨幣發行的單位由誰管轄？漢彌爾頓主張設立一個中央銀行，總管全國通行的貨幣。這一決定，無形之中，第一次將聯邦的權力，有所界定。於是，聯邦政府就不再是空洞的機構了。如果沒有這一次的決定，美利堅聯邦政府其實就和今天的聯合國一樣，沒有具體的權力，約束全國的各州。

　　另一次非常重要的決定，則是南北戰爭的時候，林肯面臨的大問題：南方各州認為，蓄奴與否是州的權力，聯邦不能干預。這一爭執，終於兵戎相見，進行了五年的內戰，才確定了聯邦政府有決定全國事務的至高權力，州政府必須服從。如此處置，美的國家體制才得以確立。經過兩次考驗以後，聯邦政府才有代表國家主權的完全權力，決定對外關係的一切事務。否則，國家的主權，分屬在各州，這一國家體制不會是完整的權力機構。

　　最近多少年來，各處都有擁槍者，任意槍殺造成的災害。雖然大家都不能容忍，如此無謂的犧牲許多性命。卻由於憲法

中，第二條修正案；公民有持有武器，保衛自己的權力，甚至
更進一步延伸，公民持有武器，才能夠反對政府非法的統治。
於是，雖然擁槍規定，已經不斷造成災害；不少人也想啟動立
法程序，廢除第二條修正案：至今竟無法撼動這一條款。也就
是這一條款代表的意義，是人民可以有權推翻政府。人類歷史
上，自從有了政府以後，大概只有美國開動了一個例子：「造
反有理」，人民可以合法的推翻政府。

　　美國憲法中規定的聯邦制，每個加盟州，都選出兩位參議
員，組成聯邦兩院中的參議院。這一體制的原型，是美國大湖
地區原居民易洛魁部落聯盟的制度。那個部落聯盟，參加的部
落，每個部落可以推出兩位長老，出席長老會議，決定有關主
權體制的問題。例如，是否再容納新的部落，或者開除原有的
部落等等。此外，每一個部落按照人口，選出一定比例的代
表，出席部落會議。這一個原型，在美國憲法上就成為今日的
參、眾兩院的兩級制。在近代西方帝國主義殖民的歷史上，難
得出現如此例證：殖民者採取原居民所發展的制度，構成國家
體制的一部分。

　　聯邦政府的總統，是全民選舉的，其權力之大，儼然君
王。但是，總統有任期，一任四年，兩任八年，最多兩任之
後，他必須退出政壇，讓新人來接替。這就不是任何世襲君王
可以做到的了。只是，總統的選舉，由於尊重加盟者州權的權
力，所有加盟的州權，州有大小、人有眾寡，如果只是按人口
比例來選出總統，那些小州永遠沒有絲毫發言權。美國憲法的
調停方法，則是以選舉人票來選出總統，每一個州按照人口數

字的比例，選出相當於眾議員人數的選舉人，出席選舉人投票會議，另外，按照每州兩名參議員的數字，每州又可以有兩名選舉人，與上述相當於眾議員數字的選舉人，共同出席選舉人投票會議，選出總統。如此安排，使得小州即使以人口總數推出代表，人數很少，加上這兩名代表州權的名額，小州可以有超過人口數的比重，投票選舉總統。

舉例言之，維吉尼亞州有十一位眾議員，加上兩位參議員，該州就有十三張選舉人票。在總統大選中，一名候選人如果在維州得多數選票，就贏得十三張選舉人票。

首都華盛頓也是政治實體，分配了三張票。全部選舉人票，總數五百三十八張。候選人贏得了二百七十張選舉人票，就能入主白宮。各州之中，除了二州例外，大多採取贏者得到全部選票。（內布拉斯加和緬因州是例外：這兩州是根據各選區大眾選票比例，分配選舉人票數。）於是，如果候選人Ａ，在人口較多的一州，以微小的多數得勝，而在另一人口較小的州，以比數懸殊大敗，他的對手Ｂ獲得該州選票。如果二人所獲全國總票數相差不遠，可能Ａ得到的選舉人票多於Ｂ，卻贏得了選舉。2000年和去年，共和黨的提名人，都是以全國總票數的少數，選舉人票的多數，進駐白宮。這種不公平的計票方法，很受譏評，只是由於修憲不易，至今不能改變。

美國立國時，國土遼闊，還沒有火車、汽車，更沒有飛機，要計算全國的總投票，很難準時、準確地得到投票結果，才有「選舉人會議」制度，讓選舉人代表選民，在一定的時候，從11月全國總投票的日子，長途跋涉，聚集首都，由他

們代表本州的選民，選出新的總統。在今天，這個制度卻失去了補救交通不便的原意，全國的選票幾乎都可以在投票當夜就得到了結果，這一「選舉人會議」，實際上已經沒有意義了。目前大多數人的想法，是直接全民投票，選出總統，再加上每州選出兩個名額的比例數，計算他們的比重，加在人數投票的比重上，計算選出總統的票數。

也有歷史學家認為，開國元老麥迪遜設計「選舉人會議」，乃是擔憂全民投票，可能因為選民素質不齊，選舉結果會淪於「群眾」（mob）的民粹主義。他盼望，群眾選出的「選舉人」，素質較佳，可以自作判斷，選舉國家領導者。（https://www.theatlantic.com/magazine/archive/2018/10/james-madison-mob-rule/568351/）

目前選舉制度的另一項難題，則是兩黨制投票之下，很難有第三黨崛起的機會。因為第三黨能夠得到的票數，通常只在本州有一定的票數，超過原始發源地，就很難得到幾個大州的選票。至於兩黨制的利弊，其利在兩個黨的立場非常明顯的對立，選民抉擇，非此即彼。其弊端則是，每一個時代都有每一個時代選民關心的議題，黨綱的改變，和具有某一黨黨籍議員的意見，並不能同步開展。選民對某一個議題的界定，以及他的主張改變了，但是眾議員所代表的，是他參政時期不斷發展的綜合。他的當選，所代表的立場，已經是十年以前了；由這些人代表選民決定國家大政，並不能夠同步地吻合，此時選民的主張。在新的意見湧現時，兩黨體制以及議員選舉制度，都沒有容納新意見的空間。尤其在那一關鍵時刻，選舉活動可能

已經半以後，大家才發現，選民其實已經注意新的議題，在選舉的分野之中，卻無人代表這一新出現的民意。

美國憲政史上，確實有過好幾次，一個老黨衰退，新黨出現；現在的兩黨，其實都已經和建國時代的兩黨，完全不同了。今日的兩黨，也和四年前的兩黨，參政的代表者，和被代表的選民之間，其意見有相當大的落差。過去新黨的出現，大概總是在一個舊的政黨崩潰離散，顯然不能運作的地步，新黨才有出現的機會。新舊觀念之間，青黃不接，往往使得國政興革的時機，無端地耽擱了至少四年。

20世紀初期發生的經濟大恐慌，幸而有羅斯福總統提出新政，也使美國的選民具體認識了，財富分配作為課題的必要性。那一次進步黨的政見，能夠藉著民主黨的理論空間，被羅斯福總統採用；其中相當的成分，是由於羅斯福總統本身的遠見和威望。這種機會，在最關鍵的時刻，有關鍵的人物出現，只能說是幸運。像這一次2016年的選舉，選出如此荒謬的國家領導人，就是因為兩黨制度之下，第三項意見無法出現，以致落得這麼一個令人扼腕的下場。

回到三權分立的制度：其中與政黨關係最大者，則是立法部門，也就是國會的參、眾兩院。其中，參院是一百位參議員，其職權主要在國家大政的方向。許多日常行政和立法，參議院只有覆核眾院的權力，本身並不能引進新的法案，於是眾院的權力在日常行政中，占了最重要的位置。眾議院四百多位議員，每一個人代表大約七十萬人，因此，眾議員必須面對的是人數龐大的選民。四百多位眾議員，要代表四百多種選民的

群體，每一地區的選民，社會成分和利益需要都不一樣，如何整合這些選民的願望，反映於眾議員的立法，是非常繁重的工作。

今天美國眾議院內部，分別組織為二十多個專題委員會，每個委員會下面，還有次級的分工組合，也還有跨組的聯合委員會，再加上一些程序問題有關的委員會。其中，最重要的一個是 Ways and Means（程序委員會），先要經過這一個委員會分題和分組，其他委員會才能運作。如此複雜的一個結構，如何將全國選民的意見，整合為有關條文，作為建議，先通過專題委員會，假如跨專題的議案，還要幾個專題委員會，分別通過或者合作研討，然後再由各個專題委員會個別通過，然後才能提到眾議院投票，通過以後，再送到參議院核定，參議院還要針對眾議員的法案，再作一次核定，也是一樣要經過繁複、耗時的過程：先從專業分組的委員會、跨組委員會、各個步驟，參議院全體大會核定，各項步驟。

美國的議會政治，選民們可以有權遊說，表達他們的意見。同一選區，不同立場的選民，各有各的遊說人員，合法地代表他們，與議員們磋商。在華府地區，登記有案，合法的遊說團體，有五萬多家。這五萬多家，有五萬多遊說客，也還包括議案可能牽扯到的不同利益團體，由他們代表有關係的利益團體，說明他們的立場。例如，一個有關能源的法案，水電力、油源、煤源，以及再生能源的生產者，都有巨大利益，會受行法案的影響。這些利益團體的立場，和選民的立場，常常並不吻合，免不了有許多利害的衝突。這一些遊說團體對任何

法案的影響，其實比選民們自己希望得到的情形，還更為直接而且深入。於是，任何一個法案，從提議到討論，以至於到終結，其過程重疊、反覆，各種利益團體都會使盡所有的手段：包括合法的賄賂。（例如，某一個利益團體會為某一種方案的性質，盡力支持某一個議員，繼續當選，或者支持另外一個議員，與現任的議員競爭。）這種「合法」的賄賂，實際上乃是利益輸送的另一面貌。從以上所說，我們可以理解，為什麼每一個法案的討論過程，冗長和瑣碎，而最後得以通過的法案，又可能與原意有多大的差距！民主政治號稱匯集民意，代表人民的意見和利益，制定國家行政的方針。然而，美國現行的制度中，立法這一環，可能如此地遷就不同利益團體的利益，而藉民意使各個有關的方面，獲得最大的私利！

　　美國代表立法權的參、眾二院，參議員的地位非常崇高，這一百個人，影響全國的政治，包括外交、內政等等，他們的起家身分，也因此往往是已經在各州地位顯赫的政治人物。當選參議員以前，他們或者已經作過州長，或者已經作過眾議員，也可能在政府之中，已經作過部會首長，再不然就是大企業的主持人，或者重要學門有成就者。如此背景的人物，不大容易從平民之中直接出現；他們的背景，非富即貴，再不然就是聲名顯赫。從好的方面看，他們的教育程度、個人見識和格局，都不平凡。從另外一個方面看，這些人多多少少都是既得利益的上層人物。每一個參議員的背後，都有某一種特定利益群的支持，他們其實並不代表一般的平民。

　　眾議員是由七十多萬人的選區，選出一個議員。美國議

員的選區，是由每一州自己在每一屆選舉之前，按照人口的分布，規劃其區域。每一個州，在大選前後，都必定有兩黨之中某一黨，在該州具有優勢：這種政黨政治的影響，往往導致選區規劃的怪異之處。美國選舉制度中，有一個名詞，gerrymandering，意指彎彎曲曲，左繞右歪，將每個選區的地理位置，拼湊成最有利於現在掌權政黨的選舉，使他們能夠得到最大人數擁護者，擴大當選機會。如此勉強湊合的劃分選區，即難免被人利用，運用權力，偏袒特定人士。

　　眾議員候選人的身分和資格，都必須是在當地的地方選區，有過長期的經驗。例如，在匹城還是工業重鎮時，數十萬工人，幾乎可以肯定，必定有相當數字的眾議員，是由工會支持的。在農業地區，必定是有關當地最大教派支持的候選人。這些候選人，都在當地長期經營。他們本身的背景，往往是從最基層的選區，參加當地的公眾事務，一步步建立地方的聲望，然後他的意見與某一政黨的意見吻合，某一政黨因此吸收若干這種地方上基層起家的政治人物，支持和培養。選舉是很費精神，也必須要有相當財力的支持，才能有競選的組織，也才能夠有足夠的力量，直接、間接的購買廣告，經過公共媒體，創造一個形象，使得一般選民，知道有這麼一個人物。這些基層工作的第一步，有的是當地的學區委員，有的是與警察、救火隊、清潔大隊：這些非常基層的生活需求有關的人物。在工會力量強大的地方，這種人必須是長期參加工會。如果是商業市區，則可能是一些社會團體，扶輪社、青商會等等，或者是代表少數族群的民權組織。上述這些團體的參與

者，本身教育程度並不一定很高，他們的長處是能夠「接地氣」。他們對國家大政未必有具體認識的方向，當然更談不到對國際事務能有足夠的理解。在這些地方人物，進入國會，要代表全國的選民，制定國家方針時，我們就可以明白，那些遊說客，會有多大的影響力。在國家層級，國際事務層級，那些熟悉地方事務的政治人物，就未必具備足夠的知識和能力，抉擇合理的國政方向。美國的民主政治，說穿了，竟是如此不夠專業！

　　美國的總統，既是行政首長，也是三權最高的總持者，這種雙重身分，以致總統本身難以調和各方，而經常捲入三權衝突的漩渦之中。司法權本身是審核另外兩權的運用，是否違背憲法的宗旨？司法權的代表者大法官會議，有十二位專業的終身法官合組，他們立場應當是只從專業考慮。每位法官針對某一議題，獨立提出自己的意見，意見的形成過程，並不磋商，庶幾各人的意見，充分發抒，然後投票，以多數意見，裁定所涉案件，是否合法。這十二人的組成，既然是終身職的法律人員，或是成名的法學家，他們的專業立場，其實已經相當固定。大法官缺額出現，由總統提名合適的專業人員，經過參議院投票核定補缺。法官是終身職，他們自然的生命，在哪一位總統手上終結，完全不可知。於是，有的總統運氣好，在自己任上，可能提名關鍵數字的大法官。這一個總統本身的政治立場，也就決定了在他任上組成的大法官會議，從大法官個人法學立場，已經形成一定特色。多數人員是哪個方向，是左？是右？是民主黨？是共和黨？是聯邦干預？還是州權高張？因

此，大法官會議的獨立性和合理性，竟受總統和法官個人年
壽，及出缺的時間和人數影響，使得大法官的綜合權力，長期
地偏向哪一邊。這種三權制衡的方式，具有相當的偶然性。在
我個人看來，如此彼此牽扯，未必是合理的制衡。

　　三權之中，總統的權非常大，雖然受上面所說，立法權和
司法權的約束，由於總統是首席行政官，他可以以行政命令的
方式，直接處理許多沒有法案依據，但並不違法的事務。因
此，當年華盛頓作總統時，很多人以為選出了皇帝。建國以
來，經過三百年的演變，總統的權力實際上並沒有受很多的約
束；只是，如果一個不能幹的總統，不知道為何控制和駕馭國
會，他的職權就受到了很大的限制。另一方面，一個能幹的總
統，知道怎麼運用立法單位之中，實質的意見領袖（亦即國會
之中，享有高度聲望的人物），替總統在國會護航，這個總統
也可以得心應手。假如一個總統，曾經擔任過眾議員或是參議
員，尤其曾經擔任過眾議員，他自己在原來的國會，已經結合
了一批相當大的同志；這一總統的手，即已伸入國會：他不再
是調停者，而是能夠利用國會權力的行政官。美國歷史上最能
幹的總統，例如羅斯福、杜魯門、詹森，都曾經擔任議員，在
國會中有相當的影響力。又例如，雷根，他自己沒有國會的經
歷，可是他找了布希，一個有過國會經驗的政治人物，擔任他
的副手。雷根可以經過布希，拉攏國會中的權力者，操縱國會。

　　不過，總統的選舉是大事情，要在全國各州得到本章前面
所說，超過選舉人票一半以上，這種選舉耗時也花錢，沒有大
的組織在後面，沒有大量的金錢在後面，任何人不大可能憑自

己的人望，當選總統職位。

我在美國看過第一個大選，就不是一次乾淨的選舉。1960年，是我第一次親身經歷美國的大選。那時候，民主黨的候選人，是由甘迺迪和史蒂文生競爭。史蒂文生品格高、學問好，辦事能力也強，尤其他的見解，是中間偏左，顧及老百姓的福祉，也有執行的能力，但是他沒有財團的支持。他的對手甘迺迪，麻省世家大財閥的子孫，又有哈佛為首的東北名校，作為他的智囊。甘迺迪的競選，從黨內競爭開始，就開創美國選舉的新傳統，第一次使用商業廣告的力量，雇用了美國廣告業的高手，以大量的金錢，投入媒體。尤其電視正在開始普及，在每個家的客廳中，經過塑造的人物，在電視螢幕上，侃侃而談，立刻就抓住了一般選民的喜好。塑造的形象，就如同賣香菸，或是賣汽車一樣，並不一定是真實的人物，卻是很好的推銷員。在他與共和黨尼克森對陣的時候，雙方都是辯才無礙的高手，然而尼克森的公開辯論，停留在無線電前的講演，但聞其聲，不見其面貌表情。甘迺迪則有廣告商替他設計，對於面貌、衣著、神情等等，都是著意的打扮和訓練。於是一個化過妝的甘迺迪，和一個完全沒有化過妝的尼克森，在螢幕上立見高下。選民們只看見形象，而沒有看見能力。

到了最後，投票的階段，伊利諾是大州，這一州的選票，民主、共和兩黨，幾乎是打成平手。芝加哥所在的 Cook County，甘迺迪獲得芝加哥市長愛爾蘭人 Richard J. Daley 的大力幫助：以其在當地的勢力（包括芝加哥愛爾蘭警察的支持），為甘迺迪「做票」，取得一千多票的多數，獲得總統大

位。我當時正在芝加哥讀書，和一群小牧師都深深投入選舉活動，對於甘迺迪一派「做票」手段，其實相當清楚。那一次是我第一次經驗，對我是個極為強烈的震驚：如此長期的民主傳統，其中最重要的選舉，竟可以如此的卑鄙和骯髒！

從1960年的大選以後，美國的總統選舉進入了以財力比拚的階段。政黨本身的理念，應當是考慮候選人的第一要件。然而，從政黨本身的初選開始，每一個參選人，都要投入大量的資金，才能買到必須要的廣告；至於兩黨競爭的時候，短兵相接，更是仰仗媒體的推介和哄抬，候選人才能得到選民的支持。這一些行動，一次又一次，變本加厲，造成的後果：一方面動員媒體的規模越來越大，在這方面的開支，也就愈需要大量金錢的支援。另一方面，財團和巨富的個人，嘗到了自己支持者當選後，可以得到多少的回報。食髓知味，提供金錢者，和需求金錢支持者，有意、無意，發展了一套金錢與權力掛鉤的遊戲規格。這個風氣開始後，一發不可收拾，每一屆的大選，除了卡特那次，沒有太多的競爭以外，金錢參與大位追逐，無所不用其擊。最近這一次，也就是川普擊敗希拉蕊2016年的大選，雙方各自投下以億計的金錢支援，投入大選陣仗。在這種以金錢來比賽的遊戲，純粹依靠理念說服選民的桑德斯，根本就沒有機會進入政黨初選。

回顧上面所說，兩黨之外，出現第三黨的可能性，也在這種西瓜靠大邊的情勢下，力量薄弱的第三黨，不可能得到大財團和巨富的支持。至多在若干州級或市級的初選，有些第三黨的意見，透露著微薄的聲音。可是他們的主張，通常是為了弱

者的選民，例如，貧窮的階層，或是外來的新移民。沒有財團
會願意將自己的資本，投入這個不可能獲勝的候選人身上。美
國政黨政治的敗壞，從川普時代開始，大概就只有愈走愈偏向
財富決定的「富人政治」，也就是當年柏拉圖指稱五種不良政
治體制之一。

　　本章前面敘述國會與總統之間的互相牽扯，造成了制衡的
反作用，也就是兩個可能：一個可能是行政權與立法權，由於
後台同樣是大量的財富，他們在維護富人的目標上，利害一
致。於是他們制定法律和執行的過程，都是將大量的公權力，
投向使富者愈富的趨向。另一個可能性，則是國會之中，有兩
種或兩種以上對立的財團；他們也許在事業上是競爭者，尤其
更可能利益上有所衝突，總統必須向其中之一取得協議，才能
得到自己想要通過的法案。或者，國會之中比較強大的一方，
可以壓服弱者，將有利於強者的法案，送給總統執行。最無奈
的可能性：三方面或是兩方面僵持不下，結果是四年爭執、一
事無成。歐巴馬的時代，傾其全力，才將接近於全民健保的醫
藥保險法案通過；可是其他配套的案件，以及管制環保、發展
清潔能源，以及交通設施的更新，都在國會與總統的拉鋸戰
下，一事無成。

　　上述行政權、立法權的制衡，上院與下院的制衡，呈現為
三權中的二權，不斷鬥爭、互相抵銷。任何國家應興應革的事
務，都在光陰蹉跎之下，無法即時得到解決。回顧這六十年
來，這一趨向愈走愈烈，目前看來，全無回轉的餘地。將美國
總統制的缺陷，與英國的內閣制相比，問題就出在，三權鼎力

的構想，終於可能演變成為行政權與立法權僵持不下的危機。

英國的內閣，是從議會的議員中，挑選若干熟悉政務的人員，組織成為行使行政權的內閣。執政黨的議員在開會時，和這些內閣的閣員站在一條陣線，與反對黨的議員進入辯論，界得法案通過之後，就可以交給內閣付諸執行。如果內閣與反對黨的議員之間，無法取得協調；內閣就必須總辭，重新大選，以確認民意之所在。這種方式的安排，在執政黨的方面看，是行政權與立法權合一，不至於有互相牽制的憂慮。在選民方面看，一個內閣偏離了民意，反對黨可以攻擊他內閣，在兩黨僵持不下後，逼迫內閣辭職。經過大選重新呈現民意抉擇，兩黨之間，確定可以執政的一黨。因此，議會和民意之間不會脫節，民意立刻能反映於執政；美國的制度，總統施政不合民意，然而選民無可奈何，必須至少忍耐四年，才能更換行政權的主持人。

美國總統制的另一缺陷，則是行政權過分寄託於總統個人，而不是寄託在民意依據的集體單位——政黨。美國歷來的總統，如前所述，有大作為者，除了開國元老時期，一切都沒定規，由那些一時的俊彥，經過長期的磨合，完成了如此的設計。自從內戰以後，美國的總統真正能夠以個人的聲望，領導國家度過危機，例如，林肯、羅斯福、杜魯門幾位，有所作為的總統。他們能夠如此強勢過關，也就因為危機當頭，必須依靠強有力的政府，領導整個國家，度過難關。除了上述幾位以外，近代歷史上，勉強有所作為的總統，只有詹森；雖然他是副手扶正，卻因為總統死於非命，國本動搖。甘迺迪留下的使

命，能否付諸實現？詹森必須極力支撐。有如此重大任務，為舉國期待，他才能夠將新政留下的規模，補充其不足，創造了新政第二階段。

甘迺迪最初的勝利，在於總統夫婦，郎才女貌，總統自己能言善辯；這些形象，固然是有一些天然的條件。可是無可否認，由於甘家是波士頓「婆羅門」的外圍。所謂「波士頓婆羅門」，乃是美國早期，居住波士頓 Beacon Hill 的一群富商大賈，和教會領袖：這數十家豪族，掌握麻州一切資源和權力，彼此婚媾，儼然世襲貴族。後來又拉攏佛州南方大地主，和紐約荷蘭海商集團諸家族，形成美國開國時期的社會高層。他們的財富與權力，交互糾纏，牢不可破。他們創辦哈佛、耶魯，及常春藤名校，教育子弟，培育幹部。他們組織財團，設立金融機構，以掌握國家財富和資源。最最重要者，這些家族，幕前幕後，操縱政治權力，幾乎世襲貴族。19 世紀中，有一位 Oliver Wendell Holmes, Sr.（1809-1894），自己是其中一分子的後代，著書揭露這一集團的力量，借印度婆羅門階級名號，首創了「波士頓婆羅門」的名稱，說明他們的巨大影響力。在本章之末，附有這些家族的名單，其中不少家族的子孫，今日還是名人。這一群門第顯赫的人士，至今在政治、商業、文化，各方面，仍舊在民主國家中，堪稱「貴族」。

甘氏的先世本來沒有資格擠入貴族階層；而且他家經營的商業，有許多不能告人處。羅斯福總統抓到甘家祖父的短處，也賞識他的能幹，「招安強盜當捕快」，任命他作海關總監，由他負責取締種種偷關漏稅等等的不法事務。甘家才擠入了美

國隱藏的貴族階層。

甘家三代經營，終於將約翰·甘迺迪送入白宮。那一次，是真正露出了財團和知識貴族之間的密切關係。波士頓「婆羅門」的學術機構哈佛大學，引領風騷，將全國學術界的菁英，攬入甘家門下。他們借「亞瑟王圓桌武士」的故事，號稱這一執政團體，是最好與最聰明的（the best and the brightest）。中古的武士，都要效忠於某一位貴婦，賈桂琳天生麗質，當然堪擔此任。哈佛大學經濟學名教授加爾布萊得，竟公開自稱為賈桂琳「裙邊的寵物」！其行為之可笑如此！大甘被刺，他的弟弟羅伯參加競選，打算接下哥哥的職位，又被刺；第三個弟弟就不敢參與選舉，終其身擔任參議院中最有權力的參議員。大甘故去以後，副總統詹森接替；詹森是德州的平民出生，與「婆羅門」階層無關。將甘氏和詹生對比：甘氏聲勢轟轟烈烈，在他任內，卻是找不到真正影響國際名聲的建樹。他與俄國之間的對抗，以及發展太空計畫的大手筆，都是炫耀美國實力的作為，對一般老百姓其實無所裨益。倒是在詹森任上，推廣了「大社會」的政策，將羅斯福時代新政，社會安保的各種措施，更進一步推展，使更多的國民獲得裨益。

甘家一家，世世代代有人參政，今天是羅伯·甘迺迪的兒子，已經進入了國會，大甘的女兒也曾經一度出任駐日大使。這一家世蔭不絕，雖然每一代死於意外的人，出奇眾多，這一家的地位，還會延續下去。以甘家的功業和能力而論，他們不能和美國過去歷史上著名的幾個世家相比，例如，麥迪遜和羅斯福相比。在甘家執政到今天，美國政壇上除了甘家以外，還

有布希家族，也已經執政兩代。還有許多參議員和眾議員，他們也已經是二代、三代，甚至於四代，進入中央政壇，或者是地方，長期掌握權力。

在地方層次的豪門，例如，芝加哥的市長 Daley 一家，父子、兄弟，世代掌權，四次擔任芝加哥市長，也是當地無法動搖的豪門。歐巴馬能從芝加哥崛起，其政治生涯的前半段，全仗 Daley 家族的支持。柯林頓的女兒，和今天的川普的女婿、女兒，無不野心勃勃，要接續他們一家的香煙，代代相傳。——這一些現象，也顯示美國在富人政治的同時，也有貴族政治的體制：柏拉圖所說五種政治體制的另外一種。

川普的當選，也是劃時代的現象，這一位總統，無知、乖張，史無前例。可是，他得夠得到40%鐵票；雖然第一年的執政，可說一無可取，而他的鐵票支持度，屹立不能動搖。這40%的支持者，即是在上一章討論階層分異時，指出在美國社會的下層，正在出現一批將要永遠沉淪在貧窮無靠的群眾。在高度競爭的美國，他們的財力和才力，都無法將自己提升，進入中產階層的下端。這些人滿腹憤怒，對未來一無指望，卻是對過去曾經有過的安定歲月，和美國的偉大，眷念不忘。這些不幸的貧窮無知者，將要成為美國式的印度種性制度的底層。他們不幸，陷在無法自拔的泥沼。這一股力量的湧現，是社會敗壞的後果，不是這些人的過錯，他們乃是犧牲者，不是造孽者。這種力量支持出來的政權，也是柏拉圖五種政體之一：民粹政治。美國開國元老，麥迪遜，早就擔憂：如果社會底層大眾，心有不滿，這一群知識程度較差的「群眾 mob」可能衝動

之下，擁護「僭主」，憑藉大位，胡作非為。今日美國的情形，不幸而如麥氏的憂慮。（https://www.theatlantic.com. magazine/archive/2018/10/james-madison-mob-rule/568351/）

在希臘古代城邦史上，民粹政治曾經將本來雅典最優秀的政治家，放逐出境，而使雅典本來領袖諸邦的地位，拱手讓出。我們預見，川普不會是最後一位言行不適任的國家領袖，如果有兩、三次同樣的民粹政治人物出現，美國在文化上和經濟上的優勢，大概無法再維持其地位。在那個時候，如果一直仰仗軍事力量，力爭維持霸權，對世界、對美國都不是好事。

美國的政治體制，自從獨立宣言和憲法以來，重視的是人民自治，而且由於歷史的發展，美國是由十三州作為聯邦，結合而壯大：這兩項理念，在人民自治方面，就產生了立法權和行政權之間的緊張。而在聯邦制度之下，也因為顧忌到各州的獨立主權，又出現了地方與中央的關係緊張。

當美國建國成功不久，一位法國的學者，專程訪問美國，此人是著名的托克維爾，他回去以後，將所見所聞，撰述為旅美的見聞錄。托氏向歐洲報告，這個新興的共和國，具備了不起的構想，落實人民自由民主，其理想之高超，目標之遠大，值得歐洲知識界欽佩，也盼望美國的實驗能夠成功。

然而，他也指出了美國如此設計的構想，將會留下一些後遺症，簡單地說：一個民主社會的隱憂，乃是極端的個人主義，或引向以個人主義來代替自由，終於因為個人主義的強烈，國家這麼一個共同體，可能會散漫而崩解。第二，每個個別的選民，面對國家機器的集權，強大的公權力：相對之下，

強大的國家將可以使個別的公民，有無法抗衡的沮喪。第三，全國公民完全以數量來計算民意之依歸。公民本身的素質，有智慧的高低、知識的有無，也有是不是能控制私欲的修養：這些條件一旦失控，純粹按多數決，送進一批不夠格的代議員，以及不適任的總統，國家將淪入無可挽回的境地：這些公職人員代表的卻是數量龐大的群眾，他們憑藉著意氣，或是過分地考慮到私利，不能判斷、也無法監督：如此，民意選出的政府，就是多數專制的危機，也就相當於民粹主義的暴政。

托克維爾的預言，經過三百年的演化，果然逐漸應驗。將近三百年來，凡此緊張關係的拉扯，讓出了空間，使財富和家族性的社會地位，都介入了體制內的衝突，而獲得操縱的機會。到了今天，財富決定政權的所向，也將指揮公權力，採取種種有利於發展財富的政策和法案，使得在國家支撐之下，財富愈來愈向上層集中。各種大財團合而為一，全盤指揮政治。若干矛盾和對立的利益集團，各自為了利益，又彼此抵制和拉扯，使得一些良法美意，無法在國會通過，也無法在行政權上順利地執行。再加上政壇人物，一方面依賴財富的支持，另一方面財富和權力合而為一的時候，一定會出現一些掌權的人物，類似世襲地延續他們的政治地位。這兩個方向，時而交叉、時而平行，勢必將美國立國的原則：個人自由、人與人之間的平等：都斲喪無餘。眼看著一個人類歷史上難得出現，一個偉大實驗的政體，目的在使得人人能夠決定自己的命運，聚合在一起能共同獲得全體的福祉。如此偉大的實驗，經過三百年，卻是逐漸變質，淪落到如此地步。言念及此，能不感傷？

附錄

Brahmin families

Adams

Amory

Appleton

Bacon

Bates

Boylston

Bradlee

Cabot

Chaffee/Chafee

Choate

Coffin

Coolidge

Cooper

Crowninshield

Cushing

Dana

Delano

Dudley

Dwight

Eliot

Emerson

Endicott

Fabens

Forbes

Gardner

Gillett

Healey/Dall

Holmes

Jackson

Lawrence

Lodge

Lowell

Lyman

Minot

Norcross

Otis

Palfrey

Parkman

Peabody

Perkins

Phillips

Putnam

Quincy

Rice

Saltonstall

Sargent

Sears

Tarbox

Thayer

Thorndike

Tudor

Warren

Weld

Wigglesworth

Winthrop

第十一章

美國發展的文化脈絡

　　任何大的人類共同體，其謀生的部分是經濟，其組織的部分是社會，其管理的部分是政治，而其理念之所寄，心靈之所依託則是文化。以個人生命作為比喻，文化乃是一個共同體的靈魂。本章的主題，則是從各個時代承負，我們可以體會美國的文化脈絡，如何不斷轉換。

　　先從中國和美國歷史，作一比較：中國是一個經歷幾千年的共同體，這龐大共同體的靈魂，是數千年來演變的過程。美國只有三百年的歷史，其開國之初，從歐洲帶來的文化，就是美國三百年來的立國之本：他們一切的典章制度，所以設計的依據，及其人情風俗所寄託的理念。在中國的共同體，追溯中國文化的最初理念，由於時代久遠，演變過程之複雜，其實已經沒有提到源頭的必要。美國的個例則不一樣；三百年來，美國一切的變化，萬變不離其宗，都還多多少少可以從最初的根本理論，見其端倪；轉變過程，也可以從這個端倪作為零點，檢查其變化之關口及其起伏。

　　在五月花登陸美國以前，歐洲人不是沒有在北美大陸立下基地。如前所說，在今天馬里蘭、佛州和南、北兩卡州的沿河岸上，英國人也曾經有過多次嘗試殖民。例如，英國人於1607年，就在今天的詹姆斯鎮附近，開闢過殖民地，也維持了一段時期，可是不能發展。此外，西班牙人、法國人、荷蘭人，都前前後後在美國的東岸，紛紛尋找自己的立足點。在美國的西岸，從墨西哥出發的西班牙拓殖隊伍，也曾經伸展到北加州，建立若干據點。這些不同的個例，其不能具有五月花在普利茅斯建立一樣的重要性，則是因為五月花號帶來的移民，是一群

人，以其堅定的信仰，要在新大陸上建設一個新的國家，以落實他們所憧憬的目標。

五月花號的移民，都是歐洲宗教革命之後，最崇仰自由的一批加爾文派信徒。他們堅持單一神信仰，並且以為神和信眾之間，有直接的感應；每一個信徒，都是直接承受神的恩典（providence）。這一個理念，使加爾文派新教的信徒們，以其堅定信仰，具備最強烈的自信心。他們以為自己所作所為，是根據神的指示，絕對沒有錯誤；他們能夠成功，本身就是神意旨的落實：他們成為選民，是神已經決定的。因此，每個選民必須要以自己的成就，彰顯神的庇佑和神的抉擇。

基督教的單一神信仰，最早的源頭乃是埃及阿克那登法老所創建的信仰。這一宇宙間獨一無二的大神是太陽神：太陽神給所有天下萬物生命和庇佑，因此，所有的生命都是平等的；而且所有生命的存在，由於神的護持，他們一切行為，也是單一神創造意旨的體現。雖然從埃及的源頭到基督教，中間經過不同階段的轉折，摩西從埃及帶出單一神觀念時，乃是基督教信仰的根本。也從這個理念上，才有從宗教革命以後，根據教義引申為個人自由、人間平等：這兩個重要的觀念。

從中世紀以來，歐洲的居民，在戰爭部落占據土地後，建立封建制度，將人民分為貴族、平民、奴隸：一個階級化的社會。宗教革命以後，經歷啟蒙時代，歐洲各處都捲入反封建的浪潮。法國大革命和英國的光榮革命，都提出以平等解除階級的隔離、以個人自由解除封建制度人身的束縛。法國革命提出的博愛，則闡明人與人之間，應當如同兄弟手足，不應該再有

不同的身分。相對而言，英國的光榮革命，則是農村大地主爭取自己的財產權和人身權。英、法兩國革命的方式，及其的理念背景，是相當不同的。

五月花號的移民，來自英國，英國當時的新教，是依據王權向教權奪來的信仰自主權。英國的國教會，只是一個獨立於羅馬的公教會而已。五月花號上的移民們，雖然來自英國，他們的宗教信仰，卻是西歐大陸上，最激烈的加爾文主義。在到達北美之後，雖然理論上，他們還接受英國王室的統治，只是在海外建立英王政府所管轄的殖民地而已。實質上，登岸之時，他們就已有決心，要在這個新的土地上，創建一個新的制度：神恩的庇護下，落實每個人自己應有的平等和自由。

於是，在新英倫最早的地方政權，除了他們自己建構的地方自治體以外，當地加爾文派的清教教堂，擁有極大的威權。他們的法律，是自己創建；立法的理論依據，都必須追溯到聖經傳達的理念。當時，法庭根據法律的決定，和根據教義判斷的是非對錯，兩者相輔而行。早期新英倫的英國殖民地，竟可稱為一個神權政體。獵巫和懲淫，在新英倫的社區中，其實是根據教義，法律以外的舉動。教權之專斷、嚴酷，與不合理，超出我們想像之外。如此結構的神權社區，其實並不符合民主自由的原則。

這一段開拓的經歷，無論如何是相當辛苦的過程；如果沒有清教徒秉持神恩的勇往直前，這些殖民者很難在陌生的新大陸上，堅持開展的勇氣和能力。從那時候以後，如前面若章已經敘述過，一波一波的新移民進入美國，推向內陸。那些新到

的人群，有的是同一個宗派的教徒，有的是基於經濟動機的移民。開拓部隊，是在歐洲沒有發展餘地的人群；他們寧可拋棄一切，進入美國，前途未知，卻是勇往直前：他們在顛簸的篷車上，翻山越嶺，度河過江，在洪荒新世界，覓一空間，站定腳頭。這些開拓者的精神，是美國的史家特納（Frederick Jackson Turner, 1861-1932），特予強調，可以代表美國立國的精神。向西開拓的歷史，即是美國整個歷史的定調。

從好的方面說，這種精神一方面是承受著神恩，要以自己的行為，表彰神的恩典：這一種個人主義，如此有恃無恐，這些開拓者才有勇氣和決心，一步步往前走。可是，從另外一個方面看，這些依仗上帝眷顧的個人，他們自以為是神的選民，對他們而言，「神的選民」四個字，就讓他們自己的地位，和其他人有了區隔。異教徒不能蒙受神恩，乃是異類；那些他們認為是野蠻人的原居民，簡直是羞以為伍的異類。對於這些人，蒙受神恩的個人主義者，可以理直氣壯地任意處置。在美國歷史上，正因為這種不成理由的理由，論百萬計的原居民，被他們驅趕離開自己的土地，甚至於以近代的武器，對付弓箭，任意地殺戮和驅趕。從他們手上奪取的資源和土地，白人可以理直氣壯地據為己有。這些錯失，在今天看來，是人類歷史上的污點，但是在當時那些開拓者的心目中，他們卻正是以這種理由，毫不留情地將新大陸占為己有。

向西開拓，成功與失敗，在當時人是一半一半的機會。失敗者葬身異域，成功者卻可以自我肯定：神的眷顧就是因為我的能力和才幹。這種自我肯定，是個人主義轉變為獨占和自私

的關鍵。在激烈的競爭考驗之中，能夠生存、能夠成功，就是一個證明：「我是優越者，所以我能成功。」在達爾文自然演化論，當作「真理」的時代，從生物演化論引申出來的社會演化論，即可認為人與人之間的競爭，正如生物界的適者生存一樣，成功與失敗的差別，就在成功者站住了，失敗者倒下了。將生物演化論中弱肉強食的原則，引申到社會演化論時，個人主義成功者對失敗者不會有憐憫，更不會同情。

上面兩個階段的推論，演變為美國社會上，瀰漫著一片無情競爭，「勝者為王」的觀念。一方面從宗教的神恩衍生，一方面又將生物科學的演化論，武斷地轉變為人類關係的科學主義，儼然定論。數百年來，在美國的一般觀念中，卻是影響到他們的行為，以至於清教徒們所秉持的，在神的面前一切都平等，在神的庇護下，所有人都應當有自由，竟然轉變成為，「我可以為所欲為，因為我是勝者。」這個現象，到今天並沒有嚴重的修正。──這一理念，或者社會性的意旨，乃是這一新大陸的新舞台上，劇中人演唱的主旋律。

這一新局，畢竟還是有其從基督教承受的理想層面，亦即其中的博愛與公義。憑藉這一溫柔的曲調，在社會主義浪潮進入美國時，作為弱者的勞工，可以憑藉集體的力量，向雇主爭取平等的人權，要求合理的待遇；弱者的立場，也可以要求婦女、兒童，不應當擔任過分勞累的工作。這一番新的社會正義，其實還並不能真正平衡上述強烈個人主義，所造成的獨斷和自私。迄於現代，美國才出現進步主義思潮，將社會公義和公平，視為應當落實的要事。

　　在工業發展的階段，工商業的園地，就等於是向西開拓時候的內陸；龍騰虎躍的戰場，成功與失敗的標誌，都是以金錢衡量。那些鍍金時代的大亨們，他們努力工作，聚集龐大財富，創建企業帝國：他們的動機，也就是上述特納所指的開拓精神。好處在他們努力工作，勇往直前，從無到有，從有到多。匹城的卡內基而論，據說他每日工作十七、八小時，睡覺只有四個小時左右，他飲食清淡，生活簡單，他的臥室是一張相當行軍床樣的單人床。

　　這些人物的努力工作，他們要求的回報，就不是物質上的享受，也不是貪得無厭的欲望，而是實踐神揀選了「我」，「我」對神的回應。他事業成功以後，他所有的產業，都捐為公益之用：辦了一個大學，捐了全部蘇格蘭、愛爾蘭和賓州地區的公共圖書館，捐了自然博物館，也捐助了紐約的音樂廳，還設立了一個為世界和平而努力的基金會。他自己沒有子女，身後沒有留下家產給自己家人。類似例子，洛克斐勒聚集了龐大的財富。在他身前，他將大部分的財富捐作公用他：留在人間最大的貢獻，是設立美國第一流的大學，芝加哥大學，和無數教會學校和教會醫院：都是由他補助。中國第一間現代醫學院和醫院，就是他所捐助的。洛氏基金會總財富，大概比整個台灣的財富還要巨大。這個基金會支持和補助各種公益工作，遍及全世界，尤其在落後地區，非洲、南美洲等處。卡氏、洛氏、同時代的巨富，例如福特、貝爾、梅隆……等人，均捐財推動公益事業。他們的動機，幾乎都因宗教信仰，身體力行，修德為善。我們欽佩這些巨富：他們能夠將自己聚集的財富，

回饋社會。他們如此行為的動機，還是基督教倫理，對於他們的感召。——凡此現象，因是前述宗教情緒的體現。

正在如此認知和體現利他情操的時代，美國卻也出現另一潮流：立足於個人主義，轉向於滿足個人欲的享樂主義。二戰以後，由於美國迅速地繁榮，儼然躍登世界發展領導者的霸主地位。美國聚積了巨大財富，於是，國民在工作之餘，也尋求娛樂。如此取向，出現了娛樂業和運動業，兩項吸金的產業。而且，由於平等原則，人人有權利盼望獲得如此滿足的機會：這就啟動了全民同樂，可以稱為民粹主義（populism）。這一轉變，則可導致在文化、經濟，和政治，各個領域，均出現巨大衝擊。

美國本來就有民間娛樂的傳統，例如，歐洲的民歌，轉移到美國，發展成為美國的地方音樂。在開拓內陸的時期，小劇團先是搭乘篷車，後來則是隨著鐵路和公路的路線，訪問各地農村，演劇、歌唱，娛樂內地的居民。在大城市中，有高級的歌劇院、音樂廳，和一般純藝術的劇場；也有在俱樂部或者酒廊，演出的小型樂隊。除這些分散全國各處的娛樂業以外，在紐約的百老匯，是美國娛樂業集中之所在，也是新作品、新形式競爭的中心。

以上這些文化娛樂活動，真正普及於一般人民，則是在一戰以後，快速發展的電影業。加州的好萊塢，提供了各種各樣的影片，一次製作，可以將影帶在全國放映，獲取巨利。因此，一戰和二戰之間，在娛樂業方面，最出色的成就，是電影業：一個佳作，上映千百場，一個明星，收入巨萬。然而，我

們也必須了解，一個成功的巨星，攀登的路線上，有上千嘗試、不能繼續下去的失敗者。最得利的當然是出投資拍攝影片的大商家。

二戰以後，電視出現，過去無線電能夠將歌星的歌聲，話劇的對話，帶到客廳。電視出現，不僅是聲音，具體的形象，也就成為每一家直接可以享用的娛樂設施。電視台用這些娛樂業的產品，推廣電視使用，而以廣告作為主要的收入。這一波的發展，從黑白到有聲有色的彩色電視，在二戰後不到二十年時間，一躍而為，美國娛樂界足以和電影抗衡的一種新產業。電視上的巨星，不僅天天和觀眾對面，他們和電視公司累積的財富，又比當年電影業的數字，更為龐大。

乘著這一波波浪，美國的文化也得到刺激發展的新空間。那些歌唱的巨星，貓王、麥克·傑克森、英國來的披頭四……：如果沒有電視作為網絡，擴張他們的聽眾群，這一行業不可能在如此迅速的短期內，堆塑出擁有如此龐大群眾的巨星。當然，他們後面的經紀人，所獲得的利益，比他們所得更為龐大。數百萬、上千萬的歌迷，在各地還會舉行巨型的演唱會，例如，1960年8月胡士托音樂節（The Woodstock Festival）的大型音樂會，連續四日，參加者不下四十萬人。從那次成功的音樂會以後，歌迷們經常有機會舉辦音樂會，每次聚會，以萬計的群眾，在場應和。這一股力量，創造了美國新的文化，其特點是淺薄而煽情，熱鬧而空虛。在文化方面的衝擊，也在另一章討論。

與這些出於感性的群眾活動相伴而行，陽剛的體能活動，

則是嗣後大為興旺的運動業。歐洲來的美國移民，秉持印歐民族好動的傳統，本來就有許多不同的體育活動。在美國創造的棒球、籃球，和將歐洲的足球改造的美式足球：這三種運動，原本都在學校作為體育項目。慢慢地，這些運動的參與者和觀眾，普及於全民。於是，本來每個小鎮上，在週末，公園一角，當地中、小學的孩子，比賽體育課學到的棒球。由此，逐漸發展為大學之間的比賽，以至最後，全國有幾個大賽的聯盟。同樣地，足球和籃球，以及最近又加入的曲棍冰球，都成為全國性層級比賽的項目。上述三種運動，很快就成為城市生活中的休閒活動：許多職業球隊，定期比賽，提供市民觀賞。今天，運動產業在美國成為龐大的第三類產業中，重要的部分。

學校發展體育的原來用意，是提供青少年鍛鍊體能的機會。在工業化的社會之中，工廠工作並不一定是適當的體力活動。許多上下班的文員的工作，更使一般人缺少體力活動的機會。如此用心，原來的構想，乃是盼望人人都有機會，培養「身、心」均能健全。後日的變質，不是當年提倡體育者，設想的本意。在19世紀前半段，還僅是民間社區活動之一，並沒有後來商業性牟利企業的特色。

最初，各處大學、中學各有自己的校隊，校際友誼賽，並不涉及財利。逐漸，由於觀眾超過學生和校友，學校紛紛設立球場。校際比賽的門票收入，不是小數。學校的各種球隊變質，幾乎就是職業球員了。學校羅致有潛力的學生，遂以高額獎學金，吸收好球員。在學校中，這些球員不必注意課業，只

須在球賽效力。他們入校目的，不在求知，而在開拓職業球員的機會。學校接受這些學生入學，目的在校際球賽的好成績，就可勸說富有的校友，捐助學校經費。於是，「身心俱健」教育宗旨，扭曲為學校、球員、和富有贊助人，三者之間的金錢遊戲。

今天，各地的大學，都紛紛擁有自己的球隊，也建有自己的球場。賓州大學和俄州大學的兩家大學，都曾經被人稱為「球場附設的大學」。那些球員，可能在中學時代，如果稍露頭角，就可能被職業的星探，吸收作為補充隊員，一步一步上升：他們成功的比例，也就和娛樂界的明星一樣，一個成功者後面，有上千上萬個失敗者。

無論成功，或失敗，他們僅是變相博戲的工具，並沒有成就入學求知的本意。

成功的球星本身，在球場上高速運動和撞擊，往往造成職業傷害，有的可以醫治，有的終身不治。例如，劇烈的腦震盪，成為球員的剋星，很少有球員可以躲開腦震盪的後遺症，或者骨骼、肌肉受傷的後遺症。他們暴得巨富，生活不再檢點，後果是糟蹋了人生，換來了毒品、醉酒和女色。

職業球賽，當然完全以營利為目的，則是在體能活動層面，加上博彩性質的吸引力。在1970年代的時候，全國大概只有第一排的大城市，會有某一項目的大球場。現在則是二線城市，也都擁有各類大球場。大球場的規模，從我剛到美國時看見，芝加哥的白襪隊球場，可以容納二、三千人，到今天，匹茲堡，一個二等的城市，可以有三、四個大球場，容納不同

球隊的活動。棒球場、足球場的容量，都是五萬人左右。曲棍冰球和籃球，也可以有上千人的觀眾。如此龐大的觀眾群，撐起了一個非常殷富的運動企業。球隊其實都有老闆的，一個老闆集資若干，主辦一個球隊。球隊晉級升等，球員成為明星，也因此吸引更多的觀眾。球場和球隊的收入，和球員本身的薪資，都同步上漲。今天，一個全國級的球員，無論足球或棒球，年薪大概是數千萬美元。球隊主人的經營，除了門票以外，更多是賣廣告、食品、紀念品：累積為數十億的資產。

這些財富的來源，往往是工廠勞工階層，竭力儲蓄，盼望能夠在比賽季節，看一場球。一場球賽，一個觀眾支出是200至500元之間，加上旅費、住宿、飲食：一位勞工看一場球，他的月薪就要去掉一大塊。但是他們樂此不倦：因為美國人需要尋求刺激：快速地活動，群眾的吼叫，以及球星的英雄形象。許多人自以為，球隊代表城市，就是代表自己；我們到達匹城時，匹城三個球類隊伍都獲冠軍，「三冠王」的榮耀，市民們在第三次勝利時，全城徹夜狂歡。我詢問鄰居：「球員都是匹城本地隊青年嗎？」他瞪我一眼：「匹城隊，這個字，還不夠嗎？」在今天社區／社群均已淡漠疏遠時，本地隊勝利帶來的虛榮，填補了已經淡化的群體歸屬感。冷眼旁觀者看來，是聖經上所說「虛空的虛空」：如此泡沫，卻是將辛苦工作得來的收入，堆砌了無數的巨富，加上若干明星球員短暫的名譽和財富。

娛樂業和運動業，都是不能有累積的產業。固然電影，如果一部佳作，可以等於一部好的小說，永垂不朽，實際上，一

百多年好萊塢，真正稱好的名著，大概雙手可以數的數字而已。運動場上，一場球賽下來，等於一陣風飄過水面，當時會激起漣漪，在場會感到興奮，後面沒有累積，也不會成為人類試探體力的極限。在我自己看來，這兩個行業在文化意義和社會意義上，正如同羅馬帝國，從盛而衰的時候，鬥獸場和格鬥場上的活動，乃是人群虛空的浪費。

更可悲嘆者，這兩種行業，尤其娛樂業，使用的媒體，所及群眾之廣大，以至於宗教人物和政治人物，也都見獵心喜，運用同樣的管道和場合，或者作為宣道之處，或者作為競選工具。以後者而論，羅斯福運用無線電，直接向全國的選民，解釋他的政策；甘迺迪利用電視，以英俊的外表、善辯的口才，吸引了無數的選票，而他的對手，卻還沒有認識這個新的工具的存在。現在的川普總統，利用資訊業中的傳播工具「推特短信」，傳達他的訊息，直達每個選民手上的手機。這種訴之於群眾喜好和工具的方便，已是今天政治活動中，無法擺脫的一個圈套。情緒化和直接印象，代替了理性的思考和辯論。如此的政治活動，導致的後果，即是譁眾取寵的「群眾民粹主義」（populism）。

在宗教方面，尤其在美國的內陸和南方，過去廣場講道和大篷的聚會，現在轉移成為在運動場上的聚會，和直達家庭的電視播送。煽情的言詞，取代了教義的闡釋，所謂「福音教派」（Evangelism）的若干宣道者，也因此暴得巨富：他們不是真正在拯救靈魂，或者指導迷惑，他們只是藉由這種工具，求得自己的私利而已。

　　美國以商立國，資本主義的本質，就在追逐財利。前文提過，那些鍍金時代的大亨，努力致富，卻在事業成功後，散財捐款，以滿足清教徒的心智境界。——這是從好的一面看。如果從惡性演變的一面看，競爭激烈的戰場上的鬥士，不會滿足於勝利後的喜悅和風光；勝者還會需求凱旋後的享受。而且，勝利如同鴉片，上了癮，不會洗手不再繼續。尤其反映於19世紀中晚期，每一個成功的企業家，他們想要達到的境界，似乎永無滿足。建立了一個企業不夠，還要從這企業更進一步地擴大：對同行兼併還不夠，更追溯上下游，一個產業的各個階段，都要由他一人控制。這種獨占的欲望，形成19世紀到20世紀初的托拉斯現象。洛克斐勒家產，就充分地發揮了這種作風。如此方式的弱肉強食，其實沖銷了所謂自由經濟、公平競爭的理想。一個有一千萬元本錢的商家，他的存在，就剝奪了無數只有十萬元本錢創業者的機會。到了這一階段，賭徒性格遂與個人主義疊合，不僅成為投身資本主義追逐利潤的動機而且形成美國，這一個人投入的資本主義活動，妝化為一個國家的行為特色。最後，逐利，不僅是動機，而且也是舉國獻身的人生意義之所繫。

　　在美國歷史上，托拉斯的現象，要在羅斯福總統實行新政的時期，才以公權力的力量，限制托拉斯無窮擴張的企圖。可是，美國的政治，還是受金錢的左右。約束托拉斯的法律，始終無法完全落實，道高一尺、魔高一丈。到20世紀的後半段，托拉斯的風氣，再行猖獗。大財東不再以個人的名義，併吞和獨占，他們是「註冊委託基」的方式，蒐集股權；或者以

公司與公司之間削價競爭的方式，擊垮弱者。到今天，舉個例說，所有有關於傳播和公共文化的事業，從報刊、出版商、通訊社、音樂戲劇事業、電影業、電台、電視等等，都已經合併成全美不超過五家的大托拉斯。不熟悉美國情形的人，很難想像：路斯，所開創的《時代雜誌》，曾經是公共輿論的基地；在他死後不久，路斯集團就併入了好萊塢的企業群，也吞併了迪士尼遊樂園等等，更沒想到，在這一兼併長鍊上，如此一個集團，竟然也延伸於旅遊業，將一個大的連鎖旅館希爾頓，也併入麾下。由此可知：「財富」已經成為具有動能的巨無霸，其吞噬胃口，再無滿足之時。「致富」本身，既是資本主義的手段，更是其根本特性。這一特性，也是美國文化不能擺脫的咒詛。

　　財富累積到相當規模，如果屬於個人，個人死亡，財富經過繼承，最後終究分散為許多較小資產。今天的美國，個人資產，常常聚合為承受委託的法人團體。所謂信託基金，乃是一個管理財富的單位，經過相當於個人人格的身分。在中國的法律，稱之為「財團法人」。財富交託給信託基金，使得美國的財富，聚集為法人，而不聚集為個人。中國俗語「富不過三代」，以家族繼承而言，乃是必然的後果。今日美國則不然：巨大財產的繼承者，竟然是法人團體，信託基金。基金只會成長和累積，而不會分散。若干巨富的財產，各自有巨大的信託基金，占有美國總財富數量驚人部分的積蓄，如果不是有這種大型的財團法人，作為挹注的源頭，一時之間，任何事業，無論公、私，都很難有所成就。

也許，這就是個人主義高張的社會內，別出蹊徑的調節方式。一個信託基金，實際上就是獵團，也可以說是草原上的狼群。無數平民的小小積蓄，或者存入銀行，或者存入保險基金，但是最後都合併在龐大的許多基金之下，在市場上興風作浪，各處併吞，今天我正在併吞別人，沒想到自己已經被併吞了。不僅同業之間，彼此競爭，勝負由財力決定。各個行業之間，利害常常有不同程度的衝突。於是，每一個不同的產業，都會借重大的信託基金組織，設法影響到公權力，使公權力制定政策，對自己依託的產業，有比較好的條件。因此，財富影響政治，成為難以避免的現象。而且，過去的影響，是地方性小型的財團，幫助地方性的政治人物，與另外一批政治人物競爭，爭取掌握公權力的機會。到了最近二十年左右，既然財富已經大量的集中，這種搏鬥的戰場，就超越了地方性，而成為全國性的搏鬥。每次大選，就是錢與錢之間的肉搏，不但每一個候選人，本身要找財團支持；民主、共和兩黨，本來就因為自由和保守個別的趨向，有一些利益相符合的財團，作為他們的金主。兩個大黨之間，更是白刃相見，爭奪財團的支持，而以未來施政的政策，作為交換。最近這次大選，就充分地呈現了這種政權與金權之間的糾葛不清：每個候選人本身，和某些財團掛鉤以後，他自己本來的理念和立場，都必須要將就金主的要求，有明顯的調整。

資本主義本身是圖利為主，因此，金錢污染美國文化，成為難以避免的困擾。從美國立國以來，金錢決定社會地位，金錢決定教育修養，金錢也決定政治權力何所歸屬。這就是資本

主義與生俱來的特色。在歐洲，資本主義最得勢的國家是英國。但是，他們還是有強大的工黨力量，可以堅持社會福利作為重要的施政方向。其他若干社會福利發達的歐洲國家，也都是因為財富本身的數量，無法與美國數量相比，財富集中的機制，也無法與本章所說那樣子，先有托拉斯滾成大雪球，再把許多大雪球，累積成為巨大的財富集團。因此，那些北歐的國家，在他們施政的政策方面，就不斷地防堵美國資本主義取向的機制；每個階段在向財富一面倒的跡象，剛開始露頭時，公權力就會經過反映選民的需要，矯正如此的趨向。

總結言之，上述各種美國社會大眾的集體性格：從新教倫理延伸的個人主義，應是主體；資本主義為基礎，則凝聚為好利，則是其實踐。美國的工業化和都市化，兩大浪潮，衝散了原本結合個人的社區與社群。科學知識的普遍和文化的多元，捲去了教會的約束，也削弱了信仰的依靠。清教精神和個人主義之間，原本彼此依靠，足以安頓人心。

目前，單獨、散亂的個人，必須構建另一群體，另一依畔。這就留下空間，出現籠罩許多個人的大群體。而且，如此大群體，必須時可見的，可以感覺的集合體。前述大型集會，亦即大型音樂會，或者大型球賽聚合的群眾，正好符合這一需求。無數散亂的個人，於是可有虛擬的歸屬，填補了無所依畔的孤獨。

從球場與大型演唱會，反映為群眾主義，將無數個人席捲入熱鬧，而不必負責的盲目、衝動。於是集體意志呈現為民粹；從「平等」觀念，導致輕視「優異」，甘於凡庸；從「自

由」觀念出發，則是蔑視傳統與規範的約束。

　　美國的社會結構，走到這一地步，也就可能因為缺乏真正的歸屬，也缺乏心靈依靠的理念，是否會漸漸由疏離，而致渙散解體？如此危機，令人擔憂。不過，凡事都有正、負兩面，每個人可以有自己抉擇，也可以不拘一格，因應時代，修正改變。美國一般人集體性格，因此充滿動力，同時也衝動、淺薄。美國的文化，遂表現為實用，是以科技成就，多於理論玄想；重視法律、政見，而忽略歷史、哲學。這是一個科技掛帥，但教育、修己，有待填充補強的年輕文化。目前剛達盛年，美國可以重實用而輕理想，重開展而輕持守，重今天而無視過去；然而一旦面臨衰老時，將何以自處？乃是美國人應該早日反省的課題。

第十二章

美國時代潮流的變化（上）

　　如上章所述，美國的文化基本上建築在新教精神以及資本主義的基礎上，而且其發展過程之中，工業和城市的發展，構成了相當嚴密的集合體。這一特色，就和上述的個人主義色彩，有互相牴觸之處：工業結構是必須分工合作，不能單打獨鬥；城市居住也是一個先設的群居生活，人與人之間的關係，應當比較密切。這兩種潮流的激盪，造成了美國文化上，時時發生的正反交替，也使美國社會中的個人，往往有無所適從的困擾。

　　自從美國開國以來三百年，到19世紀的中葉，工業開始出現了。少數幾個大城市，掌握了經濟的命脈；其間，貧富的差異，新舊移民之間的矛盾。南方則因其蓄奴制度，將一部分人壓在低賤的社會下層：這些現象，當然也就引發了，嚴重的反思和質疑。因此，19世紀中葉，內戰的前後，美國的文學作品，頗多對於自然的歌頌，和一般平民的關懷。在南方，更有對於蓄奴制度的抗議。知識分子圈內，清教精神的教條性和對個人的約束，當然也使有許多主張個人自由的人士，會高舉個人主義和自由思想的旗幟，對於思想和精神的取決於權威，提出疑問。

　　這個階段，舉例說，惠特曼（Walt Whitman, 1819-1892）的浪漫主義詩集《草葉集》（*Leaves of Grass*），其中一句：「有土，有水，就有草。」似乎宣揚「我」的自覺，也肯定萬物與眾人的平等。〈自己之歌〉（Song of Myself）更是頌讚自我存在的意義。亨利‧大衛‧梭羅（Henry David Thoreau, 1817-1862），《湖濱散記》（*Walden; or, Life in the Woods*），頗

有陶淵明的味道——親近自然，華頓湖，一個安靜的水塘，寧靜淡泊，可說是對於擁擠城市生活的反抗，也是宣示自我滿足的心靈。

這些作品，著重在與自然的親近，田野生活的寧靜。美國的農莊，本來就散居在野。歌頌田野和自然的作家們，他們的心目之中的美好田地，乃是林間小屋，四無居人；或者水旁佇立，欣賞水影、天光。這種情境，在美國廣大的天地之中，並不難找到。然而，在新英倫的老殖民地中，人民的生活，卻是綑綁於以教條為中心的社區；他們的心靈，是由牧師帶向上帝，對四周圍的大自然，竟可視而不見。商場中的競爭，和新興工業忙碌的勞動，生活的節拍非常緊迫。這些市井小商人和廠房的勞工，遠離自然，也無從尋找自己；中產階層以上的人士，也必須要天天以同樣的服裝、同樣的語言，和同樣無趣的人物，作刻板式的交往。

開拓時期，新移民帶來貴格會和若干新教教派的傳統。他們主張，人間不應當有剝削，最好的生活形態，是合作的社區。一個村鎮周邊，每個人都有一片農地可以維生，人與人之間如同兄弟，彼此合作。這種思想，也延伸到早期的工會活動，那時工會的組織，還是從歐洲帶過來「同業公所」的傳統，相當於「兄弟會」。他們教育自己的子弟和學徒，傳授手藝，也在同行之中，互相幫忙，完成一個人無法獨擔的工作。這種技工們的組織，實質上和下一個世紀，蓬勃出現的工人組合，與資本家對抗的工會，性質非常不同。前者是自己人合作，後者是向資本家的抗爭。

　　當年資本主義還沒有到勞資對抗的時候，工業文化的初階，作坊式的生產組織，儼然是分水嶺：前階段是農村中的農業生產生活，後階段才是將要步入勞資分裂的工業生產。社會上瀰漫的風氣，若有抗議，主要集中在一般貧富之中的差距。不過，在新教信仰，原本就包含神對人的恩寵，是會造成人間的不平，那是命定的，並不會惹起激烈抗爭。

　　這個時代，社會不平的現象，最主要可見者，仍是南方蓄奴，將人當作會講話的牲口，沒有人權，也沒有公民權。同時，男女之間的不平現象，使社會運動者要求婦女有同樣的參政權，婦女得到財產的保證。這些要求，也是到20世紀時，才重新冒出頭來，成為社會運動的主流。

　　美國歷史的早期，在文化活動上，主要呈現於散文和詩歌。那時候，一般人並沒有經常閱讀的習慣；他們的心靈活動，主要在於閱讀聖經，和聆聽牧師講道。此外並沒有很多小說或短篇故事出現。當時美國的藝術和音樂，也都是取自歐洲的國家：整體言之，美國還沒有發展自己的文化特色。

　　在民歌和音樂方面，卻呈現另一風光：由於西方白人，初次接觸印第安族群，和非裔族群，他們才察覺：在白人的聖歌和歐洲原有的民謠之外，還有另外一些樂器和曲調。民歌的傳統，乃是開拓時期，和南方莊園生活之中，在美國出現的一個新潮流。膝上五弦琴（Banjo），和小鼓，乃是這些民間音樂的主要樂器。歌詞簡單，音調重複，有時候只有節拍，而未必有曲調。這種的民間傳統，與白人從歐洲帶來的宮廷和音樂廳的音樂，當然就很不相同。這一類型的民間文化，發軔於19世

紀中期，延續到今天，竟構成美國爵士樂和鄉村樂調的豐長傳統。美國民間教會聚會的聖歌，也受這種音樂的影響，旋律簡單，起伏不大，樂句常常重複。若以美國聖歌和歐洲教會的詠嘆相比，二者之間的差異，大不相同。

在19世紀中葉，美國出現了短篇故事和類似小說的長篇敘事。有一部分，是反映開拓者的生活：在開拓的過程中，與印第安人接觸，有時和好、有時對抗。一些有關印第安人生活的敘述，也白人與印第安人之間的恩仇：凡此都成為西方開拓故事的泉源。那些故事，到20世紀時，成為初期電影主題中的重要部分。所謂「牛仔」的形象，闖江湖的遊俠英雄，印第安和白人之間的衝突與矛盾，以及開荒闢野過程中的艱難困苦：都是西部故事的主題。

南方農業地區的生活，以及和黑白之間的矛盾，則是南方文學的特色。馬克吐溫（Mark Twain, Sammuel L. Clemens, 1835-1910），描述南方農村的簡單生活，以及青少年們單純的樂趣。湯姆和奉恩，都成為美國文學中的象徵人物。Harriet Beecher Stowe（1811-1806）「小屋中的湯姆叔叔」，究竟是為黑人發言，還是歌頌黑白關係的和諧？到今天也還是待決的課題。這一系列，有關黑人族群的作品，在美國的文學界，始終不斷。

美國第一次戰禍，內戰期間的社會變動，和戰禍影響所及的災難，不能無感，遂出現了米契爾（Margaret Mitchell, 1900-1949）所著長篇小說《飄》（Gone with the Wind），懷念南方莊園的生活，經過內戰，社會的天翻地覆。

　　西方新開拓土地上出現的人物，提示東岸都會和西部江湖草莽之間，種種故事背景。內戰前和內戰中期間，經過反蓄奴人士的協助，南方黑奴通過「地下鐵道」逃亡北方，進入城市，才發現北方城市中的勞動生活，並不是奴隸生活的解放，而是另一類困苦艱難的折磨：這些題材，也是美國人第一次對自己的社會，出現了嚴肅的反思。

　　19世紀晚期，到20世紀中期，美國產業蓬勃發展，工業化和城市化並駕齊驅，將美國的生活品質，集中為在城區的活動。這個時期也是美國實施普及中學教育。各州也有州政府支持的州立大學，以及各種教會舉辦的文理學院。

　　在20世紀前半段，美國大、小城市，也都出現了許多博物館、音樂廳，和圖書館。聚集巨大財富的企業家，例如，洛克斐勒、卡內基等等，無不捐助鉅款，設立這些文化活動的基地。這一個特色，也是美國與歐洲大陸不同之處，歐洲城市的博物館、藝術館、音樂廳等等，大致都是公家主辦，或者是舊日的封君支持，然後轉變成後世政府維持的單位。只有在美國，這種公眾文化教育的項目，十有八九，是民間維持。這些單位，提供的服務，並不只是靜態地等待觀眾觀賞或聆聽；每一個單位，都會有自己的教育項目，培養欣賞文化項目的能力和興趣。以美國今日主要的公眾設施所在，大概在20世紀中期，二戰以前，就已經基本具備。不僅在大城市之中，有這些文化殿堂，小城小鎮起碼也有圖書館的分館，提供市民閱讀的環境和書籍。

　　與此相關者，則是美國的出版事業和傳播事業。早在殖民

時期，在若干大城市之內，已經有出版商，不僅出版實用的書籍，同樣也出版報紙和雜誌，作為市民求知的泉源。在歐洲，英國、法國、德國等處，也早就有蓬勃的出版事業，但其普遍性還是不如美國：以報刊而論，大西洋雜誌、星期六書評、以至於紐約時報等等，都是百年以上的歷史，不過也在20世紀初期，才擴大成為全國性的媒體。在20世紀初期，一戰和二戰的中間，美國一般出版事業的蓬勃發展，足以支撐廉價袖珍本。舉例言之，「企鵝叢書」，售價不高，卻是許多優良作品，成為一般市民容易取得的閱讀。從二戰以前，到二戰以後，大概有半個世紀，這些袖珍讀物，在美國日常生活中，隨處可見。美國一般人的知識水平和文化風味，也就因如此易得的大量閱讀，得到了相當程度的擴大和提升。

自從1920年，有了無線電台，收音機；二戰結束後，又有電視廣播，成為家家都有的設備，閱讀平板本的習慣，無形中消失。迅速而簡短的訊息，即時而口頭的評論，已經滿足了一般市民的需求。今天的美國一般大眾，已經不再閱讀書刊，遑論購買廉價的袖珍本了。

無線電台和收音機出現以後，逐漸進步到電視，以至於今日的電子資訊工具，美國文化活動的交流管道，幾乎無遠弗屆、無縫不入，帶來資訊和知識。可是，很快也就因為商業化，其品質難免淪於庸俗。所幸者，這些公眾媒體，無論是平面的、還是電傳的，都還是有一些不以營利為目的的公視台，提供高水準的娃兒話節目。美國各種傳播工具，將文化帶到每一個人的家庭，這也是世界上罕見的現象。如上所說，商業化

也將許多文化活動，始終滯留於庸俗講眾的水平。

以上所說，美國教育的普遍化，於是美國社會擁有一個人數眾多的知識階層。這是當時各國之中，比較先進的現象。中產階層對於社會問題，具有特殊的敏感和因此產生的反應；這也是相當現代化社會特有的現象。

美國人第一次對自己的制度和文化，開始有深刻的反省，乃是在20世紀之初，尤其是在一戰時期前後。正如一個年輕人，到了三十歲左右成熟了，開始回顧過去，思考目前。那時，對內而言，美國的建設，尤其工業化，按照當時的標準說，也已「起飛」了。在當時，美國的工業程度，一般言之，雖然不如歐洲，有些部分卻超過了歐洲。更為重要者，資本主義的經濟，在美國的發展，比在歐洲順暢；這是一塊新開闢的天地，沒有過去許多舊社會留下的牽絆。因此，大企業迅速成長，資本集中，孳生的財富也集中，勞資之間的矛盾，很快就成了大家注意的課題。城市化的現象，也非常迅速，尤其東岸連成了一片，繁密市鎮的超級城市帶。

內戰之後，美國休養生息，開始往內陸進展，密西西比河以西，吸收了許多歐洲來的新移民，大量地開拓農地。政府也以工兵隊的人力和設備，在中部和中南部，整理河川。西部的開發，黃金潮已經過去，然而還有無窮的財富，等待人去發掘：太平洋的海運，和西岸後山山谷之間的大片農地：那也是天然的溫室，不冷不熱，沒有颱風，也沒有大雨。一戰以後，歐洲殘破，尤其德、奧兩國失敗，經濟大受摧殘，因此中歐和東歐的人民，大量移民美國，很快他們就填滿了美國腹地。一

戰、二戰之間，歐洲經濟不景氣。於是，更多的移民，再次一波一波地進入美國。過去美國剩下有待開發的空間，已經所餘無多。

　　工業化的過程中，美國吸收了許多歐洲來的勞力，只是勞力過剩之後，供求關係決定了勞工的工資，只會降低，不會提升——這就是資本主義社會，難以逃避的問題：工業發展愈是旺盛，吸收的勞工數量大增，然而更好的設備，將會減少人力的使用，勞工過剩，造成了社會下層，收入的低落。因此，20世紀初期，尤其一戰前後，美國的社會確實已經出現了共產主義所指陳的勞資衝突、貧富懸殊。再則，城市化之後，如前文曾經提過，使農村出身，遷移都市的新市民，感覺到異化和疏離。

　　美國文化，從移民的到達之時開始，就充滿著實利主義與清教徒氣氛。酒類的禁釀和禁售是這一時期清教主義的象徵。1919年通過了憲法第十八條修正案，從而使這項爭論近一個世紀的禁令得以執行。禁令本是為了掃除國內的酒鋪和酗酒現象，但結果卻製造了數以千計售私酒的場所，為販運私酒的勾當，創造了圖利條件。廣泛的違法行為使禁酒令成為道德上的一種偽善，在許多美國人看來，禁酒令與哈定時代普遍的政治腐敗現象，都是社會行為敗壞的現象。

　　這些情況，背離清教徒行為準則，以及因為貧富之間生活水平的懸殊，都使得知識分子，文化的締造者和維護者，憂心忡忡，開始批判與檢討凡此社會問題。第一章中，提到過的顧立雅先生（Herrlee G. Creel, 1905-1994），青年時曾經擔任地方

報的記者；他就是由於如此情況，開始思考傳統自由主義，應當修改，從而轉向當時出現的「進步主義」，接受英國費邊社的理念。

美國現代文學的開始，也就在此時。一般美國文化史的學者，常常將1912年芝加哥《詩刊》的出現，當作一個分水嶺。在這以後，美國的文學，不再像前面我們所述說：初期文學表現的，平靜和安寧。《詩刊》的前三卷裡，龐德（1885-1973）、桑德堡（1878-1967）等等，一連串的名字，都是以詩歌批判社會的不平，也表達了他們的焦慮和憂愁。訴之內心的檢討，也就是後世「存在主義」思潮的濫觴。

前文曾經提過：〈草葉集〉、〈華頓湖〉：那些19世紀的詩篇，剛剛脫出清教思想的拘束，轉向自然、轉向內心。他們所表現的是，尋求寧靜，親近自然，以如此心態呈現的詩句，使讀者領略到舒坦和淡泊。那個階段的文學和文化，正是在資本主義剛開始之時，也是資本主義和城市化都剛剛開始的時候，剛從農村裡面出來的人口，面對著嶄新的環境，心情不安，他們需要寧靜和淡泊，俾得有所調劑。

在20世紀的時候，假如我們借用弗羅斯特（Robert Frost, 1874-1963）的詩句為例，以〈草葉集〉和〈華頓湖〉的格調對比，我們會看到相當的差異。例如"The Road Not Taken"這首詩中，著名的詩句：「林中遇歧途，徬徨何所去，敗葉滿荒徑，走向不可知。」另一首詩"Stopping by Woods on a Snowy Evening"在其中的結尾：「暮夜已深人皆息，有約待赴，有約待赴，還有幾里路。」這兩處的詩句，都呈現在徬徨，甚至異

化和悲觀，對未來不可知；雖然敗葉堆積的荒林，和雪夜的黃昏，都是自然的景色，帶來的卻不是寧靜，而是疏遠的陰影，和不可知的遭遇。這就和前面所說，19世紀的心態，有很大的差異。

艾略特（Thomas Stearns Eliot, 1888-1965）的《荒原》（*The Wasteland*），包括詩篇的名稱「荒原」，和五個段落的名稱：「葬儀」、「對弈」、「火誡」、「沉江」（此處譯名借自楚辭）、「雷霆」；詩中典故，來自聖經與各種傳說，詞句充滿恐懼、毀滅、死亡和陰影。龐德詩句，愈到晚年，愈是晦澀；桑德堡的詩句卻是愈來愈呈現革命性。弗羅斯特又不一樣，在他的晚年，逐漸走向內心的平靜：從失望之中，逐漸達到徹悟的地步。——他們的詞句，代表一個時代的心態，只是因為詩人對四周圍的感覺，比較敏銳，而且要用簡短、精粹的文句，以表達他們的觀察，往往一針見血，較之散文和小說，更能立刻呈現時代特色。

美國資本主義經濟，最嚴重的考驗，乃是20世紀20至33年之間，出現的經濟衰退，終於爆發為經濟大恐慌：先是市場不穩定，起起伏伏；1930至1933時期，百業蕭條，證券市場跌停板，引發銀行和不少企業單位破產，大量勞工失業。這一波嚴重衝擊，最後由羅斯福採取費邊社路線，施行「新政」，得以挽回經濟的全盤解體。「新政」是美國「進步主義」嶄露頭角的後果。資本主義體制，第一次面臨考驗。許多人喪失對市場自由經濟的信心，轉而盼望社會主義的計畫經濟。一戰後新出現的蘇聯，經由「共產國際」的活動，在美國爭取機會。

即使「新政」施行社會福利制度，已見成效，社會主義的憧憬，還是吸引了不少信徒。文學家和一般知識分子，頗多信服共產主義。這時期的文學作品，出現不少對資本主義的批判。

對資本主義的無情抨擊，成為美國文學的主調。也許在嚴肅的小說家中，沒有一個比辛克萊·劉易斯擁有更多的讀者，他以中產階級的生活作主題的「大街」和「巴比特」等諷刺小說成了國民自覺的明顯標誌。具有諷刺意義的是，美國作家們，如此的批評，竟是仍然出現於高度繁榮的時刻。

對於資本主義的嚴重批判，我們還是要借用一本小說為例：史坦貝克（John Steinbeck, 1902-1968）的《裝罐巷》（*Cannery Row*）和《憤怒的葡萄》（*The Grapes of Wrath*）。前者揭發加州西岸，蒙特瑞的漁產加工業，所謂裝罐工廠的內景：在那種行業之中，工人工作的環境髒亂，工時長，工資微薄，雇用童工、女工：無惡不作。我曾經去過這個地方，裝罐街的痕跡不見，已經沒有漁產加工業。當地居民記得：有這麼一個作家，寫了如此這本書。然而無人曾經在漁業加工廠工作過。

他的另一本書「憤怒的葡萄」，敘述奧克拉荷馬州一家新移民的工人家庭，生活貧窮，即使全家工作，也不足以餬口。於是，他們決定向加州尋找新天地。他們聽說那邊農場，亟需勞工收割水果和蔬菜，似乎很有前途。他們上路的時候，六十六號公路上，絡繹不絕，都是窮苦工人和農民，指望在夢想中的加州，得到可以安身的地方。到了加州，這一家主人的工作，是在葡萄園中採葡萄。他們才發現，工作繁重，環境惡

劣。而且因為太多的失業者尋求工作，他們在加州並沒有得到公平的工資。這種情況，令人想到：今天在加州和德州，果園中採集農產的勞工，都是墨西哥拉語族群移民。當年，奧克拉荷馬工人，所遭遇的情形，在今天除了農場上更多機器以外，工人的待遇，依然是非常微薄。

德來瑟（Theodore Dreiser）的《嘉莉妹妹》（*Sister Carrie*）敘述村姑嘉莉到芝加哥謀生而成為名演員的故事：資本主義社會表面繁榮遮蓋了失業、貧困和飢餓。他對貧富不均社會，有深刻解析。他的欲望三部曲（Trilogy of Desire）：《金融家》（*The Financier*）（1912），《巨人》（*The Titan*）（1914），及《斯多葛派》（*The Stoic*）（於1947年死後完成）。這套三部曲描寫壟斷資本家殘酷兼併行徑，從南北戰爭結束後的「鍍金時代」直至20世紀初，正是美國資本主義發展，最無節制的時代。作者由於左傾，加入了美國共產黨，並且訪問過蘇聯。

對於資本主義的憤怒，是當時許多知識分子共同的情緒。馬克思主義成為知識界普遍的讀物。當時，馬克思主義陳述的新天新地，成為大家憧憬的樂園。我進入匹大時，有一位老同事，年紀長我不下二十歲；他是當時參加西班牙內戰的美國志願軍的一員。我和他同事大概十年之久。這位老左派，雖然目睹東歐各國的赤化，和中國的革命，我們談話時，他常常感覺迷茫和失望：青年時，他毅然投入遠在大西洋彼岸的西班牙內戰，只是希望在世界上出現比較公平的社會。到了老年，他卻沒有把握：自己所見所聞，究竟是承諾的背棄？還是夢想的破滅？

　　在文學界中，大名鼎鼎的海明威（Ernest Hemingway, 1899-1961）。他也是在二戰以前，參加過西班牙的內戰，那部著名的小說，後來成為非常成功的電影《戰地鐘聲》（*For Whom the Bell Tolls om*），正是他自己複雜心情的不斷反省。

　　一戰、二戰之間，許多美國的學者，不僅關心國內的不平，也注意到其他地方更多的不平，例如，中國，一些傳教士和來華教書的教授們，親眼目睹在中國這土地上，貧富懸殊，上下隔絕，也有外國商品侵略，破壞農村經濟。在中國居住甚久的賽珍珠（Pearl Buck, 1892-1973），其丈夫是在金陵大學的教授，對於中國農村的生活水平，有過深入的研究。他的一本著作，乃是英文著作中，最早調查中國社會底層收入的報告。賽珍珠目睹中國農村和中國底層社會整體呈現的窮困無助，才寫了這本書《大地》（*The Good Earth*）。這種時代性的情緒，在美國知識分子之中，有一部分是基於基督教本身的博愛精神，另外一部分，則是眼看著美國國內資本主義的弊病，推己及人，才發現別處的情形，假如不是更糟，也是一樣的悲慘。

　　一戰和二戰之間，美國經歷了大恐慌的時期，羅斯福總統接受「進步主義」，推行新政，實施社會福利制度，對於資本主義的弊病，稍有矯正，但是並沒有徹底解決。他的新政和今天北歐三國所實行的社會福利，功效還有距離。在那個時候，美國的知識界，由於上文所說的感受，卻是不斷在追問，有沒有更好的制度？既有資本主義市場經濟的自由，而對其不平也相當程度地矯正？上述西班牙內戰是一個案例，而共產黨在中國的革命，也曾經吸引美國知識分子的注意。

當時美國來華傳教士，從司徒雷登以下，罕見不是同情左派的人士。在美國，由於這些傳教士的呼籲和努力，二戰之間，就出現了一些援華活動的組織：例如，在山西定縣實施的農村教育；又例如，更著名的「醫藥援華組織」，在抗戰時期提供醫藥，救助軍民。賽珍珠夫婦，以及當時在金陵執教的美國學者，他們所注意的工作，是如何從技術層面，幫助中國農村，改良農業，以增加農村的收入。金陵大學有一個實驗農場，就是將美國當時若干州立大學中，農村建設計畫的項目，介紹給中國的實驗農場。同樣的努力，也見之於美國的教會，在東南亞各處，進行類似的工作。

總結言之，這個時代的美國，乃是剛剛進入，可以自足的水平，而美國國內資本主義的弊病，引發了美國有識之士，對於世界各處普遍出現的經濟和社會不平，都想要加以匡正。共產主義曾經引發許多人的期望。不過，蘇聯共產主義政權表現的專制極權，又普遍的令人失望。歐威爾（George Orwell, 1903-1950）的《1984》（*Nineteen Eighty-Four*, 1949）和《動物農莊》（*Animal Farm*, 1951），雖是英國出版，在美國極為暢銷，正是這一情緒的反映。

二戰以後，美國經歷了戰爭的經驗，不僅二戰本身，而且還延續為韓戰和越戰。東、西兩個陣容僵持，其時間跨度，應當是從二戰前夕，西班牙內戰時開始，到1960年中葉，才算結束，為時三十年左右，跨越了兩個世代。在這段時期，尤其在二戰期間，美國國內動員全國人力，生產武器。大量的青年，徵調入伍，運送到前線，投入戰爭。父子兩代的青年，在

美國成長，沒有見過舊大陸上從未止息的戰火。在進入戰場以後，他們才嘗到了戰爭的滋味。血肉橫飛，炮聲不斷，空中的轟炸，地面的攻擊：此刻是不是就是生命和死亡的轉捩點？他們也目擊，戰地的老百姓，顛沛流離，如果逃過死亡，也是無家可歸。

二戰是美國歷史的分水嶺，正如個人的生命：美國的內戰是一個階段，正如進入了青年期；19世紀後半段，到了大恐慌時代，是另一個階段：成熟的時期，有種種的成長，也有種種的困難。二戰以後，美國產業發達，經濟繁榮。在世界上，舊大陸的列強都已經凋敝，只有美國一枝獨秀，成為世界的領袖。可是，這種地位，也帶來許多的困擾：美國成熟了，許多過去累積的問題也出現了，其中最重要的一環，就是國內的民權問題，或人權問題。美國的立國，以標榜人權作為號召。美國憲法之中，強調人民有一定的權利。可是從立國到二戰，美國國內的人權，並沒有落實憲法所表彰的情形；人間仍有種種不平等：例如，男女兩性之間地位的差距，非裔公民的身分，以及勞資糾紛。這些問題加在一起，都使當時的美國人在困惑之中，必須尋求解決。

1957年，我搭乘貨輪來美，過巴拿馬運河是進入美國管轄地區的必經之處。因此，在船上就能看到美國的報紙。報紙刊登阿肯色州的小岩城（Little Rock），發生嚴重的民權衝突：九位成績優秀的非裔學童，不能進入中學，因為阿肯色學校是種族隔離原則。民權運動的活動分子，鼓勵這些非裔兒童入校報到。新學年開學日，八個人撤退下來不敢進去，只有一個女孩

在警察保護之下，進入學校。學校的當局，以及白色的兒童家長，群起攻擊。州政府動員州警維持秩序，鎮壓暴動，強力驅趕民運分子和非裔群眾。當時的總統艾森豪，曾經統帥百萬大軍取得二戰歐洲戰場的勝利。他知道麾下的軍人，無論黑、白都一樣地，曾經為國家效忠，犧牲生命。於是總統下令，將州警部隊收為國有，並派第一空降師，控制阿肯色，宣布戒嚴。

這一次大暴動，是美國民運歷史上，驚人的事件，從此開啟了一連串的民權運動，一波又一波地，為美國民權的平等化和普遍化而作努力。其中最重要的背景，則是 1868 年，憲法增加第十四條修正案，補足了內戰時期沒有完成的法律手續，肯定凡是美國的公民，都擁有同樣地公權力，包括投票、選舉政府官員、制定法律，以及取得公平合理的待遇。林肯被刺之後，副總統詹森繼任，通過了這一條美國民權立法里程碑。這條法令制定的時候，乃是針對非裔的美國人，也就是獲得解放的奴隸。由於立法涵義的通稱：凡是美國的公民，都有同樣的憲法規定的權利。這一條增補案，為所有不同群體的公民，爭取公平的待遇，取得了法律的保障。於是，在小岩城事件以後，這條增補案，重新解釋，也就使得從內戰到現在，許多不同民權運動，均能有所根據。

我在芝加哥讀書的時候，住在芝加哥神學院的宿舍。那是一個自由神學的重要基地，四面八方，自由主義的基督教教職人員以及神學家，來此進修。五年之內，我屢次住醫院開刀，出院後，仍舊回到神學院宿舍。耳濡目染，我知道了許多民權運動分子奮鬥的事蹟，以及堅持的精神。他們並不只限於為非

裔族群爭取應有權利而已；爭取民權的群體，包括婦女取得平權，勞工取得合法的工作保障，以及非裔得到平等的人權，還有第四項：新入境的人，要得到公平的待遇。這四個項目，也正是美國，天天可以接觸的新聞，那些與十四條增補案有關的事件，成為大家討論的焦點。

這些項目，有時候並不是孤立的，而是彼此套疊；舉例說，芝大的校舍，兩條街的外面，即是伊利諾州中線鐵道"I.C."六十三街的「城南站」，來自南部諸州大批勞工下車的地方。其中，大多數是非裔，也有拉丁語系族人，和不少南部窮困婦女，還有從南方口岸入境，拉丁語系的新移民。這些南方窮困待業者，都順著伊利諾鐵路的系統，到芝加哥尋找工作。

北上求職洪流的旺季，神學院的年輕牧師們，組織了許多不同的服務隊伍，在車站月台上，與不同的人物，爭奪這些新到的求職者。我因為有一輛小電車，後面本來放高爾夫球桿的空間，剛好放一些標語、擴音器和飲水，所以我也常常和他們在月台上，支援宿舍朋友的活動。我們與正規的工會合作，幫助他們聚集新來人眾，讓他們得到合法工會的服務。我們抗拒一些「職業介紹所」，這些人往往是流氓集團，「人販子」。他們掌握了新來乍到，兩眼茫茫的求職者，號稱為他們安插工作，卻從此收取幾乎他們所有的工資，安置在擁擠群居的住房，引誘他們賭博，以此榨取他們每一分的工資。車站的月台上，一團混戰，誰也不知道誰是幹什麼的。等到列車到達一個小時後，月台上的人群、紛紛被不同單位接走，開始不同的人生。

　　看到這情形，我才知道美國的不良幫派，造了多少孽，剝削這些無知無識，也沒有能力的求職者。我也才知道，號稱是工人的團體，其中資歷深、淺，技能高、下，以及所屬的族群，彼此之間，都有重重黑幕。他們以不同的方式，占盡優勢，使得新來乍到的拉丁語系和黑人，處於被詐欺、剝削的境地。我也看到，愛爾蘭籍的警察，如何以不同的方式，在幫助自己人，欺壓他人。這種美國社會黑暗面，不是一般留學生在圖書館和實驗室，看得見的。

　　我也看到，那些到了北方來讀書的年輕的南方非裔牧師，剛到的時候，不知道這許多問題，直到發現這些問題存在時，他們立志發誓，爭取解決不公不義的現實。幾年以後，有些人改變了，乾脆就向當權派靠攏，在北方的社區裡覓職，不再回到南方。有些人，回到南方，組織號稱民粹的「Evangelical（福音）」教派，聚集群眾，斂取教眾奉獻。我也看到，年輕的白人牧師們，一批一批剛進神學院時，滿腔正義，看不慣各種大教派教會的階級化、推諉馬虎的官僚習氣、以及利益分潤的現象。他們立志改革老教派的惡習，開創新風氣；然而不久之後，五年前要革命的人，自己成為新教派的領袖了，自己也重蹈覆轍，也腐敗了。

　　凡此現象，不是一般留學生，書齋裡和實驗室看得見。所以奉勸讀者諸君：如果有任何機會到了新地方，務必張開眼睛，仔細看看周圍環境，和各種人的行為，你會看見許多書上讀不到的事物：這也就是我在離開台灣前，一位老朋友，吳克先生告訴我：「你要去讀『美國』兩個字，這本大書。」

　　非裔美人的民權運動，到今天還沒有完成。從1957年開始到現在，一波又一波，不同的民權運動，爭取學校從「隔離」變成「融合」，爭取給非裔學生一些特殊的寬容和優遇，使他們進入學校時，可以和條件優越的其他學生競爭。在工作職場，也已有規定，所有的人都應當同工同酬，人人應有同一升遷或加薪的標準。然而，實際情況，並不如此。

　　許多民權運動的領袖們，受到打壓，民權運動本身也不斷地分化。例如，那位被刺的民運領袖金恩博士，就和「黑色回教」的一派，有極大的矛盾；由於信仰不同，他們不能聯手做事，反而是互相牽制。最近這兩年來，無可諱言，不斷發生白警快槍打死非裔青、少年的事件。在匹城也曾經發生同樣事件。南方各州，近五年來，每年會有數十件私刑的案子（lynch）。所有這些現象，的確令人氣餒。

　　非裔族群整體的情形，並沒有具體的改進，他們還是滯留在最窮困的社會層次，沒有專長，沒有穩定的工作，他們基本上，沒有婚姻和家庭制度。青年女子生育，單親的孩子取得國家的補助，卻等於鼓勵她們繼續如此的行為；這個族群到現在還是沉淪於社會底層，無法自拔。

　　更可嘆者：非裔之中，有若干人上升了，升到中產階級，甚至更高的社會地位，以歐巴馬為例，他並沒有努力替非裔同胞爭取權益。還有不少白人政治人物，利用非裔民權運動，爭取自己的選票。甘迺迪家兄弟二人，並沒有真心為了民權運動奮鬥，只是發現民權運動聲勢浩大，他們乘勢加入，號為所謂民權主義的鬥士。

　　如前所說，若干非裔牧師，回到南方以後，組織譁眾教派，在大帳篷中，以簡單的口號，和「哈利路亞」聖頌，激動群眾。南方各州，非裔人口，大約占南方人口的三分之一。非裔族群中，牧師是當地有地位的菁英。上述民間教派聚會，往往人數以千計。但是，自從金恩博士死後，他的舊日夥伴，沒有出現接替領袖地位的人物。南方民間教派神職人員，為數不少，群眾人數至少以百萬計。何以至今非裔族群未有如同金恩的領袖出席，帶頭為非裔爭取權利？在南方各州，非裔人口也至今沒有選出民意代表的三分之一？凡此，均屬難以解答的現象。

　　拉丁語系族群，在美國的問題，比較複雜：因為這些來自中南美的少數民族，主要困難在於入境十分合法？這一族群的人口，迅速增加，他們在政界的影響力，逐漸顯著。將來，這一族群會逐漸融入主流的機會，可能性優於非裔族群。至於亞裔族群，究竟人數較少，動力不足。這一族群的優勢，在於教育程度較高，目前已經有相當機會進入美國中產階層；只是進入社會最上層，還有撞不過「玻璃天花板」的難關。再者，亞裔的膚色，究竟與白人，差別較大，白人會比較接受拉語族群的語音和膚色。

　　民權運動的第二部分，則是婦女運動。很少人知道，美利堅合眾國建國的憲法之中，沒有說明性別的平等；直到1920年，第十九號憲法修正案出來，才明白地規定，性別不能有歧視。早期的美國政治活動之中，婦女沒有投票權。一百多年前，伊麗莎白・史丹登（Elizabeth C. Stanton, 1815-1902）和蘇

珊‧安東尼（Susan B. Anthony, 1820-1906），二位婦權運動的領袖，才組織了全國婦女協會，推動婦女參政運動。

我剛到美國時，婦女很少駕車，婦女外出不能穿牛仔褲，女性必須戴帽，才可以進入教堂和社交場合。在職場中，薪俸與升遷機會，男女並不平等。1957至1962年之間，芝大的女學生和女教員人數逐漸增加，基層辦公室裡助手的工作，逐漸成為男女參半。職場的性別平等，進行如此緩慢。今天，各處的辦公室，最基層的工作還是婦女居多。

女性還忍受隱藏的歧視；例如，選美活動，其實突出女性的美色，暗示其色慾的特性。最近，女性紛紛揭發男性依仗權力與地位，糟蹋女性同事的醜行。凡此，過去遮蓋的不當現象，直到今天，方被譴責。女性的社會角色，經常限於為人妻，為人母，只能留在家庭，處理家務。女性性生活出軌，蒙受的責難，往往嚴於男性。在1957年時代，女子過分修飾，就可能被教會裡的牧師指責，意在引誘人。這種言詞，今天不再允許出現。

過去，女子參加政治活動更是少而又少；最近，紐約市最大的選區，眾議員的候選人是女性，她擊敗了連任十餘屆的老議員，成為黨內候選人。不久將是國會議員的期中選舉，這一波的候選人，全國一半以上選區候選人名單已經公布，其中女性占了幾乎一半。從這個現象看來，下一屆國會，男、女議員的比例，大概各半。這是令人興奮鼓舞的現象，畢竟兩性人口各半，他們的代言人，也應當兩分天下。

女權運動的發展，在這一世代，進行新的順暢，成就頗為

可觀。而且，女權運動的氣勢，還帶動了同性戀者的「彩虹」運動。後者人數不多，如果沒有女權運動的主流氣勢，未必能夠獲得足夠的支持。

回憶過去半個世紀多的變化，我在芝加哥車站上看見的景象，以及進入南方，參加打破族群隔離的活動（白人和華人，刻意坐在黑人的車廂，勸說他們去坐在白人車廂），所見的種種南方生活現象，和今天全美國在女權方面，有不同的主題，有不同的成就：二者相比，為之感慨不已。

第十三章

美國時代潮流的變化（下）

　　二戰前後，美國歷史進入現代階段，因此，這一時代的社會與文化，列為前章的下部。

　　美國從19世紀下半期開始，工業化開動，勞工問題就始終存在。前面幾章，曾經說過勞工運動的鬥爭，此處不再複述。勞工運動，也應是人權問題的一部分；只是勞資之間的衝突與調整，並不牽涉社會地位平等，而是資本主義經濟下，財富分配的課題。

　　美國勞工，這一社群，畢竟以白人占多數。勞工和資本家而論，一方是雇主，一方是被雇的勞力。手工藝時代，工藝品是商品，賣給買主，這是交易，沒有誰高誰低。老師傅訓練徒弟，是師徒，不是主奴。所以在歐洲的近古，和傳統中國，沒有勞資問題，只有賓東關係。在工業化資本主義極度發達的美國，工人就等於是機器的延伸而已：在資本家眼中，這都是另一個方式的勞力。資方以其財力優勢，剝削勞工。

　　20世紀，美國工業高度發展，雖然經歷經濟大恐慌，一度波折後，又快速成長。

　　當時，煤礦、鋼鐵、汽車、採油，以及鐵路、海運……各行各業，都雇用大量勞工。為了工資、工作環境、傷病福利，種種項目，勞資之間的談判，常常因為雙方各持立場，談判破裂，引發罷工。最初，往往只在一家工廠的勞資雙方談判，逐漸提升為一個行業的勞資衝突。終於，跨行業的工人，彼此合作，組織工聯與勞盟，兩大勞工集團。一旦罷工，全國響應，聲勢浩大，甚至可導致舉國騷動，一切活動癱瘓。

　　匹城是鋼鐵業與煤礦業的重要據點，在那時代，勞工運動

常以此地為中心。匹城的大規模罷工的故事，當地遺跡，仍可指認。單以匹城本身的例子而論，1892 年 6 月底到 7 月初，匹城南岸 Homestead 的鋼鐵工廠，美鋼工人組織了規模龐大的大罷工。工人方面，投入者不下數千人，加上他們的眷屬，以及其他相關行業的支援，參加大罷工的人數，在一萬五千人左右。資方則由美鋼的總經理 Frick 主持，雇用平肯登鏢行的鏢客三百人，持有當時最好的快槍，鎮壓罷工。武裝衝突儼如戰爭，平肯登的鏢客，將駁船配置鋼片裝甲，沿河向兩岸聚集的群眾射擊。這一鬥爭維持十天之久，水陸對峙，儼然戰場。19至 20 世紀，類似衝突，連連不絕。二戰期間，舉國投入外戰，工運暫停。二戰終止，工潮又起。我初到美國，還曾經歷煤礦大罷工，舉國騷動。

　　二戰前後，美國工業生產力，已儼然凌駕歐洲諸國，高居首位。工業發達，勞工要求提過工資，資方占有廣大市場，也不吝付出較高工資，換取工人工作意願。於是工人以全國工會、勞工聯盟，等等組織力量，提出要求，資方寧可經過談判，解決糾紛，庶幾避免停工減產。經過長久磨合，勞資雙方，藉由仲裁制度，可以取得協議，工潮也就逐漸停息。工人待遇，及各項福利，都見提升。（此處說明的是 AFL 和 CIO 之間的區別：前者是美國勞工聯盟，按照專業結盟做的，例如，鐵工、金工、木工組織，沿襲當年歐洲「公會」的傳統。不過全美國各種勞工的組合，聯合成為 AFL 聯盟。後者 CIO 則是以產業作為界別，例如，鋼鐵業的工會成員，所有鋼鐵業裡的文員、藍領階級、火夫、電工，都是勞方；資方則是另外一面。

這兩個團體，1955年合而為一，也就是說，從此界定，勞工是一個獨特的社群。所以不管是哪種方式和資方對立，勞工自己劃定了一個既定的地位。勞、資糾纏久了，逐漸明白，對抗不如協商，於是工運之中，多了「仲裁人角色」。勞工階級的改善，一方面減少衝突，另一方面，勞工也自成一個頗有保障的社群。）

美國勞工運動，有了如此特性，於是和馬列社會主義的共產運動，基本上不屬同類。在本章的前面曾經談起，到了19世紀時候，勞資的對立已經引發社會各階層人士的注意。許多人嚮往於共產主義革命，尤其知識分子之中，走向左邊激進的人士，其實不少。另一方面，在英國發動的漸進派，則是費邊社運動：經過合法的民主程序，制定法律，以公權力來保障社會福利的制度，使得貧、富雙方，都得到公平的解決方案。費邊社的運動，和共產主義革命運動，是兩個不同方向。二戰期間，歐、美知識界，頗有人站在共產主義方向，與德國的希特勒，及西班牙的佛朗哥鬥爭，希望能擊敗他們保守壓制的力量。可是，列寧留下的共產專政，史達林的殘暴：引發了許多人對共產主義的不滿。

前面說過，海明威諸人，都曾經極端同情共產主義，但是赫胥黎《美麗新世界》，以及《1984》、《動物農莊》這些書籍，暴露了集團暴政的殘酷，費邊社這條路，就成為許多人士選擇的路線。本書第一章提到的顧立雅先生，就是一例。

在二戰以後，戰鼓方息，英國人就選了工黨內閣，取代了領導二戰的邱吉爾。從此英國走向社會福利的路線。走得最順

暢的，當然是瑞士和北歐四國，今天還是社會福利制度的楷模。這個選擇，也在美國出現了兩條路線的差別。

1950至1957年代，美國未嘗沒有共產主義和共產黨人的活動。保守主義方面，出了「麥卡錫主義」：一位年輕的參議員，發動右派力量，以叛國的罪名，揭發共產主義的同情者。那一波的思想鬥爭，恐怖氣氛瀰漫，舉國不寧。麥卡錫主義的執行者，並不完全公道，手段也頗惡劣。同情共產主義諸人，有若干是共產國際的成員，為了革命，他們也常常不擇手段。雙方勾心鬥角，濫用權力，作為鬥爭的工具。

自由分子之中，分化為二類：一部分傳統的自由分子，主張自由，主張人權，但是不願意公權力介入，堅持以法律界定權利：這一類自由主義，稱為Libertarianism。另一部分自由主義者，以為單打獨鬥，根本不能發生效果。他們主張以民主方式，經過民意，和立法程序，由國家公權。保障社會公義。這一類自由主義，則仍稱為Liberalism。自由主義的如此分野，也與美國中央權和地方權的分野，彷彿類似。由此可見，數十年來，美國從民權運動的角度來看，已經發生了多少的變化。

美國的好處，是永遠在改變，永遠向新的方向試探，希望走向更好的路線。美國社會運動的發展，頗有不如人意之處：例如，非裔族群拉不上來，我們旁觀者無能為力。這些黑人，被白人虜掠，運到新大陸時，就是沒有家庭的孤身。在美國他們也只是勞動力，當作牲口出賣。他們沒有家庭意識，當然也沒有群體意識：他們從來就沒有被當作「人」，他們如何能發展自尊心？他們之中：強悍者會抵抗，早就死於非命；順服者

苟活，子子孫孫，世世為奴。如此族群，拉拔不起，乃是歷史造成的後果，不能完全責怪他們。請想想，天天有人執鞭驅迫，在棉花田工作。揚鞭監工一轉身，怎不偷空喘一口氣？所以，非裔人士有句口頭禪 "Take it easy, Man"（「別認真了。」）這是環境教育出來的心態，幾百年來，流傳至今，積習難改。

半個世紀來，不斷的衝突，美國始終在變動之中，於是，這種朝夕萬變的生活，又加上科技進步以後，各種工具的進步，人的勞力和心力，逐漸被機器取代，人自己也會問一問，「我」的價值在哪裡？一個人整日站在機器旁邊，只是注意看著機器不要出毛病，你也會自問，這種工作有多少價值可言？尤其你只要聽到警告的聲音出現，即刻檢查燈號：這種工作有多少價值，可以使你得到自尊？於是，問題出現了：「人」的價值何在？

這一巨大的「？」號，挑戰了美國從開國以來的價值觀：人的自由、人的平等，人的存在。在基督教為立國基礎的美國，其根本的大問題：上帝給予我的存在，判斷我的作為。由此推演，「自由」，如同上面所說，兩種不同自由主義的態度，究竟應是哪一自由，才是根本？英文「自由」的詞義，"free" 是「免於」，因此，大西洋憲章將四大自由，免於饑饉、免於恐懼等等。「平等」的觀念，又有另一層的比較；人與人之間，究竟應是平頭點的平等？還是平足點的平等？我們應該選哪一個定義？

從自由的定義，人人應有自由競爭的權利，自由地發展自己的特長，不受限制，不受拘束，亦即平足點的平等。再從平

等觀念延伸，所有平等的因、果，即是每個人和別人都不一樣，於是沒有真正的群體差別，只是單獨個體之間的差異。例如，性別平等的問題，延伸為LGBT的個人選擇權力。由此界定，則是另一層次的個人化取向。個體從群體解脫，可能是舊群體的解散，或是根本上，或是解散群體，或是抑制群體出現：凡此，後果都是個別化，或者用物理學的名稱，「粒子化」。人類本來是合群的動物，人類的社會本來是以一小群、一小群的結合：家庭、家族、鄰里、鄉黨，都是自然的群體，最後組合為國、族，以至全人類的共同意識。

　　經過幾波的民權運動，美國社會必然承受極大的衝擊——整個社會的粒子化。面對如此嚴重變化，知識界不能不嚴肅的思考這一問題。過去積極的和正面的理想，難以視所當然。出現矛盾，就必須修改，後果則是：「金律」，或「普世價值」何在？甚至，「是否可能有如此永恆的價值？」「神」已隱退？「知識」是否真實？於是，「制度」也不能長久，那麼，我們何所依恃，以安定社會？安定人類和世界，這億兆人口的大群體？

　　這一時代的巨大刺激，對於享受了二百多年的美國人，是極大的衝擊。使他們發現：個人的命運，其實都禁不起摧殘。他們也警覺：「生存」的意義，和國家、民族或者階級鬥爭、階級革命……等等，竟是密切相關。生命的意義，人生的價值，和自己對四周的認識與理解，似乎更為難分。生命意義，是由你、我自己尋找、界定，和確認。這種靠自己，不能靠教條，也不能靠信仰，這就是哲學園地之中，所謂「存在主義」

的人生觀。

　　經過戰爭洗禮，逐漸從苦難之中，從生死不明的邊緣，逼迫美國的知識界，認識清教徒給他們的教條，未必能夠解釋人生與命運。18世紀以來，視所當然的科學主義，及其積極理念，也受到了嚴重的挑戰：為什麼進步的武器，例如「原爆」，造成了人類如此無奈的損喪？這是進步，還是退步？為什麼強國，可以欺凌弱國，造成如此大的傷害？以國族作為界定的集體衝突，幾次牽動億萬百姓，百萬軍人的戰爭，其導致的犧牲，竟是如此殘酷！戰爭，這一無情的課程迫使美國人，認真尋找人生意義何在？一個必須由自己體會的課題。

　　二戰之後，美國出征的戰士解甲回國，政府給予免費的大學教育；美國社會遂出現了空前數字的知識分子。這些兩代的經歷，彼此的敘述，美國的知識階層，有意無意，將美國民間的生存理念，鑄造為存在主義的解讀。

　　近代的存在主義本身，是歐洲逐漸發展的思想，以修正康德以後，籠罩歐洲的理性人生的絕對性。二戰前夕，甚至於更早的時候，社會學家已經指出，人類的歷史，各地區有不同的形態，世界上並沒有一定會如何發展的定律。韋伯（Max Weber）以「新教倫理」解釋資本主義開展的背景。韋伯在處理「新教倫理」之時，他也同時在檢討，天主教、猶太教、回教、印度教，和中國的儒家思想體系。我以為，韋伯意指所在：不同的思想體系，構成了不同的文化，而不同的文化，決定了那個文化涵蓋地區，人民的行為模式。處理人類大歷史，不能僅僅從單一原則，裁決得失。

在二戰前夕，到二戰中間，德國的存在主義哲學家，雅斯培（Karl Jaspers），指出在人類文化開展的過程中，那幾個主要文化體系，都曾經歷「樞紐的時代」：彼時出現了關鍵性的思想家，例如，佛陀、猶太教的先知們、孔子、蘇格拉底諸人，他們分別帶動、開創各處人類關懷的主題，以及思考的方式。這些不同的理念，茁長為世界幾個主要的文化系統。雅斯培理論，實際上也是如同韋伯一樣，更清楚地指出，人類思考的方式，和生活的意義，是從歷史上延續而來，一代又一代，不斷地修改，接受新的觀念，又揚棄舊的觀念。世界各處，各有其獨特的傳統淵源；個人也各有其獨特的人生經驗：凡此，都不能一概而言。這些我們日常很難知覺的因素，讓我們界定了我們的四周環境及傳承脈絡。凡此界定的過程，其運作的主體，卻是每個個人自己。這就是「存在主義」視角的歷史因素。

戰後從海外歸來的兩代美國年輕人，與各地不同民族接觸，他們警覺：即使歐洲大部分是信仰基督教，可是歐洲有至少三、四個大的教派：東正教、天主教，以及新教之中的兩種主流，馬丁路德的一派，和加爾文的一派。他們也發現，歐洲的農業和美國實在不一樣，他們農村即使也有和美國現代化的農業，然而他們的生活習慣，卻大量地保留小農經營的色彩。歐洲不同的城市，有自己的歷史，有自己習以為常的習俗和生活方式。凡此異國情調，刺激美國年輕人，認真思考人生的意義。

更大的衝擊，是來自東方，他們發現佛教和印度系統的玄

學，如此神祕，可是又如此出自內心的親切。中國的儒家文化孕育的百姓，舉動行為既不是個人主義，也不是集體主義，卻是鄉黨鄰里，親戚朋友，編織為龐大的人際網絡，聯繫個人、籠罩社會。這些見過世面的回國青年，經過不同文化地區的經驗，開始理解，美國的「常態」其實乃是「獨特」的情況，未必出現於別的地方。每個地區的人類都有自以為是的想法和作法：美國自己的想法，未必是「普世、必然」。二戰後回國的青年，頗多嚮往東方「異教」信仰，所謂嬉皮之中，那些身穿黃衣，光頭紮一條小辮的青年，就是在自以為印度教 Hari Krishna 教派信徒。也是這些人士，開始模仿印度教派使用迷幻藥。

於是，從這個角度看，二戰以後，一直到1960年中間，美國無形之中，進行了一次寧靜的文化大革命。參與這個革命者，不是大哲學家，而是每一個曾經看過世界的小兵，他們帶回來自己的經驗。總結言之，美國式存在主義的大題目下，似乎可以歸結為這些要點：人生的意義，是個人自己界定的；人對四周的觀察，應當是從觀察引發自己的回應，於是人和環境、人和他人，都息息相關，分不開、割不斷。人間沒有預設的必然，也因此沒有預設的命運。個人的生活是你自己活著，由自己尋找的人生意義。一切所謂定律、定理，包括「牛頓物理」式的科學定律，都是暫時的假定，未必都是永恆的真理。個人肯定自己存在，就必須自己界定人生的意義。然而，如此界定，並不等於，我有比別人更高的權力，要求別人接受我的定義，或者強制別人接受我的定義。階級、族群、甚至於性

別，都不能夠作為劃分高、低，界線。每個人存在的意義，就是在肯定自己，卻又同時不能強制他人否定其自己。如此的存在主義，當然是和基督教專斷排他的神學觀念，很有差別，甚至於嚴重的牴觸。不過，假如回到基督教原始的意義上，「人」就是按照上帝的形相存在，但是，「人」終究不是上帝，所以我只能認知自己存在，卻也必須認知，不能否定，別人的存在。

　　這種理念，和馬列主義也是衝突的，因為馬列主義將外在於人的生產力，當作驅動歷史發展的絕對因素。歷史演變是按照馬列主義的規律：「社會進化論」的發展方式——歷史規律，就是進化的規律，然則，進化的規律又由誰決定？經歷了戰爭的美國人，也會理解，國與國之間，主義與主義之間，各自肯定自己一方的理想，但是，誰能真正驗證自己堅持的主張？一切優越性，是否終於不過是相對的？

　　在這存在主義的浪潮之下，出現了兩批人，一批所謂「Beatnik 疲捏客」，另外一批是「Hippies 嬉皮」。前者出現較早，應是學者、作家……，一群比較專業的知識分子。後者出現較晚，既受前者的影響，也反應戰爭經驗的刺激，他們大多是青年人，尤其大學生，主要特點，乃是表現於行為，未必在文學創作方面的作為。

　　大家的印象，嬉皮是一群服裝不整，邋裡邋遢，男的鬍鬚邋煞，女的披頭散髮，說話顛三倒四，放任菸酒，甚至耽溺迷幻藥。中文，「嬉皮」，似乎就是不正經的意思。這個字的字根，到今天查不出來，大概是和非洲土語之中，一種舞蹈的步

伐有關的名稱。也許，在海外作戰的士兵們，看見海島土人，生活並不講究，也不「現代」，但他們可以在黃昏的海灘，歌舞自樂。他們也許羨慕美國印第安人的生活，對四周圍的自然環境，有一番尊敬，有一番畏懼，人和自然密切相關。也許，凡此經驗，才讓他們想到：回歸簡單、自然的生活，不必再受世俗禮儀的約束。人，活著就不錯了，又何必為了錦衣玉食，而迷失了自己。我並不指陳，每個嬉皮，都有如此清楚的自覺。可能也有人，僅是追隨「時髦」。然而，我們也不能否認，其中確實有人，猶如中國歷史上，魏晉之間的風氣：經歷人生的無奈，回頭尋找自己。這些人決定採取如此生活方式，應當看作他們在努力追尋人生意義。對於他們，我寧可尊重他們的用心之苦，不予蔑視責備。

　　至於疲捏客（beatnik），beat是受到打擊，被打垮的意思。有些人以為，nik是從俄國發射第一個人造衛星Sputnik得來；但是，這一名稱，出現於1958年，其時蘇俄的衛星，1957年上天，時間如此接近，難說竟是如此語源。他們借用這個名稱，一方面他們覺得自己是在美式的競爭之中，自認失敗。另一方面，如果的確如同前解，也可能以這新的衛星，提醒大家，人類的生活環境，已經不再局限在地球之上，地球之外還有更大的宇宙存在。在地球上生活的意義，應當從更大的自然，和更內在的自我，作為界定的根據。

　　這群人，和嬉皮略有不同之處，他們大多數是受過高等教育的文化人，尤其詩人和作家，那些心智最為敏感的人士。他們共同的認知，乃是不輕易附和，也不強人從我。其實早於

1958年，紐約曾經有一群年輕的文化工作者，在聚會之中，決定自己尋找自己生存的意義和生活的方式。這一群人，逐漸發展到以格林威治村，作為他們的集中據點；他們發表作品的園地，則是幾家比較自由的報刊和雜誌。他們相當程度地影響了百老匯演員們，和格林威治村左右的藝術家們。從這一方面，又開展了新的文學運動，和新的藝術形態，所謂「現代主義」，應是他們共同可以接受的一個名稱。

在本章，曾經提到的詩人，比如，「詩刊」那群作家們，包括現代史早期宗師龐德（Ezra Pound），也包括著名的音樂歌手狄倫（Bob Dylan）。這一代的存在主義知識分子的影響，正在擴散、蔓延、繼長增高：今天主要學府之中，人文學科大學生，似乎罕見未受他們的影響。借用 Allen Ginsberg 的自我評估：「無人知道，我們是否觸媒劑，或者開創者；或者只是水面的一片泡沫，漂浮不定：我想，也許三者都是。」（Burns, Glen, *Great Poets Howl: A Study of Allen Ginsberg's Poetry, 1943-1955*, ISBN 3-8204-7761-6）

此處，讓我試譯一首Dylan的歌詞，顯示他的風格：

Tangled Up In Blue，"Blood on the Tracks"（1975）

"Don't know how it all got started? 不知如何相識？

I don't know what they're doin' with their lives? 又何處再相逢？

But me, I'm still on the road. 道路常記憶，那次匆匆。

Headin' for another joint. 莫忘曾相逢。

We always did feel the same. 長相思，心相通。

We just saw it from a different point of view. 抬頭望，異地視

線，交纏碧空。

Tangled up in blue。"

　　貝洛（Paul Bellow, 1915-2005）則是這一群人物中的專業學者，曾任芝加哥大學教授和社會思想委員會主席。他以撰寫長篇小說，表達社會學注意的社會危機：在生活富裕、物質豐盛的時代，卻令人迷茫，不知人生意義何在。其作品《奧吉‧瑪琪歷險記》（1953），即聚焦於自我意識和個人的失落感。作為中產階級知識分子，他的關懷更在乎人道主義與資本主義之間的矛盾。

　　在今天，五十歲以下，三十歲以上，受過高等教育的中產階級人士，可能應當分為兩個群體，一個群體是上述人文學科的知識分子。另外一個十分不相同的群體則是STEM：科技、工程、數理的知識分子。這些第二群人，乃是最近40、50年來，資訊科學、生命科學等等，最尖端科技，加上現代經濟形態下，那些工廠、公司、銀行等等，新產業的白領專業人員。因為這些新的產業，開拓了嶄新的商品、勞務交換，和財富的分配。其中的業者，和過去工廠管理人員和生產線上的勞工，完全不同。新經濟的從業者，也必須受過高等教育，而且相當專精的教育項目。他們的工作要求，全時間的投入，他們的報酬，是緊張的工作和豐厚的收入。其中，若干最成功的創業者，還可能在很短期間，就聚集大量的財富。

　　這一群知識分子，他們的目標卻是和疲捏客的態度完全不一樣。他們追逐的正是名和利，而他們付出的代價，則是不眠

不休的緊張生活，以及在激烈競爭中，敗下陣來的失落。整體言之，誠如一位人類學家的觀察：這些白領工作人員，由於大量使用資訊工具，「人」的部分，常常受制於「工具」，執行機械性的例行工作，操勞終日，卻沒有任何成就感。在這兩種形態的知識分子之中，作如何的選擇，就都必須由當事者自行決定。（David Graeber, "On the Phenomenon of Bullshit Jobs," Simon & Schuster, 2018.）

　　我們可以假想：第一類的人物，是將人生四周圍，耳目所及，心智所寄，作為一個小宇宙，在這小宇宙之中，他們自己找出每個角落，界定其中秩序，及人我彼此的關係；他不是孤獨的，然而他也不是主宰者，他和這小宇宙是相依為命。小宇宙之中，風聲、雨聲，花開、花落，對他都有一定的意義。他們寧靜淡泊，不求進取，往往不願出頭，干與世事。甚至孤高自足。——不是志在澄清天下，改善社會。

　　第二類的知識分子中，這是由旁人劃定的跑道，跑道上種種的障礙，也是由別人規定。在軌道上，能夠成功的優先者，得到一切的報酬：例如，蓋茲和賈維斯，那些成功的人物，可以獲得榮華富貴。到了成功的巔峰時，他可能正在中年，他們的下一步是更攀登另一個高峰嗎？還是將聚集的財富，發散於公益事務？還是無所事事，享受吃喝玩樂嗎？所以，即使是成功者，到了最後的階段，他大概也不免茫然，面臨困惑：如何處理自己？如何將自己的成就，超脫當時一時成功的喜悅？

　　整體言之，美國社會中的菁英，或者可以產生菁英的中產階層，今天卻是有兩條途徑，當詩人佛斯特，在林中徘徊的詩

句中：叢林裡的兩條荒徑，你願意踏入哪一條？每一條荒徑終點，是否所盼？還是，一切都是未知，於是不免臨歧痛哭？人究竟能不能知道，身在何處？

　　另一個選擇，則是如同龐德在一首長詩中，可能吸取了中國詞曲的靈感（也許是馬致遠〈天淨沙〉），鋪設了一連串的意象，讓讀者自己從意象中，建構與此相合的情緒。下面是根據楊秀玲，〈略談西方意象詩派及其來自東方的影響〉的原文和我改譯的中文：

　　這是《詩章》（1937）第四十九：

　　Rain; empty river; a voyage, 雨裡空江旅程，

　　Fire from frozen cloud, heavy rain in the twilight, 晚霞雨後黃昏，

　　Under the cabin roof was one lantern. 客舍簷下孤燈。

　　The reeds are heavy; bent; and the bamboos speak as if weeping. 白髮蘆葦垂頭，風過竹拂葉，蕭蕭如泣。

　　Autumn moon; hills rise about lakes

　　against sunset, 落日秋月，湖畔孤峰矗立。

　　Evening is like a curtain of cloud, 暮色雲捲，

　　a blur above ripples; and through it, 纏繞翩翩，

　　sharp long spikes of the cinnamon, 桂枝挺削，

　　a cold tune amid reeds. 凜凜笛聲漸遠。

（https://www.macaudata.com/macaubook/book044/html/18801.htm）

　　龐德是這一代意象派詩人中的巨擘，他的特點，是特別注意中國文化的表現方式，尤其是從意象出發的思想。他推崇中國文化，以為儒家的「大學」，有自己內心逐步擴張，成全的自己，然後從成全的自己，憧憬治國、平天下的境界；他以為，這一理念，或是可以補救美國文化中的個人主義：個人是宇宙中的一部分，但是個人從自己的立場而言，卻也是自己周遭宇宙內，具有決定性的一部分。由這個方向，個人與周遭的其他人類，和人類的社會，是緊密相連，而不是對立。〈大學〉一章，其實論述論語：「修己，以安民，以安百姓。」因此，他始終認為，儒家的理念，可以補救，西方基督教文化和科學主義理念，種種的衝突和矛盾。

　　龐德一生遭遇，最不幸處，在於他誤信義大利墨索里尼的法西斯主義，以為這一理念可以挽回社會不平，卻沒有想到「權力」的腐蝕，足以毀滅理想。這是詩人天真的盲點，令人扼腕嘆息。綜合美國早期田園詩時代，惠特曼、梭羅等人，對於美國立國理想，深信無疑，只求一己有一片寧靜。福斯特等人，則開始在林中選擇新途徑，而且有待於抵達終點。龐德、狄倫等人卻會與對方不再盼望心願再合，也不在意空江孤舟的終點，而只求峭壁下，一片葦叢間竹笛聲聲。他們甘於別開天地，自求安身立命處。四顧周遭，今日知識分子中，第三類人竟居多數。於是，知識界的大批菁英，拱手將公眾事務的決定權，讓川普之輩縱橫擺弄了。

　　前面也說過，現代科技造成人類新的產業，尤其今日資訊、生醫這兩個部門，不但決定了我們的生命、生活，也決定

了人生的意義。例如，醫藥的進步，但死亡終於難免，究竟耗費如此心力，延長苦痛的老年，病後的殘軀，是值得的嗎？又譬如說，改造基因，可能治療疾病，但是這個基因，引發的後果為何？又是未知。許多的藥物，治一經，損一經，我們似乎永遠在忙著，然而往往徒勞無功，甚至於更增難題。

在這一方面，文學作品中，也有一定的批判，英國的作家赫胥黎（Aldous Huxley）的作品《美麗新世界》（*The Brave New World*），人經過基因的處理，甚至於在受精之刻，就決定了孩子一生的命運。有些孩子被創造為一等人類Alpha，他們注定了是社會的上層和菁英。每個社會的成員，可以由政府供應麻醉快樂劑soma，讓他們永遠保持昏昏糊糊的快樂。社會的秩序和形式，是由菁英中的菁英決定，其他人不必擔憂自己的存在，也不必為自己的生活而掙扎。在這本小說中，另有一批人，則是居住「蠻荒世界」，也就是你、我生活的地方；問題是，來自蠻荒世界的訪客，是否願意活在這美好的新世界？這本英國人的著作，正如也是英國人著作的《動物農場》，以及《1984》，都在美國發行，長久流行，讀者比英國讀者還多。赫胥黎正是指出，科技正要將我們帶進去的理想世界，以「人」的意義言，值得嗎？

最近，一位現代文學的大家，羅斯（Philip Milton Roth, 1933-2018）去世。本世紀之初，2000年，羅斯完成了他一生最重要、也是最優秀的作品《人性污點》（*The Human Stain*）。《人性污點》與羅斯之前分別於1997年、1998年出版的《美國牧歌》（*American Pastoral*）、《我嫁給了一個共產黨員》（*I*

Married a Communist）共同構成了奠定他當代美國文學大師地位的「美國三部曲」。《美國牧歌》寫的是大蕭條到20世紀末的普通美國家庭的美國夢碎，而《我嫁給了一個共產黨員》表現的是二戰後美國黑暗的麥卡錫主義時代，普通美國人的親情、愛情和友情所遭受的重創和傷害，是又一場破碎的美國夢。羅斯的一系列作品，恰可反映二戰前後，整整一個長跨度期間，美國走過的變化。

派克爾（George Packer）五年前出版的作品《鬆弛了：美國史新論》（*The Unwinding: An Inner History of the New America*, New York:Farrar, Straus and Giroux, 2013），這本書出版後，洛陽紙貴，屢次重印。他陳述的「新美國」，乃是經歷了外面的戰爭，內部的變化後，重新建構的國家。二戰後，美國的經濟，改變不少，產業結構，數次轉型，生產關係改變，調整了勞資關係，也改變了就業者的教育水平與社會地位。整體經濟體的擴大與全球化，提升了美國經濟實力，可是也減少了工業界從業人員的自主性。工人的工作，從過去的體力勞務，改變為藍領技工的操作能力，又隨著數位化與自動化，站在機器旁邊的工作人員，數量大減，可是教育水平，卻相對提高。如此，美國社會中，很重要的勞工階層，其占有工作崗位的幸運者，昂然進入社會中階層；另一方面，大多數舊日藍領工人，不幸失業，則沉淪於無業的社會底層。工人群體，各有沉浮，於是，工運活動，隨著工會萎縮，也無復當年盛況。

1960年後，民權運動，或更廣闊言之，人權運動，轟轟烈烈。人人爭取平等和自由，當然是應有之舉：美國原來當作立

國宗旨的理念，二百餘年來，並沒有落實，當然應予落實。尤其南方廣泛蓄奴，即使經過內戰，非裔族群，依舊沒有取得實質的平等。婦女地位也長期居於劣勢。社會的貧窮人口，在號稱「公平競爭」的過程中，其實沒有競爭的條件。羅斯福新政，也無非給窮人一個免於餓死的起碼生活津貼而已。凡此劣勢群體，爭取社會公義，盼望能夠獲得公平的待遇，何嘗不是好事？

　　派克爾著作的形式，僅由訪談不同職業、社會階層，和族群的人物，記錄他們的感受。他指出今天的美國正在解體；舊日熟悉的機構：地方小銀行、工會會所、工廠廠房、教堂、地方活動主體的各種從事社會服務的「俱樂部」，逐漸消失殆盡。美國國內不僅有階級的區別，還有人群之間的區別，個人們在尋找自己的屬性和類別。個別群體，也都在爭取更好的地位。社會成員中弱勢者，又在爭取個人完全的自由和平等。如此橫切、豎切，切割的後果，美國最後會被切割，成為許多孤立、離散的個人。

　　作者還總結：保守分子悲嘆，喪失了一向依靠的一些機構和團體，自由分子爭得了幾乎完全的個人自主權，卻發現自己也全然孤獨。世界變了：在尋求絕對平等的時候，經過不斷地解散，這一殘餘的群體內，人與人之間，還有多少人際關係可言？「人」將不過是許多孤立的「粒子」而已。如此解釋，難道是韋伯所期待，人人自由平等的理想？我以為，問題不在於人間應有追尋人人自由平等的理想。美國的社會問題，關鍵在基督新教教義，只將「個人」與「神」，直接連結。個人不必

對於群體又所歸屬。「個人」必須有尊嚴，卻不須擔負對任何群體的責任。甘迺迪在任時，曾經提醒國人：「不要只問國家能給我的權利。該問：我能為國家盡多少力。」「國家」之外，其實還包括各層級的群體。

另一本類似的著作，則是美國著名記者莫瑞（Charles Murray）所作一系列的報導，《解散分裂：白人的美國，1960-2010》（*Coming Apart: The State of White America, 1960-2010*, New York: Crown Forum/Random House, 2012）他也採訪過各階層的人物，從國會之中掌權的參議員，到內陸農村的農場雇工，從學校裡的經濟學教授，到好萊塢的演員等等，他驚詫於美國在最近半個世紀，出現了兩個幾乎彼此完全隔絕的階級：一個是工業現代化轉型後，新興的科技財經專業人員，收入豐厚，與醫藥、法律，和媒體、從政人物，共同構成中產階級的上層。這一知識階層，受過高等教育，具有國際觀，居住大、中都市，或其房價昂貴的郊區。美國最富有的階層，大約占總人口1%，這一高層中產階級，則大約占總人口的9%。這兩個層次掌握的財富總量，卻遠遠超過其下面的90% 人口共有的財富。這些上、中產階級掌握的社會影響力，更是巨大。

另一階層，則是過去傳統經濟結構下的勞動者，包括藍領技工，農業和商業地基層、公私機關的文員。他們本來的社會地位，乃是中產階層的下端。他們曾經是美國生產力的主要人力資源。然而，在新出現的產業結構中，他們被擠壓，落到貧窮線上，僅比失業、和最低收入人口，略高一籌而已。他們大多居住城中或郊區，房價不高的就老社區。這些人，曾經生活

無慮，雖然學歷不高，還是心存自尊。現在，他們難免心存委屈，眷戀過去的好時光。2017年的大選，他們的選票，終於投給迎合他們心情的川普。

傳統美國社會中產階層分裂了：一部分成為新貴，另一部分則淪於被擠壓的下層。今天，這兩個階層之間，幾乎沒有共通語言，也這樣偶然的接觸。美國的確已經裂解，成為貧富隔絕的國家了。川普就任後，美國竟然如同進入兩個階級處處對立的局面。

莫瑞也指出，無論哪一階層，幾乎很少有人，知道自己要做什麼，每個人都在追逐一個什麼目標？但這個目標幾乎都是遠在天邊。有人以為，他已經得到了目標：地位、聲名和財富，但是他可能爽然若失：樂趣何在？或者，自問：值得嗎？夠了嗎？

匹城地區的電視台，曾經有過一個極受歡迎的兒童節目：《饒傑先生的街坊》（Mister Rogers' Neighborhood）這一節目連續上檔三十三年之久（1968–2001）。劇中角色是一隻幼虎傀儡，還有饒傑先生自己，和鄰居女孩，堡壘中國王、王后、郵差、叮噹街車，等等。饒傑先生教導兒童的要旨，乃是人與人之間，必須和好、容忍、互尊……等等。最重要的口號，卻是：「我愛你，你就是你」，亦即，「你自己」，才是一切的主體。這一認知，教導兒童，個人乃是一切人間關係的主體，整個社會，僅有許多個體，不見個體結合的各級群體。由此推演，人在群體之內，堅持一己的自由，和人與人之間的平等。從我到達美國，至今已有三個世代：父子、祖孫，接受了饒傑

先生教導的個人主義。他視為要義的人際和諧，並沒有出現，而他的歌詞「你就是你自己」，卻已是普遍的認知。

在前面一節所說，美國中產階層，那些存在主義者的知識分子，既不能和掌握政治和經濟權柄的高階「婆羅門」有共同的語言，也不能和教育程度較低的芸芸大眾，彼此溝通。另一方面，那些勞工，年老、失業，他們的後代，無法和「機器人」抗爭：這一個階層的許多人，將長期滯留在窮困，心存憤懣不平。他們生活還靠社會福利接濟。社會福利的國家，又必須經由競爭，從別處掠奪資源，才能供養龐大的無業人口。則地區與地區之間，又何來平等？

總結言之，今日美國社會，每一群體，都爭取平等，於是社會被切割為許多群體：性別之內，又有男同性戀者、女同性戀者、雙性戀者，及「其他」，少數族群又分割為非裔、拉裔、亞裔、混合後裔，等等。當然，按照收入，又分割為：富人、中產上層、中產下層、貧窮，等等。有的人可以有機會離開自己的族群，進入中產，或是進入高層。

更不公平者，弱勢族群，例如非裔人口，從黑人的解放運動開始，將近兩百年了，從民權運動到今天，也已經六十年了，他們的境遇，始終無法改進；

因為他們自己的文化背景，決定了他們的家庭結構和生活目標，使他們很難得和其他族群競爭。拉丁語系新移民，也是居於弱勢，川普政權正在盡力驅逐他們出境，或者拒絕他們入境。

那些被政客操弄的弱勢白人，他們固執地堅信，上個世紀

的美國，已是最好的狀態，我們不能失落如此美好的世界。現在我們選出來的這位總統，就是這一群人之一員，他堅持要重新爭回「美國最好」。他們不能理解：這一個世紀來，全世界經濟交流、文化混同的後果，任何地方不能回到過去。未來如何？是要大家共同籌劃，共同努力，盡力做到和平的共存。尤其可憐者，則是最具劣勢的非裔族群：民權運動已經進行一甲子，竟然還沒有達到期待的目標。悲觀的推測，這些非裔族群的大部分，也許永無脫離苦海的一日了。

上列派克爾與莫瑞所作二書，提示的現象：今日的美國，正在裂解過程之中：如果屬實，豈不令人嘆息！「怎麼可能？」幸而，美國有強勁的文化傳統，美國曾經屢次經歷變化帶來的失調，也常常能夠從調整中，再獲生機。前文所說，今日美國，因為原有社群紛紛解體，個別的個人無所依傍，也因為傳統社會價值觀念，不能在已經改變的大環境相配合。美國才出現解體的症狀。我們虔誠期望，窮則變，也許在日暮途窮之時，憑藉眾人努力，竟能找到新出路。

現在，已有人看到重組美的方案：今年美國國慶前後，紐約時報和大西洋雜誌，分別報導，兩個地方社區，個別出現地方人士，一些普通市民，站出來，協力合作，推動重組社群，挽救經濟頹勢。這兩處社區，一處是賓州東部小城 Lancaster，另一處是加州洛杉磯的 Long Beach。前者只是一個人口五、六萬小城，近二、三十年來，經濟衰退。最近數年，有六位普通市民，挺身而出，勸說鄰居，彼此合作，組織各種團體，利用本地資源，合作經營事業。例如幾位小商家，與附近農場合

作，通過網購，經銷其農產品，供應本市消費。如此，省略了批發、零售，中間步驟。許多類似計畫，結合為該城的本城網絡，重建了地方性的共同體。（"Where American Politics Can Still Work: From the Bottom Up," *NYTimes*, 2018, 7, 3.）

洛城是大城市，各種產業主觀撐持該地經濟。不過，Long Beach 地區的波音工廠遷移，本地頗多失業的技術人員。當地有一些社工人士，設法將散戶的專業技工，組織為專業勞工服務組合（WeWork），由此，他們可以承攬個別散戶無法承擔的工作。如此，長灘地區出現了新型的社群，散戶技工有了相呴相濡的共同體。（"How Can Cities Succeed in the 21st Century? Focus on Community," *The Atlantic*, 2018, July.）

匹城也有類似的現象：自從鋼鐵業衰退，一群社工人士從工運轉移工作方向，組織了「城市社團聯合組織」（Urban Coalition），推動匹城的都市建設；他們幫助失業勞工，轉移為技術工人的服務組合，因應市政或市民私家，承包有待進行的工作。這一組織也推動發展本城藝術家，參加本市美化環境的工作。匹城有許多小型劇場，經常演出，由此培訓青年演藝人員，也因此吸引了電影業者在本地攝影棚，拍攝場景。最近，匹城的中、青年民主黨員，與地方的服務團體合作，推舉年輕知識分子參加政治活動。目前已有數人脫穎而出，以政壇新秀，取代當地政治世家的候選人，角逐期中選舉的國會議員席次。

凡此，都可看到美國社會，重組新階段共同體的努力。美國，由此可見，仍然擁有強勁的潛在能量，可以峰迴路轉，不斷更新。──這才是一個自由社會的真正價值。

第十四章

未成的帝國和敗壞的資本主義

　　這本書前面所說的都是美國內部的許多變化，包括政治、社會、經濟各方面。然而，我們不應忽略，美國的命運，還有一個重要的方面，即是 20 世紀世界上的霸主。美國曾經依恃其先天的優勢，這一片廣大的新大陸，留在世界人類主流以外。

　　舊大陸曾經出現許多主要的文明，經列許多民族之間的互動；數千年的各種變化，其中有分、有合，有起有落。活動的中心時時轉移，逐漸形成許多地方性的文化，又合併為龐大的文化共同體。然後建立了帝國，爭奪地區性的霸權。

　　近世時代，舊大陸上基本上出現三個主要地區，一個是歐洲，一個是亞洲的東部，一個是亞洲西部和歐洲之間的大片內陸。這三個地區，經由跨越大陸的商路和越洋的航道，各地區的擴張，無法自外於其他地方的影響，而獨善其身。16 世紀以後，歐洲的人類，經過海路，闖入了東方，東和西經過海路兩條途徑，終於經由貿易和接觸，終於構成舊大陸的全盤性互動。

　　在這個時候，在歐洲人尋找東向海道的時候，這些海上的冒險者，隔離於大西洋岸的「新大陸」，被拖入舊有的歐亞世界。從 1492 年開始，新、舊大陸合起來的地球陸地與海域，才是全人類的舞台。美國，就是這一個活動其中，湧現的新事物，人類歷史上的重要現象。歐洲的移民，分批湧入新大陸，他們的槍聲，驚醒了在這個美洲大陸上的原居民。他們曾經在此活動數萬年，沒有經歷多少變化。白人驚醒了這個安靜的大陸，也幾乎完全毀滅了這一片陸地上的人類。美國的歷史，乃

是這齣強占和掠奪的大戲之中，逐漸走到新大陸舞台中心的一幕。接著，美國，地大物博，擁有充裕的發展空間；有大西洋和太平洋兩個廣闊的水域的隔離，美國與舊大陸的歐亞人群，東方和西方，都有緩衝空間。

美國成為可以在新大陸獨自發展的一片天地，等到這一片土地上的人民，建立了一個統一的北美合眾國時，這個新興國家的國土和人民，以及他們擁有的天然資源，其擁有的實力，已經足夠於舊大陸上最大的帝國相比擬，而無遜色。——這一個先天的條件，就決定了美國終於要在世界的爭霸的鬥爭中，占有一席地。在20世紀，兩次世紀大戰，美國儼然立足世界爭霸的巔峰。20世紀的後半段開始，美國毫無疑義，是世界最富、最強，也最有潛力的大國。這個廣土眾民的大國，在人類歷史上，不亞於前此那些帝王，據有的巨大帝國。但是，美國是個民主的國家，沒有皇帝，在理論上，不能用帝國這兩個字，加在「合眾國」之上；只是，美國成為世界霸主的事實，我們不能不用「帝國」兩個字，將其歷史歸納為世界帝國活動紀錄中的一章。

本書結論之中，必須要討論這一「帝國」的名、實兩面。因為前面所說種種內部的變化，都與美國成為世界霸主的地位，有密切的關係。美國將來能不能依舊保持內、外優勢，既可以外展、而不懼他人內侵？也就必須取決於這個新的帝國體制，究竟如何運作。

此處先提一本書，Niall Ferguson, *Colossus: The Rise and Fall of the American Empire*（Penguin, 2005）。弗格森是在哈佛

和史丹佛執教的著名歷史學家。在該書以前，他也曾經有過，陳述大英帝國的專著。這本書，顯然有意將英、美兩個大帝國，比較其性質和起落過程。書名中的Colossus，希臘神話中的戰神，乃是大神宙斯創造，以制衡天空之神Kronos。Colossus的巨大銅像，豎立在古代希臘港口路得島（Rhodes Island）的入口處，所有的船隻進出港口，都必須在這個巨人神像的跨下通過。那一巨大的神像，曾經列為世界七大奇蹟之一。希臘神話敘述，戰神在戰鬥中，被敵人挖取眼睛，削去胸前一片肉，切斷左手，依然不敗，卻終於因為兩足不能承當巨大的體重，而轟然倒下。在他倒下之時，整個銅鐵的身體，壓倒了Kronos。他們同歸於盡，宙斯得到了無上的權力。我不辭其煩，解釋這個神話，也是因為弗格森教授採用這個書名，確實有他暗喻的用意。他是認為美國的結構，頭重腳輕，猶如上身強大，兩足不夠堅強的巨人。這本書的主調，即是美國何以未成「帝國」的缺失。

回到美國發展的歷史，如上所述：美國得天獨厚，不必擔心外患，可以逐步開展，控制新大陸，介入舊大陸的鬥爭，終於取得了世界霸權的位置。美國向外擴充，並不是建國時的構想；反之，華盛頓總統在離任的時候，曾經留下對於後人的囑咐：這一件文件之中，主要部分，就是告誡後來的美國人：不要介入舊大陸的事務；舊大陸各國之間的恩恩怨怨，和複雜的國際關係，與美國無關；讓我們好好地在這個新的土地上，發展自己的國家，實現自己的理想。

美國沒有遵循開國領袖的囑咐，卻是一步一步地走向擴張

主義。美國在兩次世界大戰以前，對外的戰爭並不很多：在建國之前，以及建國之初，曾經與法國爭奪密西西比河上的通道。美國立國以後，又曾經短暫地侵入加拿大，這就是在美洲本土上，最早的國際衝突。此後，一串的衝突，則是針對西班牙的殖民帝國，削弱其實力，奪取其領土。西班牙是最早在美洲大陸立足並開拓殖民帝國：當歐洲其他國家的移民進入北美時，西班牙人在新大陸的活動，主要在中南美列島以及加勒比海岸的土地。西班牙的艦隊，曾經據有太平洋西岸，包括今天的智利、一部分墨西哥，和今天美國加州的全部。在美國西部，西班牙人的殖民地，曾經分布於落磯山以東，占有從墨西哥一直延伸到美洲內陸，包括德州、新墨西哥、亞利桑那，和科羅拉多州：論其總面積，這一大片舊日西班牙人的殖民地，據有今天大半的南美洲、全部的中美洲：今日美國西部和部分內陸，疆域遼闊，超越美國當日的疆域。

　　在19世紀初年，大概1820年左右開始，美國就介入西班牙舊日殖民地居民的獨立活動。許多中美洲的殖民地區，紛紛尋求獨立，其實後台都是美國的支持。

　　當時的歐洲，經過拿破崙戰爭，歐洲最強的法國，東征西討，歐洲列強各求自保，英國是抗法主力，忙碌於對付拿破崙。美國趁這個機會，在1823年，宣布「門羅主義」，總統門羅，向歐洲列強宣稱：「新大陸的事務，由我們新大陸人自己處理。他人在新大陸發展的殖民事業，我們都當作侵犯新大陸。」也就是說，美國自居為新大陸盟主。當時美國能夠指揮的同盟國，也就不過五、六個中美洲國家；門羅儼然以這個立

場，劃下勢力範圍：新大陸是美國的地盤，誰也不要想再進來。當然，美國的企圖，就是瓦解西班牙人殖民帝國，由美國取而代之。

西班牙殖民帝國的實力，其實是十分單薄；在各處殖民地區，設立天主教教區，有西班牙神父的教堂，及少數戍守的軍人，管理當地的土人。西班牙移民、軍，以及應該守貞的神父們，與土人婦女通婚，繁殖為混血族群。這種管理鬆散、人口不多的殖民地，當然無法抵擋美國拓荒者的滲透。尤其在德州地區，地廣人稀，從歐洲新來美國的拓荒者，任意開墾，並不知道哪裡是誰家領土？他們開拓土地，西班牙殖民的管理人員，要求他們入籍納稅，納為西班牙帝國的人民。這些進入美國的新移民，並不認為應當屬於西班牙管轄。在當時，美國已經自認為秉承「天降使命，Manifest Destiny」。（意謂，這一新成立的北美合眾國，是人民防衛自己權利而成立的新體制，天命任務，昭降人間。）其實，無非侵略的口號，和前述門羅主義，互為表裡。

19世紀的下半段，集中在1845年以後，西班牙殖民帝國境內，不斷發生動亂，也就是那些從美國進入西班牙地區的移民，反抗西班牙人徵稅和其他的管理權。各地移民群互相支援，擁有美國的武器裝備。在這一段時期，不但在北美內陸腹地有如此活動，在中、南美的居民，也紛紛要求獨立。新大陸上，美西之間，戰爭不絕，常以西班牙帝國內部居民，反抗帝國殖民的獨立運動為名。美國歷史上著名的保衛 Alamo 堡壘的故事，號稱是當地百姓反抗暴政，實際上則是美國移民的民兵

攻襲西班牙基地。美國和墨西哥之間的墨西哥戰爭，即是這些活動的總結：將德州正式納入美國版圖。

在太平洋西岸，美國的海軍和陸地的民兵，合擊西班牙在今日加州的殖民地，占領了聖地牙哥到舊金山之間的土地，納入美國版圖。這些明明是侵略的行為，卻因當地的居民，已經很多是美國進去的移民，美國的侵略，乃以人民的名義，自稱符合「天賜使命」的任務。

在亞太地區，美國襲擊西班牙據點菲律賓和中途島，從此建立了東南亞的殖民基地。美國在菲律賓的殖民活動，曾有嚴重的歷史污點：1901年，菲律賓中部小鎮Balenciaga的本土居民，以標槍，清晨突襲美國戍軍，殺死四十八人。美軍以現代武器圍剿村民。指揮官下令斷絕糧食，捕殺Samar島上十歲以上所有男丁，該地淪為「嚎哭荒墟」（Howling Wildness）。最近報導，菲律賓政府要求美國交回當時美軍掠奪的教堂大鐘，並且正式道歉。這一事件的殘酷，正如日本軍隊，在霧社事件，以現代武器，屠殺台灣原居民，同樣都是帝國主義殖民侵略的罪行。

美國，雖有立國的高尚理想，仍然脫不了帝國主義的手段。這一段歷史，也是美國建立「帝國」過程之一部分。該書作者弗格森，認為美國建立帝國的成績，過於短暫（ephemeral），成果不彰（inept）。我的猜度：弗氏乃是將英、美兩大殖民帝國的侵略過程相比，判斷美國作為，不及英國老練和徹底。

順便插一段：在中南美各處獨立戰爭之中，華人也頗有參

與；在1860年以後，發生的抗西獨立戰爭，頗有中國的移民，編組為作戰部隊，幫助當地居民，推翻西班牙統治。從一些蛛絲馬跡看來，這些編為作戰部隊的移民，可能包括太平天國覆亡後，失敗的太平軍。他們大批逃亡外國，經由美國招募勞工的活動，運來美洲。這些有作戰經驗的軍人，在美洲各處獨立戰爭之中，他們是單獨作戰的單位，和地方居民的革命軍並肩作戰。到今天，墨西哥、智利、古巴等處的家族，還有一些中國的姓氏，當地也頗有華人後裔，至今維持社區。

關於菲律賓的背景，在東南亞一帶，西班牙早在尋找東方航道時，已經據有很大的一片殖民地，就是今日的菲律賓和中途島等處。那一片殖民地的首府呂宋，即是今日的馬尼拉。早在明朝末年。鄭成功在台灣發展的時候，呂宋就有數萬華工，居住在堤岸地帶。西班牙人對華工，並不很好，這些華工曾經希望鄭成功奪下菲律賓，不再讓這片土地由西班牙人殖民管理。可是，鄭成功兵敗南京，鬱鬱不樂，不久去世。如果他多活十年，菲律賓未嘗不可能就成為華人領土了。

回到本題，在19世紀晚期，尤其1890年以後，中國屢次敗於外國，已經成為人人可以宰割的一片肥肉。各國已經打算瓜分中國，各自劃定一個勢力範圍，等候滿清帝國覆亡，即據為己有。美國起步較晚，在中國沒有勢力範圍。1898年，美國政府提出「中國門戶開放政策」：中國的市場，向全世界開放，列國都有權利，進入這個廣大市場；列國也應該共同保證，不分割中國，尊重中國的主權；中國則尊重各國在中國市場上的權利。這一個開放政策，和以前所說的「門羅主義」，似乎是

彼此牴觸的原則：一是獨占，一是開放。美國自己號稱新興的
國家，具有「天賦使命」，這就是「美國帝國」，自己披上了
皇袍。也因此，美國歷史學家對美國的擴張政策，與理想的政
治制度配套，稱為「美國特殊論」（American Exceptions）：美
國擁有與眾不同特權。

　　弗格森的著作，將美國當作帝國，也就是根據美國自己宣
稱的特殊權力，才有如此獨特的帝國結構。前文提過，弗格森
根據這些美國歷史發展的背景，將他與大英帝國發展的形態相
比。他認為，這美國大帝國功業，實際上並沒有落實。他分析
沒有實現的緣故，在於美國政府政權結構：第一，總統任期太
短，每個總統要做的事業，和他後任之間，無法銜接。第二，
上層和下層之間，溝通非易：因為美國體制是三權制衡和分州
治理的聯邦，不同部分不易協調，一體推動擴展國力的規劃。
美國的特殊論，以及美國的天賦使命，其偽善的成分，其實未
必令人相信。於是，費氏總結：美國帝國的沒有如同大英帝國
長期延續；而且大英帝國崩潰以後，「大英國協」至今還是一
個共同體。他認為，美國帝國體制沒有繼長增高，乃由於三方
面的不足：投入資源不足、執行過程不完整、執行方向的理念
不清楚。——弗格森教授的說法，未嘗不是誠實的評斷，只
是，他沒有將這些藉口後面的真實情況，明白交代於讀者。

　　美國真正在世界霸主上，有稱職的地方，也有必須檢討之
處。美國立國的理想，上帝賜給我們每個人自由和平等，這些
天賦人權，給予我們福祉：如此理想，當時參加立國工作人
員，有多少具備如此高尚的動機，且予不論，其本身的確是了

不起的理念。較之民族優秀論、文化優秀論，都更為動聽感人。

在國際行為上，美國確實也經常以自己是「自由民主捍衛者」的身分出場。第一次世界大戰，進行了一半，英國、法國幾乎招架不住了，美國是以民主國家的身分，幫助民主體制的英國和法國，出兵參戰，擊敗了還是在皇權統治下的德奧俄集團。那一次美國出兵，決定了一戰的勝負。

在戰後，美國的威爾森總統，建議成立「國際聯盟」，在這一架構之下，全世界人類都是平等的，所有的國家都有同樣的權利，大家可以建構一個共同協議的國際秩序，解決彼此的糾紛，以維護世界的和平。這一理想，也是世界歷史上，前所未見，將一個高尚的理念，付之於行動。可惜後來威爾森自己在國內遭逢反對，國會拒絕這個建議，威爾森自己抑鬱而終。「國聯」也徒成一個空架子。同樣的理想，在二戰之後，終於實現了。就是今日的聯合國。固然聯合國許多地方，依然並不盡如理想，但至少這一個世界各國共同接受的組織，乃是走向世界人類共同社會的第一步。

美國介入第二次世界大戰，也是半路加入。不過在美國正式參戰以前，歐洲戰場上，美國的立場相當清楚，他並不掩飾站在英國的一面；美國的確努力幫助覆亡的國家，接受無數難民，在美國避難。在東方戰場上，美國對於中華民國的援助，確實是當時中國急需的：「醫藥援華」救護傷患、陳納德的「飛虎隊」保護軍民。凡此義舉，我輩身經抗戰的一代，至今感佩！戰後，美國支援了歐洲的復興，也對於日本承擔了擊敗

日本以後的責任，幫助他們恢復元氣。在廣大的中國戰場上，戰爭結束後，1945至1949年，美國將美軍各地剩餘的給養，包括衣服、食物，作為救濟物質，無償地分配給剛剛回家的中國和東南亞難民。這些人道的作為，無論背後動機如何，都是人類歷史上，值得記錄的義舉。

　　整體而言，美國對世界，的確有過特別的貢獻。美國教會的傳教工作，和美國的貿易，幾乎都同步進行，有美國商人的地方，就有美國教會。這些傳教士們，在全世界成立了許多學校，單單以中國地區而言：美國教會學校，從中學到大學，分布在各處，培育許多中國青年。美國教育的學生（例如退還中國庚款，作為獎學金，培養許多優秀學者），為中國現代化提出貢獻，在中國歷史上，功績無可比擬。在其他地區，即使不在美國勢力範圍之內，例如，在非洲，美國傳教士成立的醫院和學校，遍地都是，甚至於超過若干非洲殖民帝國主義宗主國提供的數量。1960年開始，甘迺迪呼籲美國青年，參加「青年服務隊 Youth Corp」，在非洲等處，幫助當地百姓：仍是人類歷史上，前所罕有的利他精神。

　　矛盾之處，美國對於自己周邊的鄰居，那些中南美的小國，卻並沒有給予當地亟需的幫助。南美的大國，阿根廷、巴西、智利，頗堪自立。墨西哥和祕魯，也還可以過得去。中美的小國，幾乎都是由於美國鼓動，從西班牙殖民帝國，獨立建國。他們處處倚賴美國；尤其巴拿馬，完全是配合巴拿馬運河而成立的國家，一切接受美國控制。這些國家其實即是門羅主義主張「保護」的對象。可是，美國並沒有幫助他們建立健全

的民主政府，至今，中美不少小國，軍閥主政乃是常態。他們社會秩序混亂，經濟衰弱，百姓教育程度低落。美國的政府和民間，卻罕見伸出援手，協助他們改善進步。古巴革命，接受社會主義體制，美國立刻將古巴視同仇敵。絕交數十年。江湖上的「老大」，對於小弟兄們，有照顧的責任。美國這一「老大」，對於鄰居，卻只要求服從，並未盡提攜扶掖的責任。

　　美國是資本主義的帝國，商業利益的重要性，高於一切其他部分。在美國勢力所及的範圍，美國老大哥，並不容許「小弟兄們」挑戰其權威。日本在20世紀後半段的情形，頗可顯示美國的如此作風。茲以美國與日本之間的糾紛為例：美國以二顆核彈取得二戰亞太戰場的勝利，從此長期駐軍日本。韓戰期間，美國以日本為後方補給修護基地，大力培養日本產業。日本遂能迅速恢復生產能力，成為具備現代科技的經濟大國。1965年開始，日美貿易出 日本 差，此後至1972年，日本生產指數GDP，已是世界第二名。到了1995年，日本的經濟發展，儼然居於世界前列。日本的產品：紡織品、家電、鋼鐵、汽車、半導體……無不暢銷美國市場，兩國之間貿易，出現大幅差距。美國面臨日本的經濟挑戰，採取政治手段，不斷運用國際貿易的共同規則，屢次調查日本產業的「違規行為」，迫使日本產業在美國設廠。同時，要求日本對美減少出口，增加入口。1985年，美國聯合歐洲大國，強迫日本貨幣，大幅升值，以沖銷日本產品在國際市場的競爭力。從此三十餘年，日本產業的實力並未衰退，國內經濟卻始終委靡不振。凡此行為，都顯示美國作為世界富強第一的霸主，卻並不具備大國的

器量和風度。最近中國與美國之間，出現貿易戰，情形宛然是上述日本遭遇的重演。中國必須慎重應付，不可輕率。

美國以商立國，商業活動遍及全球。也因為他們全球性的活動，才提出了經濟全球化的理想。實踐如此理念，美國提倡WTO（世界貿易組織），俾得由經濟全球化開始，走向全球經濟的融合，逐步走向文化的融合。這一構想的源頭，當是肇始於羅斯福之時：在二戰期間，羅斯福和邱吉爾曾經發表共同宣言，「大西洋憲章」。「大憲章」確是從英國樹立人權觀念的大憲章引申而來，英國的「人權大憲章」說明，人民和王權之間，有一個上帝給普通人的權利Magana Charta（大憲章）。羅斯福起草「大西洋憲章」，則是著眼於全球共同體內，每一處人類，都應享有四大自由，免於匱乏的自由（不至於飢餓），免於恐懼的自由（不受壓迫），遷徙的自由（自己選擇自己的去處），言論的自由（可以發表自己的想法，不受他人的抵制）：四大自由的理想，乃是從美國獨立宣言和美國憲法，引申而得。

總結言之，這個沒完成的帝國，雖然從弗格森的眼光來看，銅鑄的巨人，終於因為兩條泥腿而垮掉。然而，無論美國自己秉持的天命，是否真是如此高尚，那個大西洋憲章，和他們各處隨著傳教四處傳播的這些理念，確實是符合一個世界霸主的身分。

美國作為世界大國，乃是在二戰以後，由於美國參戰，決定了同盟國得到了勝利，重新塑造了世界的秩序。因此，美國成為世界的盟主，這是第一次出現全球性的大國。同時，這一

個大國的座位，也面臨了挑戰，亦即蘇聯的對立。蘇聯以社會主義立國，實際執行的是中央集權制：國家掌握了全部的產業和資源。如果這一場民主與集權兩種政治制度的對抗，只呈現於歐洲，世界秩序可能另外一種安排。同時，遠東和中國戰後也變了顏色，中共取得了政權：世界出現兩種制度的對立。以個人財產、個人自由為主要價值觀的西方集團，自從美國在1947年宣布杜魯門主義以後，擺脫門羅主義自限於新大陸的美國，成為半個世界的領導者。世界成為兩個半邊的對抗。從此迄今，這兩個集團的對抗，始終沒有停止；在雷根時代，舊蘇聯被冷戰的軍備競爭其龐大的經濟負擔拉垮了蘇聯，冷戰延續了五十年之久。美國終於成為世界霸主。

其實，美國身為半個世界的盟主之一時，已經不能擺脫大帝國的身分。弗格森的討論，對於這一段重要的歷史，其實沒有注意，卻只是著眼於美國不斷地介入戰爭，論述其戰爭的效應。從戰後開始，美國採取「防堵政策」（containment），在東方戰場上，有了韓戰、越戰，以及為了封鎖中國，而建構的亞太防線。那二次戰爭，美國都以重兵投入，歷時長久，終於撤出戰場。美國與中國的對峙，在尼克森時代，才算結束。

歐洲方面，歐洲繼續不斷地對立，北約國家和以蘇聯為首的華沙公約國家，以柏林為焦點，彼此屯駐重兵。雖然全面戰爭沒有爆發，種種的衝突，不斷發生。其中最重要的一次對抗，則是甘迺迪時代，以空運物資，突破了蘇聯孤立西柏林的包圍圈。另一次嚴重對抗，也在甘迺迪任內，美國以不惜一戰的姿態，逼迫蘇聯撤除布置在古巴的飛彈。在1980年代，

美、蘇軍備競爭壓垮了蘇聯，逐漸解體，匈牙利、捷克、波蘭，紛紛擺脫蘇聯的控制。

東、西對抗的局面，美國取得了勝利。從杜魯門開始，到雷根時代，冷戰延續了五十年之久，大衝突未起，小衝突不斷。美國因此必須維持龐大的軍備，也必須派遣大量的軍隊，駐屯在歐洲。這種大帝國的格局，史無前例。古代最大的帝國，中國、羅馬，都未見「冷戰」，只有征伐。

中東地區，則是另一個局面。自從伊朗的宗教集團，從伊朗「孔雀王朝」手中取得政權，美國始終企圖控制中東局勢。歐洲的各國也希望穩住中東，他們才能取得必要的能源。自從伊朗驅逐美國使館人員以後，中東戰亂不斷，重要的戰爭：包括美國發動的波斯灣戰爭、科威特戰爭、伊拉克戰爭、阿富汗戰爭，一直到最近還在進行的敘利亞等地的鬥爭。一波又一波，至今未見停息。英、美在中東建立的以色列，是中東伊斯蘭教國家背上芒刺。所有以色列惹起來的麻煩，美國都必須概括承受；以色列的背後最主要的支持者，就是美國的猶太族群。

伊斯蘭國家和歐美國家之間的仇恨，又轉移到各處的恐怖分子活動，其巔峰的大時間，則是2001年九一一事件，紐約世貿大廈被恐怖分子的飛機撞倒，造成六千多人的死亡。從那時候的今天，全世界各大城市，或是歐美各處幾乎都有恐怖分子，不時襲擊。在中東地區本身，激烈的教派對抗，又將中東分裂為二，遜尼和什葉，二派之間，千餘年的仇恨，使得中東沒有安寧。

　　以上這些戰爭，已經繼續進行了七十多年了，似乎方興未艾。美國的國防經費，包括防恐、反恐的經費，每年都到了天文數字，形成國家沉重的負擔。任何大帝國，他們的軍事支出，基本上都在擴張領土，和維持自己和從屬國家之間的內外安定。只有在美國這個大帝國掌權時期，要維持大半個世界盟主的地位，美國的國家預算，以及民間支出，粗略估計，有三分之二左右花在維持世界霸權的地位。

　　若以戰爭本身的形態而論，美國在國外的戰爭，擅長於大規模的組織戰和運動戰，例如，二戰後期，百萬大軍登陸諾曼第，全線進攻德國。這一規模的龐大，史無前例；美國乃是將管理實業的經驗，轉移到從事戰爭。這一次大規模戰爭以外，如前文陳述，這七十年來，除了空運柏林、韓戰、越戰以外，戰事規模不大，卻往往是美國最不擅長的消耗戰。為了對付中東的局面，美國屢次介入戰爭，幾乎都是虎頭蛇尾，不能活勝。每次後果，都是頹垣殘壁，百姓流離，而不能善其後。

　　在正式的作戰方面：韓戰、越戰，兩軍對壘，相當辛苦，前者是停戰，後者是狼狼撤兵。中東幾次戰爭，美軍以強大火力，卻從未達到預定的效果，至今陷入泥淖，無法脫身。為了應付這些戰爭，美國取消了過去徵兵制，採取募兵的方式，維持一個常備軍，尤其投入真正的戰場時，還另外招募「傭兵」（例如，伊拉克戰爭時，以「黑水公司」〔Blackwater〕為名，招募傭兵參戰。）如此方式，將美國的軍事人員，從一般的人口之中，逐漸分離，成為不同於一般公民的職業。

　　這些戰爭對美國造成的影響，弗格森也確實注意了：美國

經濟的力量，用於維持霸主地位，常有欠缺。美國國家體制，不能將全部的國力，孤注一擲，投入戰場。弗格森指出，美國作為世界帝國，在資源的運用和人力的動員方面，都有不足之處。而且他也指出，一般的國民，對於維持世界霸權的意義，既不了解，也沒有表示可否的機制。他認為，美國無法成為世界大帝國的原因，或者他所謂帝國對外的干涉，為時短暫，而成果卻不顯彰。對於這些現象，他並沒有具體討論：美國立國體制，其實沒有預料，也沒有設計，如何負擔世界大帝國的責任和地位。

綜合言之，美國取得世界霸權，乃是歷史發展的後果。美國地處新大陸，有自己發展的空間和資源，又廣泛接受舊大陸各處的文化影響，取精用宏，美國確實有躋身大國的條件。舊大陸分崩離析，群雄爭霸，互相對持的時候，如此一個美國，當然夤緣時會，取得了世界的領導地位。然而，這個國家的結構，從開始設計以來，是對內足以發展，而不是對外擴張。每次在新大陸擴張，都是因為對手，西班牙的殖民地，不堪一擊，美國得以在新大陸稱霸。

在新大陸以外，美國數百年來的發展，因其資本主義國家的特性，金錢利益的重要性，超越一切。作為大帝國，卻不能予取予求，必須要有取有予。中國，數千年來的大帝國，對四周的屬邦，單以朝貢制度而論，列邦的貢禮，和中國的賞賜，中國都是「虧本」。列國內、外有事，中國排難解紛，出兵平亂，從來沒有計較。美國成為世界霸主以來，確實曾經給予，例如，幫助歐洲復興，救濟東亞戰後殘局：凡此都是付出。甚

至過去傳教士對於中國的教育和衛生的貢獻，也都是付出。但是，戰爭本身的負擔，是美國承擔；而戰爭造成的巨大損害，則由當地老百姓承擔。戰爭沒有受益者，雖然美國作為大帝國，不能逃避這些經驗，這些與地位俱來的責任。

美國是資本主義國家，陳述美國，不能不理解「資本主義」定義的變化。最近出了一本專著，討論21世紀的「資本」定義（Thomas Piketty, *Capital in the Twenty-First Century*）。該書的作者皮凱提是法國的經濟學家，他從各國於工業革命以後的發展，累積的各種現象，以解釋今天「資本」是如何性質。他所指出的一些問題，對於我們理解今天的美國，極有啟發性。

自從亞當斯密的國富論，以及馬克思的資本論以後，資本主義的定義，其實常常改變。國富論的內容，討論的是工業革命，經過產業改變了原料，形成了國家的財富，工業本身使得國家作為集合體，其擁有的財富，可以不斷增加。資本論的內容，討論生產關係，資本、生產、市場機制，三個步驟，亦即負擔成本的資本家、從事生產工作的勞工，和商品流轉的市場；三角的關係。自古以來，只要有市場，就不免出現通貨，也就是貨幣，作為交換價格的標準。自從上個世紀，凱因斯理論以貨幣論，儼然成為經濟學的主流。貨幣本身成為經濟層面，具體可見的能量。貨幣發行者國家，就即可經由公權力，控制貨幣數量，影響貨幣的價值。傳統的古典經濟學，主張市場是自主的，應當由供需關係，決定商品的價值，而以貨幣顯示。凱因斯理論，卻是將貨幣當作操縱和調節市場的工具。

上一世紀以來，美國經濟學家顧斯奈（Simon Kuznets）主

張：生產不斷提高，社會累積的財富，也因此增加，而這增加
的價值，為全社會共有的。因此，水漲船高，只要提升生產
量，終於可以使每個人得到分潤的機會。這一主張，在近代各
國的經濟發展政策上，具有巨大影響。以台灣經濟發展歷史為
例：1970年開始，台灣的經濟發展，就是按照如此理念設計。
當時，台灣當局聘請的顧問，是劉大中、蔣碩傑、費景漢等留
美的華裔經濟學家，而整個設計工作正式開展時，顧斯奈則擔
任了台灣的經濟發展總顧問。台灣經濟發展的大方向，借用李
國鼎的口頭禪：「有個大餅，人人想要分一份，如何分法？常
是問題。其實，餅做大了，每個人都可以分到更大的一份，不
必只想到將餅如何切割。」這個理念，以國家集合體而論，沒
有錯：餅增大面積的時候，每個人都可以，也應當，分到的一
份，也因此較多。問題終究還是在，怎麼分法？國家財富總量
增加，如果只是除以人口數，得到GDP，仍舊沒有顯示分配是
否懸殊。Paul Krugman即明白指出，美國企業主管的收入，超
過勞工的收入，豈止百倍。（https://www.nytimes.com/2018/08/30/
opinion/economy-gdp-income-inequality.html?emc=edit_th_180831
&nl=todaysheadlines&nlid=592385340831）

　　皮凱提的意見，我們應當將「財富」和「收入」分開。收
入是每個人以其工作，或者貢獻，或者國家的補給，得到的一
份個人可以支配的財富。而總的財富，經常在不同人的口袋之
間，不斷流轉。財富的總量，或為生產量的增加，或從原料改
造取得附價值，成為代表更大價值的產品。許多人的收入，其
實只是在這一大池內流轉：同一份財富，在不同人手上，停留

的時間，也就是這個人可掌握的財富量，並不一樣。財富總量和個別人士的收入總和相比，財富總量應當更大，這一財富總量之中，沒有被分配成為收入的，就是盈餘。盈餘不斷增加，盈餘不一定在流轉，因此，這一部分累積而成的盈餘總量，其實還有相當大的一部分，被截留於主要財富的掌握者手中。

在尊重財產私有，而且可以繼承的社會，那些繼承家族的財富，成為永遠的富翁。假如是一個社會主義的國家，理論上，那一部分多下來的盈餘，應當在國家的集合體手上。

皮凱提的說法：所謂財富總量的增長，在過去根據凱因斯理論，乃是將所有人的收入都當作生產量，國家的總財富（GNP）乃是將所有人的收入，有的是勞務，有的是盈餘，加在一起，成為國家的總財富量。在今天美國，有許多號稱第三產業的謀生方式，例如，各種服務業，提供生活必需事物的單位，例如，仲介業，律師、會計師。他們並沒有增加產品的真正價值，只是取得他們服務的代價。至於資訊工業，今天是一個不可忽視的巨大產業，擴大了，也加快了訊息的流通，並沒有增加產品的價值：這些都是服務業。

又例如，演藝、影劇等等行業，他們使得人打發了時間，也回應了情緒上的需求，以產品價值而論，他們並沒有增加產品本身的具體價值。美國的運動業，是個龐大的產業，據說今年一年美國運動業的總值，將近100億美元。這個產業，一場球賽結束，觀眾散場，如此一次競技，可能有人記憶，卻不能累積，因此球賽沒有結存的價值。由這場球賽而出現的票價、咖啡價、旅館價等等，都是原來已經有的價值，他並不因為球

賽，而增加更多的具體價值。然而，所有這些服務業所得，都加在所有國家總財富之內。皮凱提認為這是不對的計算方式。

美國今天的金融業，本身就是服務業，同樣一個數量的財富，經過金融業的運作，可以在不同的階段，重複地以財富的方式出現。例如，房地產的押貸，同一筆房屋的價值，可以在不同的階段，屬於不同的金融業，每一次都重複計算一次。又例如，證券交易，美國社會上最龐大的一個產業，將客戶存款、貸款（未來存款的預押），不斷地以買、賣的方式，將所有各種證券，進進出出。每天的交易量為數龐大，但是其實類似一個特技人員，將兩、三個玻璃瓶，不斷在手上拋轉，看上去幾乎像無窮數量的玻璃瓶，出現於空中。社會大眾，每一個人的儲蓄或是退休金，都因為支付這些退休金和薪津單位，替客戶將其收入存放在銀行。加入各種基金。每個基金的管理者，不斷以同樣一筆錢，進進出出，將各種的證券在手上打轉，有贏、有虧。然而，如此帳目的進出，就決定了市場價格的高低。每一個基金，有各自經營的方式；經營者也可以「共同基金」，購買許多基金的股份，將各種基金的盈虧通同合計，以為盈虧。「對衝基金」，則同時經營「多、空」，彼此挹注，探取利潤。

「市場指數基金」，則是押著每天證券市場的升降，取得利潤：類似中國賭場上，旁觀者，押入局者的勝負，所謂「插花」。最令人難解者，則是自從一位日本數學家，計算全世界證券總價值，假設一個代表單位的符號，也就是相當於代數的一個代號，稱為bit；今天居然就有Bit Coin，虛擬的貨幣單

位，成為市場交易的項目。

最近，經濟史專家Adam Tooze的新書《崩盤》（*CRASHED: How a Decade of Financial Crises Changed the World*, Viking: 2018）討論2018年，世界經濟崩盤的背景。他指出，正如前此1995年的經濟崩潰，乃是由於世界各處的經濟已經因為全球化現象，彼此糾纏，動一髮牽全身。2008年，歐洲市場已經握有美國房地產證券的三分之一。當時，美國房地產市場已經過熱，以致有人將銀行貸款抵押的個案，在市場轉讓，自己只收取一些手續費。承購這種貸款案的銀行，還可以再抵押，收取過手費用。如此輾轉過手，而且若干件捆成一包，其中常有已經「爛」了的個案，在市場流轉。這種「次級（二手）房貸」其實接近欺騙。只是房地產正熱時，總有人投機圖利。一旦有人發現問題，個案賣不出，骨牌效應，很快就引發土崩現象，拉動全局，出現崩盤。一處證券市場大亂，各處都亂，全球經濟因此幾乎全面崩盤。

該書作者認為：幸而中國市場未遭波及，這一穩定的中國市場，挽救了一場大崩潰。回溯更上一次，1990年代的崩盤，則是由於證券交易公司的人員，常常有違法行為，例如內線交易。有一家「安然公司」的職員揭發如此弊端，引發「安然案」風波，攪動全局，全世界各處證券市場，都被波及。──這二次崩盤，一則暴露了證券市場的積弊。亦即工作倫理，已經蕩然不存；二則，資本主義社會唯利是圖，見財忘義的本性，其實難改。

資本主義的市場，將一切事物，都可以視同商品。這些作

法都是將財富與收入混淆，同一筆錢，重新出現無數次。所有
財富的總源頭，等於是一個大水庫，亦即幾百年來，營利的累
積掌握者，那些大財團繼承而來的財富。這些人掌握了水庫的
總開關，市場升降都由這個總水庫來決定。皮凱提認為，必須
針對如此情況，設計處理方法，俾達到財富的公平化，使社會
中的個人，都有機會分享世界各種產業總附價值增值。因此，
國家公權力的徵稅方式，應當有所改變。他的建議，所有繼承
得到的財富，在繼承時，一律徵收80%的遺產稅，列入當年的
國庫收入。每個人的收入，不論大小，也就是他們以勞力換取
的薪津，都徵收15%，作為所得稅。國家再以這些收入，按照
國民的基本需要，分配給每人應有的一分，使得人人可以不虞
飢寒。他的構想，其實踐不在號稱社會主義的國家，反而在北
歐的三個小國，他們實現了相當徹底的社會福利制度，亦即從
財富盈餘總量，取出一部分，分配於一般國民，供給其生活需
求。

　　昨日，2018年8月19日，新聞報導，民主黨可能參選下任
總統的參議員華倫（Elizabeth Warren），初次提出競選理念，
也是該黨左轉，以接近社會主義的政策，求取公平分配企業

　　盈利。這一主張的要點，在於億元規模的大企業，應由聯
邦政府管理，俾得以其盈利，納入社會福利的經費來源。
（https://www.nationalreview.com/2018/08/elizabeth-warren-plan-
nationalize-everything-woos-hard-left/）美國輿論反應，頗為疑
慮，認為如此作法，極度違背美國立國理念。

　　我的擔心，卻更在政府管理，因其官僚制度的習氣，經營

效率，可能效率不高，難以因應市場變化。大選時期，選民未必能夠接受如此強烈的左傾政策。假如將公用事業與事關百姓生活產業，由國家所有，但是委託專業人員經營管理。「官督商辦」的經營、管理人員的報酬，根據其經營業績決定，獎勵佳績，懲罰虧損。有這一折衝，或可取得合理業績。所有公用事業和涉及公眾生活的產業，往往具有獨占性，獲利較豐。以這一類收入，作為社會福利項目的經費，應可符合「取之社會，用於社會」的合理性。該項收入不夠肆應支出，才從一般歲入挹注。

自從20世紀大恐慌時代以後，美國屢次不斷有市場的不景氣。人民的生活，每過一段時候，就會面臨困難；尤其貧而無靠者，更是一籌莫展。羅斯福推行新政以後，美國才有社會福利制度。執行至今，雖然有所改進，尤其詹森於1960年代的「大社會」計畫，增補項目最多。然而，美國社福制度還有許多不足之處。其中，最引起爭議者，則是低收入，甚至無收入者，政府給予生活費。又如，救濟單親家庭的兒童，政府給付孩子的生活費，孩子人數，並無限制。凡此措施，在許多每年支出所得稅的中產階層看來，自己辛勞工作的收入，卻被政府抽取，以維持永遠依靠國家救濟的貧窮階層，而後者的成員，因此養成惰性，不求上進，毋寧「愛之，實是害之」。

令人扼腕者，今日美國社會，已經嚴重分裂：上述最需要幫助的貧窮弱勢社群，亦即工廠勞工、社會低收入雇員、老弱、殘疾、初到移民、弱勢族群，尤其非裔、拉美，等等，教育程度較低，長期居於劣勢。勞工群體，過去有工會作為團結

的核心，近來產業結構轉型，舊日工會已經渙散。少數民族族群，雖有民權運動爭取權利，卻又始終不能拉拔離開劣勢。於是，在最近數十年，這些貧弱階層，依舊沉淪於社會底層。沒有人替他們爭取公平福利，他們憤怒之下，成為政客操弄的工具。川普當選，即是煽動失業勞工，奪得大位。這一社會底層，人數不少，可是並沒有足夠知識，知道依法爭取福利。

　　社會最富有的階層，亦即皮凱提矚目，應當付出遺產稅的富人。這些人，頗有傳世二、三百年的舊日世家，尤其東北美的若干大財團，憑藉銀行或經營業務機構，財產並不分散，不斷經營，聚積只增不減。本書討論美國經濟發展的章節，已有陳述。今日，一般估計，美國富人，占人口總數0.1%，擁有全國資產一半以上。他們的財務經營，委託專業單位，銀行、貿易、證券，投資於各行各業。這些幫助財團生財的專業人士，乃是社會中階層的上半段，占總人口10%左右，他們用的資產，占總資產20%左右。其他中產階級，只是中產的下端，人口比數的30%左右，資產比例，也占了20%左右。這些中產下端的較低層次，隨時可以跌入貧窮。這一階層的人口，教育程度較高，應是社會的中堅分子。

　　如果主張和推行社會公平與公義的政策，他們應是重要力量，因為他們有能力認識社會問題，也應有良心，投入如此志業。

　　面對皮凱提陳述的現象，美國社會的中產人士，的確是願意參加討論，和推行的主力。這些人士尤以學術界、管理、科技、各項專業和公眾媒體的從業者為骨幹。他們的立場，大致

可以分為三類：一類是保守分子：他們主張，人生就是公開競爭，由此決定每個人一己的命運。這種觀念的基礎，是在基督教新教的教育，上帝已經預定每個人的命運。另一部分人，則是傳統的自由主義者：他們覺得人應該負有人道責任，對別人的困難同情而伸與援手。這一派人，由於他們是自由主義者，他們一向反對政府的干預，因此他們處於難局，究竟政府有權，取之於甲，以養活乙？公權力是否可以干預到私人的權利？第三類，則是現在的自由主義者：他們不再相信命運；他們以為，人的智力、體力是有不同，可是不應因此剝奪弱者生存的機會。所以他們是主張經由國家公權力的干預，負責照顧弱勢人士，務使每個人有起碼生存的機會。這第三類人，又和社會主義者不一樣，極端社會主義者，乃是主張每個人取得同樣的收入，並不因為他的勞務和貢獻而有區別，這第四類的社會主義者，在今天的美國，還只是少數，也許下次大選，如上文提過，可能初次躍登論壇。目前，還自由前面三類人士，不斷爭執，希望能夠得到一個比較合理的解決方式。

　　我自己在美國居留，前後有六十年，在我交往之中，都可以找到這三類人物。他們每一位都是誠實的君子；然而在尋求解決的方式時，他們無法妥協。上述三類的代表人物：第一位是提醒我，讀「美國」這本大書，第一個有深交的美國朋友。第二位是我在芝加哥大學的教授，我從他那裡學到許多英國費邊社的理想，也欽佩他立願撰述群眾讀物的志向。第三位，則是我神學院宿舍中結識的一位好友，一位熱心公義的好人＊。這三位故人，在不同的機緣下，在不同的時期，影響了我的世

界觀。

回顧初來美國，曾經佩服這一國家立國理想，如此崇高。在這裡客居六十年，經歷許多變化，常常感慨，如此好河山，如此多元人民，何以境況如此日漸敗壞？我以為，美國的起源是清教徒尋找自由土地，其個人主義的「個人」，有信仰約束，自有分寸。現在，信仰淡薄，個人主義淪於自私。民主政治，必須有相當充實的群體意識，聚集人心。目前各種群體漸趨散漫，民主政治難有聚焦。資本主義變質，財富成為統治勢力之所寄託。美國社會解紐，弱勢階層，人數眾多，因其心懷不平，易受政客煽動，出現柏拉圖所謂「僭主體制」，最近川普執政，即是譁眾取寵的現象。

匡正之道，首要在於糾正個人主義的偏頗：人之為人，在「人」有提升心靈性情的可能，「人」也有合作樂群之需求。循此二端，「個人」不再自私，也無復孤獨。

社會福利制度，立足如此基礎，將可以落實為公平公義。但願這番陰霾早日過去，美國回到坦途。兩岸青山，江聲浩蕩，歷史長河，將全球人類，帶入大同世界。

---

* 行文至此，我要特別紀念 William Lyell 賴威廉，那一位真正的自由主義者，一位愛爾蘭裔的美國教授。他持守自己理想，終生不渝。他的熱情與率真，使他常常被人誤會，然而他的赤子之心，以及高尚的人格，在我終身朋友之中，很難有與他比擬者。他五十多歲，就不幸意外去世。我寫這本書，每涉及一個題目，他的影子，都出現了。為了紀念他，我特別提到 Bill：世界上，的確有如此無私而天真的人物！

第十五章

餘韻

　　本章是本書的最後一章，只是想將前文所說的美國的現象，與中國的處境互相對比，作為對中國前途的警惕。

　　我剛起筆寫這一章的時候，恰巧有一本新書出版，乃是哈佛大學美國史教授拉伯爾所寫的《如此真理：美國的歷史》，這本書幾乎長達千頁，對於美國的過去，有深刻的反省。從「如此真理」這四個字，可以看出其反諷的筆法，來檢討美國立國的理想，和實際之間的落差。該書思想深刻，文筆流暢；因此，欣賞其文采，但也令讀者心情沉重。（Jill Lepore, *These Truths, A History of the United States*, W.W. Norton & Co., 2018.）

　　這本書一開始，就說到美國立國：二百五十萬歐洲白人，進入了這一片「新大陸」，擄掠、奴役了兩千五百萬的非洲人，幾乎逐滅了五千萬，「新大陸」的原居民（以上人口數字，與大家理解的數字稍微有參差）。在這塊廣闊肥沃的新土地上，白人無所不用其極，奴役其他種族，開拓土地，大量開發礦產和森林。作者認為，這種機遇，歷史上史無前例，將來也不會再有「新大陸」供人類揮霍。她也指出，這種機會，使得白人在近代世界史上，占盡了優勢，成為世界的霸主。

　　從該書起頭語，可以見到，白人的優越感，實際是美國文化的盲點。於是她指出，美國歷史，充滿了矛盾和衝突：在號稱自由的土地上，奴役他人；在征服的土地上，宣告主權；在奴役他人時，宣稱自由；永遠在戰鬥，以戰鬥當作自己的歷史和使命：於是美國歷史呈現為，一個織錦的圖案，上面有信仰、有希望、有毀滅、也有繁榮，有技術的進步，也有道德的危機。

到了18世紀的時候，18世紀之初，雖然是有許多教派進入新大陸，然而真正信仰宗教的，大概20%。到了18世紀末葉，也就是美國獨立建國的時候，則已有80%的人經常上教堂。因此，在美國建國的理想中，對神的仰望和依靠，成為新國家立國的宗旨，將人類的自由與平等，是神的恩賜。一個排斥其他信仰、文明系統的國家，竟自以為是神的恩寵之下，得到的特殊的地位，人間的平等和自由，雖然是神賜予人類的，但是這賜予的對象，卻是經過選擇，也就是在這一獨神信仰的「選民」，才配得平等和自由。這也是反諷：不證自明的自由和平等，只是在「我們」自己人之間自由平等，對於外人，卻是另外一回事。

從這種語氣上，我們能夠理解，該書的書名「如此真理」，乃是明顯的反諷。一向有人相信：自由、民主、平等、人權，是「普世價值」。不久前，福山宣稱，美國的制度，就是市場經濟下的自由經濟，也就是資本主義的社會，和民主選舉的政治體系，乃是歷史的終結。福山的意思是指，人類的演化到了一個幾乎近於完美的狀態，從此只需時時微調而已。然而，拉伯爾的這部著作，卻指陳了，美國歷史中，無窮無盡的衝突和矛盾，對立和分裂。

18世紀，這一新國家締造之後，很快因為這個新土地上，幾乎無限的發展空間，以此取得無窮資源，累積巨大資本，開啟了工業化，以機器代替人工奴役；因此，人類創造了嶄新的文化。這一迅速開展的工業文化體系，經歷一個世紀的機長增高，將美國的地位，推向巔峰。

　　在最近二、三十年內，我們所見的是，更新的機器，把管理機器的工人，也拋出了生產線。生產能力增加了，同時，沒有職業、也沒有產業的人群也增加了。追求快樂，追求福祉，成為追求生產和追求財富。該書結論：國家的分裂，城鄉在分離，社會的分化，人群在離散，到最後，「個人」陷入「粒子化」──這些現象，我在前面各章，都已有敘述。

　　拉伯爾宣稱，這種的對立和分裂，雖然美國不斷嘗試、不斷創建新的理念空間，這究竟是能夠解決問題？還是注定了是一個衝突矛盾之下的難題，終於難以避免徬徨與迷茫？她特別指出，19世紀中葉，那是另一個轉變的關口，已經面臨如此的困難，那時候是理性和信仰、真理和宣傳、黑和白、奴役和自由、移民和公民：凡此種種的矛盾，終於導致了美國國內的內戰。內戰終結，重建的過程，其實至今沒有完成。從內戰到今天，種種民權運動，都是為了要掙扎、擺脫，幾乎已經視同「命定」的矛盾。

　　今天，我們也看見，世界也走向全球化，但是，「群眾」擁護的僭主（tyrant），卻將美國啟動的全球經濟一體化，當作災害，寧可向全世界挑戰，以保持美國優越的地位。這一種現象，也正是希臘歷史上，柏拉圖所指出，幾乎難以避免的困擾：在五種政治制度之中，群眾專政，是其中最沒有理性的一項。這一個現象，也正是美國開國元勛之一麥迪遜在起草美國憲法時，非常擔憂的情況，而今天「僭主政治」居然出現了。

　　「僭主政治」之外，我們也看見這幾十年來，財富越來越集中，總人口中0.1%以下的富人，卻掌握了超過60%的財

富。富人，實質上，早已統治美國：從殖民時代開始，就已經有號稱「波士頓婆羅門」的豪門大族，掌握了財富，掌握了權力，同時，也掌握了教育。這些社會的菁英階層，雖然經過二百年來中產階層的發展，後者終究無法代替前者掌握政治影響力。柏拉圖當年提出的五種政體之中，美國建國理想的設計，號稱民主政體。實際上，美國的政治體制，是富人政治為主，寡頭政體為輔，加上目前群眾擁護的僭主政體，至今美國只差還沒有出現軍人政權。從目前情況看來，柏拉圖盼望的哲人、賢能政體，在美國大概不可能出現了。

最近還有一篇刊登於大西洋雜誌的專著，則是提了嚴重的問題，美國的民主是否正在死亡？（Jeffrey Goldberg, "Is democracy dying?" *The Atlantic*, Sept. 18, 2018.）這位作者提出的議題：理性（reason）和情緒（passion），兩個應該可以互補，卻是兩個相衝突的因素。在美國的政治上，群眾人多勢眾，卻因為判斷力不足，憑著直覺的情緒，往往否定了理性，以致出現怪異現象：總統譁眾取寵，倒行逆施，卻自詡為群眾謀福祉，為國家護霸權。這篇文章，毋寧呼應拉伯爾，同樣擔憂：理性與情緒之間，無可解決的矛盾，終於會將美國立國理念，這一人類歷史上罕見的實驗，原本出自善意，卻是不斷地扭曲，而終於陷入難解的困境。那是拉伯爾引用希臘神話Oedipus的左右兩難，淪落於毀滅。

行文至此，我自己的心情沉重，六十年前，我滿懷興奮，進入新大陸，盼望理解這個人類第一次，以崇高理想作為立國原則的新國家，究竟是否能夠落實人類的夢想。六十年後，卻

目擊史學家、社會學家，正在宣告，這個新的政體，卻是病入膏肓。回顧故國，自從滿清末季以來，中國賢俊，一代又一代，盼望找到方向，將中國改革，庶幾能與西方國家，共同進入郅治。現在，西方原本最接近理性的美國體制，居然淪入如此困境！中國將來的途徑應是如何？我願意在檢討美國歷史之時，向台海兩岸的中國人，一紓個人的感想。

中國文化曾經有過長期演變，自先秦以下，有過幾次大修改，但其根源還是在春秋戰國時代，儒家、道家的基礎上，再加上印度傳來佛家的因素；而在最近，又接受了西方文化，科技和自然哲學的影響。中國秉持的文化營養豐厚，上面所說的主、客，內、外因素，已經涵蓋了世界主要的文化體系。甚至於最晚起的伊斯蘭教系統，在中國的影響不大，在明朝以後，也進入中國的文化系統之內。

總結一句話，中國取精用宏，最後組成，至今仍在人心的文化體系：一個以「人」為中心的社會倫理觀。括而大之，由人的世界，擴張到對宇宙的理解。以時間軸上想，個人自己承先，接受了許多過去的積累，也許是包袱，也許是資產；向後看，由「我」開始，將我所取得的，交給我的子女、後代。從社會空間、自然空間和時間軸線三個向度上，人類組織了一個將「心」比「心」的巨大系統。我們尊重自己，所以也尊重別人；人與自然共活，所以不能踐踏自然。人與人，人與自然，其間的聯繫，在中國人心目之中，不須有名有姓的神明，作為保證，卻是以人的理性和情感交融，構成人自己心中內在的神明。這個神明，是過去的歷史替我培養而得，「人」有責任在

這神明的指導之下，也就是「良知」的指導之下，以「良心」對待他人，以「良能」與自然共存。凡此，亦即根據中國人的知識論、倫理觀，及宇宙觀，謹此提出一些觀察所及，讓我們從美國歷史的成敗興衰，擷取教訓：學習其成功的經驗，避免其失誤的軌跡。中國正在從傳統走向現代的世界，由此警惕，或能避凶趨吉，遵循順暢的途徑。

我第一點要提出的：最近幾十年，中國台海兩岸，工業化和城市化突飛猛進。尤其最近二十年左右，幾乎已經將所有的田園，都轉變成為城市。在本書前面，屢次談到，美國都市化現象，導致社會的解體，個人粒子化，和社區之間的分裂和對立。最可怕的，是在水泥叢林之中，每個人都是迷失的個人，孤獨而迷茫。我建議在適當的時機，兩岸中國應該再恢復農耕，工業、農業可並駕齊驅。民以食為天，任何國家不能仰及他人，接濟糧食。

台灣曾經自豪「無米樂」，拋荒耕地，購糧他方；大陸各地的農田一片一片轉化為工廠和住宅，也就是農業消失的時候：天地之間，不再有植物的遮蔽和水土的保持，肥沃的土壤，一層一層剝落，隨風而去。其實農業與工業並非不能共存，以農產品加工的過程而論，一樣可將工業生產這一部分，與農業結合，植根於土地之上，而不是剝削土地。人類應該適應自然，而不是蹂躪自然。

美國的經驗，過去開發內陸，河流拉直，處處築壩，今天，我們看見的新聞，大雨一來，洪水遍地。美國本來擁有世界最大的林區；然而，最近山火整年不斷，就是因為高山融

雪，和森林地下蓄水，都已截流轉移為城市的用水；以至於森林沒有足夠的水源，一到乾季，焚風山火，連片林區，數十萬、數十萬的樹木化為灰燼。如此浪費水資源，使大自然蒙受嚴重傷害。美國的機械深耕，以及大量使用化肥與殺蟲劑，傷害土壤，剝去表土，每收穫一次，一呎到三呎深的表土隨風而去。我們擔心，美國五十年之內，內陸的大片平原，將是巨大的沙漠，中國不應該一味跟隨所謂現代化的世界，將城市作為主要的居住形態。中國人口居全球人口的四分之一，不能不考慮食糧自給自足。台灣的可耕地面積甚小，更不應不珍惜土地資源，盡量保持適當的食糧自足率。

第二點：在中國的文化體系之內，人有生存的價值，每個人都應該有生存的機會。自己希望能夠存活，就不要剝奪其他人存活的權利。因此，生存權利應當有所保障，公權力必須在財富的分配上，使最窮困、最無助的弱者，也有活下去的機會。誠如「禮運，大同章」所說，幼有所養、壯有所用，老有所終，鰥寡孤獨窮困者，都可以存活：這也是近代全世界都在注意的社會福利。美國的社會福利制度，從新政以來，不斷在改變，然而至今還趕不上歐洲，尤其北歐國家，所實行社福的周全。

台海兩岸的中國，最近幾十年來，財富成長了，但是窮富之間的差距巨大，窮困者生計艱難。內陸農村，和邊緣地區，一般百姓生活條件嚴重不足。中國廣土眾民，如果將社會福利都集中處理，統一籌辦，其實未必合適。美國經驗，幾十年來，社會福利已可給予每一個無業者、或是無收入者，基本生

活的費用。然而，社會沒有適當的工作，可以安置他們。他們仰仗社安基金補助，沒有尊嚴，也沒有意義。北歐的制度，將這些最需要幫助的窮困人口，置於社區照顧；數千人的社區，就地安置窮困人口。社區可以向中央要求撥款，由社區支配，照顧區內需要幫助的弱者。如此授權，可以按照個別情況，直接處置。這一彈性措施，即可避免美國已經出現的窘況：將近30%的人口，想要工作沒有機會，而其他地方，需要勞力，缺無人填補工作缺額。

中國目前政體是中央集權政治，然而，幾十年來，國內有若干不同級別的少數民族的自治區，何不將「自治」兩個字具體落實，使每一級地區，省級、縣級，及市級，都有相當的自治權，就地處置只有當地理解、監督的問題。在如此安置之下，目前困擾人的「藏獨」、「疆獨」，以及將要處理的台灣地位，港澳地位，都能在不同高度自治下，得到因時、因地、因應各區歷史背景、文化特色，和獨特理念，各別解決其需要。

第三點也是有關政體的問題。中國自從改革開放之後，實質上施行的是國有資本，和自由市場並行的經濟體制。中國許多的巨富，他們有的是憑著自己的努力，例如，阿里巴巴的馬雲。然而，不可諱言，不久以前，還有「官二代」，輕易的成為「富二代」。這些財產的累積，卻是經過特權，假公濟私，獲得了致富的機會。

我以為，未嘗沒有預先防堵之法：有若干行業，人民生活必需的公用事業，例如，交通、能源，及補助收入不足者的「公屋」建設：凡此事業應當收為公有，由國家，以其各個層

次的公權力，組織管理這些與民生有關的各種事業。公家尤其不能將土地輕易地釋放，作為私人致富的本錢。其他行業，可以讓私人經營，憑本領取得合理的利潤。政府可按著利潤的比例，徵收所得稅；納稅以後，如果還有巨大的盈餘，應當由國家設置「信託基金」，投入社會福利，補充公家承擔之經費。

或則，私人企業合理利潤之外的盈餘，都應當存入這個基金。該類信託基金，乃是產業所得，用於進一步發展這一產業：由公家與民間企業合組的管理機構，聘請專業人士，管理支配，支援有關行業進一步發展。又例如，設立「創業基金」，支持創業的年輕人，放手施展；風險創業基金，可以讓有志闖關者，借用本錢，在他成功後，將盈餘相當一部分，歸還基金。又例如，「開發基金」，用來支援開發新資源，開荒過程中需要設施。以上各項，不外舉例言之而已。主要構想，開發新利基，都由公權力通盤籌劃，支援各種投資需要項目。台灣在1970-1990年代，設有紡織業、資訊工業……項目之發展基金，支援同業開拓事業，行之有效，即是例證。

土地或建築的價值，可以仿照孫中山先生的原意，土地的增值，按值徵稅，過分漲價，都應該歸於公有。這一部分的錢，累積作為公屋的建築，只租不賣，供應年輕人和收入不足者，居者有其屋。新加坡，在這一方面的實行，已有相當的成效，如此措施，才能夠使得百姓才能享受安居樂業的福祉。這一部分收入，即可儲備，用於都市更新經費。

第四點，中國目前的政治體制，和西方標榜的民主體制，頗為不同。人身自由，應該有憲法的保障。只是，管理國家應

當是相當專業的工作，美國一人一票的選舉制，在立國之初，並沒有普及於全民；民權運動到今天，確實已經落實到每個成年人都有一票。然而，柏拉圖早就警告：群眾政治會產生僭主的困局。無可諱言，「群眾」並不一定理性，如何避免非理性的選票，選出來非理性的人物。不但總統選舉，選舉各級代議員，或者地方首長，都會有這種「僭主現象」出現。例如，美國芝加哥的市政，幾乎有五、六十年，一直被Daley家族獨霸。我居住的匹城，也有幾個政治世家，代代出市議員、州議員、甚至國會議員。這種現象，都是在群眾盲目地按慣例行事而致。「川普現象」，也是一個明顯的個例。

美國總統大選，有所謂「選舉人會」制度；當初設計時，有兩個理由，一則因為當時不少地區與首都之間，距離遙遠，各處的投票的後果，難以及時送到首都，遂由選舉人，將各州的選票數字，帶到首都開票，決定當選人。另外一個理由，則是國初設計時，麥迪遜等人曾經考慮：選舉人代表，實際上可以被選民授權，在最後投票時，改變該州選擇的人選。這一考慮，即是將群眾的選舉，委託一群知識程度較高，也得到群眾信任的人物，代表該區選民，調整各處選票的選擇。孫中山先生當年設計中華民國的民主體制，有「國民大會」作為選舉總統的單位；他的用意，可能就從麥迪遜等顧慮，得到啟迪。這種間接民主的方式，應是在特殊情況，匡救不足，例如：二位候選人所得票數非常接近，即可以由「選舉人代表」，當場再投票決定勝負。間接投票，確實也有弊端：可能有一批人，長期盜用民意，以貫徹他們私人的意旨。這一個弊端，和群眾盲

目投票的弊端，兩相比較，間接選舉，未嘗不是補救之道。前文所說，在理性和情感之間，如何作抉擇，就在如此關鍵處，在設計時，預設補救的考量。

第五點，政治是處理大眾意志，和處理大眾委託事務的制度，今天的社會，尤其是國家層級的複雜社會，許多政務牽涉到專業的考量。美國制度：選擇最高法院的大法官，必須考慮到候選人的法學專長，是否夠格。聯邦準備基金的委員會，也是選擇在經濟學、市場學、貨幣學各方面，都有特別專長，最好的專家組織，送請國會認可，請總統任命。有關國家安全的聯合參謀總部，是軍人之中，最有能力、最有專門知識的人合組。

除了這三個單位以外，美國的國會議員，並沒有專業。國會議員組成的各項專業委員會，要處理全國專業問題，往往荒腔走調。中國傳統思想體系中，法家這一家，實際上就是以政治學、經濟學、社會學的理論知識，落實於「賢能政治」。法家著重的是專家的知識，以及專家知識施行的考核。這一考量，在孫中山的設想之中，考試院應當是擔任選擇公職人員，委任公職人員，以及考核公職人員的單位。在中華民國的政府體制，考試院的功能，並沒有具體發揮；原因是考試委員，並非民選，地位不如民選的立法院。這個難題其實是可以解決：考試院的組成分子，如同美國大法官，由總統按照專業水準，提名專家，再由立法、監察兩院核定，任期內，定期由總統與立監察二院鑑定其個別委員的成績。

第六點，美國的制度是總統制，而且一定的任期，一個適

任的總統，做了八年也夠累了；如果總統不適任，甚至只忍耐一年，於國於民，非常痛苦。英國的制度是內閣制：立法部門的代表，其中對於某一項目，具有專業能力，此人即被首相選擇作為有關部會首長。於是，政務的執行和立法的原意，可以融合無間。首相的任期，沒有一定的規定，做得好可以一直做下去，做得不好，隨時可以因為民意的反對，迫使國家元首，英王，下令，重新選舉，改組內閣。這兩個制度之中，英國的制度確實是夠彈性，也夠效率。法國制度是英美兩制的混合，不上不下，至今法國已經五次更換「共和」國體，其內閣未曾安定。法國的政治功效，也從未獲得好評。

中華民國的體制，本應是內閣制，很不幸，自從蔣經國改革之後，不久去世，李登輝先生繼任，將政府體制，修改為近似法國模式：總統、內閣，權力很難劃分：大致言之，總統有權無責，內閣有責無權。大陸中國的制度，有其獨具的特色。如要走向上述體制，還有一段歲月。

凡此議論，乃是野叟獻曝，以備將來參考。我年已八十八，僑居海外，故國種種，我已經沒有發言的資格，只是塞馬依風，越鳥棲南，總盼望中國一天一天更好，也希望這四分之一人口的大民族，能在世界上採取列國之長，創立一個最好的制度，為億萬百姓求福祉，為天下萬世開太平：建設一個大同世界的楷模。——願以「過客」個人管見，結束六十年的見聞。

美國六十年滄桑：一個華人的見聞

2019年4月初版　　　　　　　　　　　　　　　　　定價：新臺幣450元
2021年4月初版第五刷
有著作權・翻印必究
Printed in Taiwan.

著　　　者	許　倬　雲	
叢書主編	沙　淑　芬	
校　　　對	吳　淑　芳	
封面設計	沈　佳　德	

出　版　者	聯經出版事業股份有限公司	副總編輯	陳　逸　華
地　　　址	新北市汐止區大同路一段369號1樓	總編輯	涂　豐　恩
叢書主編電話	(02)86925588轉5310	總經理	陳　芝　宇
台北聯經書房	台北市新生南路三段94號	社　　長	羅　國　俊
電　　　話	(02)23620308	發行人	林　載　爵
台中分公司	台中市北區崇德路一段198號
暨門市電話	(04)22312023
台中電子信箱	e-mail：linking2@ms42.hinet.net
郵政劃撥帳戶	第0100559-3號
郵撥電話	(02)23620308
印　刷　者	文聯彩色製版印刷有限公司
總　經　銷	聯合發行股份有限公司
發　行　所	新北市新店區寶橋路235巷6弄6號2樓
電　　　話	(02)29178022

行政院新聞局出版事業登記證局版臺業字第0130號

本書如有缺頁，破損，倒裝請寄回台北聯經書房更換。　ISBN　978-957-08-5294-3 (軟精裝)
聯經網址：www.linkingbooks.com.tw
電子信箱：linking@udngroup.com

國家圖書館出版品預行編目資料

美國六十年滄桑：一個華人的見聞/許倬雲著 . 初版 .
新北市 . 聯經 . 2019年4月（民108年）. 336面 . 14.8×21公分
ISBN　978-957-08-5294-3（軟精裝）
［2021年4初版第五刷］

1.美國政府　2.政治制度　3.政治文化

574.52　　　　　　　　　　　　　　　　　108004114